劳动科学
论坛 2016

LABOUR
SCIENCE SYMPOSIUM

本书主要由从事劳动科学研究的师生和研究人员向"第八届劳动科学论坛"提交的部分优秀论文汇编而成。本次论坛由北京物资学院和中国劳动学会共同主办,北京物资学院劳动科学与法律学院以及北京物资学院中关村人才特区人力资源研究中心承办,首都经济贸易大学劳动经济学院、东方慧博人力资源有限公司协办。论坛主题是"供给侧改革与人力资源开发"。在本次论坛上,来自相关政府管理部门、专业研究机构、高等学校以及企业等雇主机构和人力资源中介服务机构等诸多单位的政策制定者、理论研究者、实务工作者汇聚一堂,围绕本次论坛的主题,创新思路,畅所欲言,深入研讨,提出了诸多具有理论基础和实践价值的建议和主张,有助于推动我国供给侧改革背景下人力资源开发和管理相关理论与实践的创新和发展,对加速人力资本积累、推动我国迈向人力资源强国、促进科技创新、实现经济发展具有积极的理论和现实意义。

尚 珂 唐华茂 主编

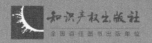

知识产权出版社
全国百佳图书出版单位

图书在版编目（CIP）数据

劳动科学论坛. 2016/尚珂，唐华茂主编. —北京：知识产权出版社，2017.12
ISBN 978 - 7 - 5130 - 5278 - 8

Ⅰ.①劳… Ⅱ.①尚… ②唐… Ⅲ.①劳动经济—中国—2016—文集 Ⅳ.①F249.2 - 53

中国版本图书馆 CIP 数据核字（2017）第 282319 号

内容提要

本书主要由从事劳动科学研究的师生和研究人员向"第八届劳动科学论坛"提交的部分优秀论文汇编而成。本次论坛由北京物资学院和中国劳动学会共同主办，北京物资学院劳动科学与法律学院以及北京物资学院中关村人才特区人力资源研究中心承办，首都经济贸易大学劳动经济学院、东方慧博人力资源有限公司协办。论坛主题是"供给侧改革与人力资源开发"。在本次论坛上，来自相关政府管理部门、专业研究机构、高等学校以及企业等雇主机构和人力资源中介服务机构等诸多单位的政策制定者、理论研究者、实务工作者汇聚一堂，围绕本次论坛的主题，创新思路，畅所欲言，深入研讨，提出了诸多具有理论基础和实践价值的建议和主张，有助于推动我国供给侧改革背景下人力资源开发和管理相关理论与实践的创新和发展，对加速人力资本积累、推动我国迈向人力资源强国、促进科技创新、实现经济发展具有积极的理论和现实意义。

责任编辑：纪萍萍　石红华	责任校对：王　岩
封面设计：智兴设计室	责任出版：刘译文

劳动科学论坛（2016）

尚　珂　唐华茂　主编

出版发行	知识产权出版社有限责任公司	网　址	http：//www.ipph.cn
社　址	北京市海淀区气象路 50 号院	邮　编	100081
责编电话	010 - 82000860 转 8130	责编邮箱	shihonghua@sina.com
发行电话	010 - 82000860 转 8101/8102	发行传真	010 - 82000893/82005070/82000270
印　刷	北京建宏印刷有限公司	经　销	各大网上书店、新华书店及相关专业书店
开　本	787mm×1092mm　1/16	印　张	18
版　次	2017 年 12 月第 1 版	印　次	2017 年 12 月第 1 次印刷
字　数	333 千字	定　价	68.00 元

ISBN 978-7-5130-5278-8

在"第八届劳动科学论坛"上的致辞
（代序）

今天，来自科研机构、高校、企业的著名专家和学者齐聚一堂，共同参加由北京物资学院和中国劳动学会共同举办的"第八届劳动科学论坛"，我谨代表北京物资学院，对"第八届劳动科学论坛"的召开表示热烈的祝贺，对各位的到来表示诚挚的欢迎。

北京物资学院作为一所以经济学科为基础，管理学科为主干，涵盖理、工、文、法特色明显，多学科协调发展的高等院校，一直高度重视科学研究和社会服务有机结合，致力于将科学研究成果转化为生产力，服务国家和首都经济社会发展的需要。近几年来，学校以"建设高水平特色型大学"为目标，确立并实施"立地顶天"的发展战略，大力推进政产学研紧密合作，有力地促进了学校强特色、上水平。"劳动科学论坛"是 2009 年由北京物资学院发起并举办的，每年举办一届，得到了中国劳动学会、劳动科学学科领域诸多专家和学者的热心指导与鼎力支持，迄今已成功举办了七届。目前，"劳动科学论坛"作为我校对外合作交流的窗口、对内提升科研水平和社会服务能力的平台，已经成为北京物资学院具有标志性的学术品牌，成为中国劳动科学领域展示最新学术成果的重要平台。

劳动科学论坛一直秉承紧扣时代、关注现实、重视研究、服务社会、增进交流的学术传统，围绕业界和社会关注的热点确定主题。现阶段，供给侧结构性改革成为近期高层讲话中的高频词，也成为中国经济发展的新思路。习近平总书记指出："供给侧结构性改革，重点是解放和发展社会生产力，用改革的办法推进结构调整，减少无效和低端供给，扩大有效和中高端供给，增强供给结构对需求变化的适应性和灵活性，提高全要素生产率。"可见，供给侧改革的核心是：致力于提高供给端全要素效率与提高供给端产品与服务的品质。而高品质产品与服务的背后是高素质与高效能的人才供给。显然，供给侧结构性改革对中国人力资源管理发展带来了巨大的机遇和挑战。本届论坛把"供给侧改革与人力资源"作为主题，聚焦供给侧结构性改革给中国人力资源发展带来的机遇和挑战，深入研讨新形势下中国人力资源管理如何转型变革，意义非常重大。

　　同样地，供给侧结构性改革一定会对高度教育带来压力，提出更高要求。所以，我非常期待与会专家、学者激情奉献自己的学术观点与研究成果，倾力打造本届论坛，为人力资源管理者呈现一场巅峰级的思想盛宴；也真诚地希望大家对"高等教育供给侧改革"进言献策，助力我校创新驱动，提高人才培养质量。

　　"第八届劳动科学论坛"在我校召开，也为我校的师生带来了聆听专家真知灼见、体会学者智慧交锋的机会，再次对各位的到来表示诚挚的欢迎。祝各位身体健康，万事如意。

　　最后，预祝"第八届劳动科学论坛"取得圆满成功！

北京物资学院校长　王文举教授

2016 年 11 月 6 日

目　录

社会保障问题研究

教师发展与人才培养

供给侧改革与人力资源开发

❖ 体面劳动的测量——一个文献综述
❖ 基于互联网传播的集体行动组织机制研究
❖ 基于文献计量的非典型雇佣关系研究的趋势
  与特点
❖ 供给侧改革下促进质量管理水平提高的人力
  资源管理路径
❖ 新常态下员工整体薪酬与离职问题研究

体面劳动的测量

——一个文献综述

林 原[*]

内容提要： 体面劳动（decent work）的概念自 1999 年被提出后，国内外学者在此领域开展了大量的研究。特别是进入 21 世纪，学者们开始关注体面劳动的测量问题，从宏观、中观和微观层面提出了不同的测量指标，并利用相应指标体系衡量各国、各地区的体面劳动实现情况。本文检索了 2000 年以来国内外学者在体面劳动测量领域的研究成果，并对这些研究进行了整理与分析，在此基础上进行了简要的述评。

关键词： 体面劳动 测量 文献综述

一、体面劳动的提出与内涵

（一）体面劳动的提出

在 1999 年国际劳工组织（International Labour Organization，ILO）召开的第 87 届国际劳工大会上，时任国际劳工局局长的胡安·索马维亚首次提出了"体面劳动"的概念，即"在自由、平等、安全和保障人格尊严的条件下，无论男女均能获得体面的、生产性的工作机会""其核心是工作中的权利维护、就业平等以及社会保障与社会对话"（ILO，1999）。这一定义意味着劳动者在从事生产劳动的过程中，应该获得足够的公平的劳动报酬收入和充足的社会保护，同时还能参与社会对话，有效地保障劳动者的合法劳动权益。

（二）体面劳动的内涵

在体面劳动的概念提出后，国内外学者对于体面劳动的内涵进行了深入

---

   * 作者简介：林原（1978— ），女，吉林敦化人。副教授，经济学博士，主要从事劳动经济学和人力资源管理研究。E-mail：linyuanhr@163.com。

的研究，从自由、平等、安全、生产性工作等角度对体面劳动进行了诠释，并提出从不同的层面理解体面劳动的内涵。这些对于体面劳动内涵的诠释，也成为后续国内外学者构建体面劳动测量指标体系，并进行相关实证研究的基础。

Bob Hepple（2001）认为，体面劳动的核心内容是公平（equality），其包括一致性公平和实质性公平。一致性公平主要是指消除年龄、性别歧视，比如在提高女性劳动者津贴的同时也提高男性劳动者的津贴，而不是减少男性劳动者的津贴；实质性公平体现的目标是实现同工同酬，重点反映在待遇是否公平、机会是否均等，以及劳动者是否有尊严等方面。Richard Anker 等人（2003）将体面劳动基本理念的内涵概括为以下六个方面：

一是就业机会（opportunities for work），这种就业机会是为愿意工作的所有人提供的，不管是男人还是女人，也不管受教育水平、民族、政治派别等，总之只要人们愿意工作，都应该有足够的工作岗位，而"工作"包括了所有的经济活动，既包括个体劳动、无工资的家庭劳动以及工资性劳动，也包括正规与非正规经济部门的一切劳动，等等。

二是工作中的自由（freedom of choice of employment），这意味着工作应该是自由选择的而不是被强迫的。同时，在 21 世纪，某些形式的劳动是应该摒弃的，如包身工、奴隶劳动以及童工等形式的劳动。另外，工作中的自由也要求社会给予劳动者以自由加入各种劳动组织的权利。

三是生产性的工作（productive work），此种工作意味着较高的生产率，从而使劳动者拥有足够的生活资料，同时，它对于人力资本再生产、企业及国家获得可持续发展等也具有重要的意义。

四是工作中的公平合理（equity in work），劳动者在工作中应该得到公正的对待，它包括消除工作的歧视及就业的歧视、平衡工作与家庭生活等方面。

五是工作中的安全（security at work），这对于保护劳动者的生命安全、健康、福利及生活具有重要的意义，它要求在劳动者遭遇经济及疾病侵害时有得到社会救助的权利，同时它也意味着工人在失业及失去生活保障时有得到相关救助的权利。

六是工作中的尊严（dignity at work），劳动者在工作中应受到尊重，包括对他们利益的关切及就各种事务的发言权的尊重，同时，工作中的尊严特别关注工人组建、加入与退出各种组织等方面的自由和权利。

Florence Bonnet 等人（2003）认为，应该从宏观、中观、微观三个层面理解体面劳动的内涵。从宏观层面来讲，实施体面劳动意味着政府应该制定相应的法律法规，成立相应的机构，以保证全体劳动者在安全的条件下就业，并得到长足的发展；从中观层面来讲，体面劳动意味着企业在高效运转的同时为员工提供安全的工作条件；从微观层面来讲，体面劳动意味着良好的就业机会和安全的工作环境。

二、国外学者从宏观层面对于体面劳动测量指标体系的研究

国外学者对于体面劳动测量指标体系的研究，主要是国家或地区等宏观层面的客观指标体系，比较有代表性的包括 Philippe Egger（2002）、Richard Anker（2002）、Dharam Ghai（2003）、David Bescond（2003）和国际劳工组织（2009，2011）的相关研究。

Philippe Egger（2002）最先提出了社会应关注体面劳动测量的观点，并指出应该从国际和国内两个层面确定测量指标。指标的确定必须以国际劳工组织提出的体面劳动的四项目标为依据，可以参考前人的研究成果设立指标，也可以建立新指标。Philippe Egger 认为，目前国际劳工局的数据库可以为体面劳动的测量提供大量的数据，但同时还需要利用其他数据来对体面劳动进行测量。

Richard Anker（2002）等学者对体面劳动的测量维度进行了研究。他们将体面劳动的测量指标分为 11 类，分别是就业机会、不可接受的工作、适当的收入和生产性工作、体面劳动时间、工作稳定性和安全性、工作与生活的结合、公平的工作待遇、安全的工作条件、社会保障、社会对话和工作场所关系、体面劳动的经济和社会背景。同时，他们还指出，可以使用学者们普遍采用的劳动力参与率、就业率、失业率、年轻人失业率、与时间相关的不充分就业率、非农就业人口的工资比重、非农业女性就业人口的工资比重等指标。按照这一方法，Richard Anker 等人最终设定了 11 类 63 个体面劳动测量指标。2003 年，Richard Anker 等人又对他们先前的研究进行了深化和改进，根据实际情况的变化增加了一些新指标，同时又对部分指标进行了扩展和预测。

Dharam Ghai（2003）从权利、就业平等、社会保障和社会对话四个方面出发，对体面劳动的测量指标进行了阐述，并对各个方面所涉及的测量指标进行了细分。权利方面的指标主要有强迫劳动和童工、工作中的歧视行为、结社自由。就业平等方面包含就业机会、有报酬就业、工作条件三个指

标。社会保障方面包含社会保障公共支出占 GDP 的比重和发生突发事件时受保护的劳动力占总劳动人口的比重两个指标。社会对话方面的测量指标有团体交涉、经济民主性、国家干预。该研究中计算体面劳动指数的方法是对各个细分指标进行排序，然后对四个方面的排序求平均数。

与上述学者研究的角度不同，David Bescond（2003）在 Richard Anker 等人（2002）研究的基础上，对体面劳动测量指标进行了更加深入的探索。他们从反向指标角度提出了"体面劳动赤字"（decent work deficit）的观点，也就是测量权利、就业平等、社会保障、社会对话等方面理想与现实存在的差距。从这个角度入手，该研究提出了七项指标，分别是低小时工资、非自愿性或因经济原因而进行的超时工作、全国失业率、失学儿童、年轻人失业、工作参与方面的性别歧视、无养老金的老年人。在具体测量过程中，他们删去七个指标值中的最高值和最低值，然后对余下的指标值求平均值，并将所得到的数值作为体面劳动指数。David Bescond 等人运用这种方法测量了北欧国家的体面劳动赤字状况。

国际劳工组织于 2009 年提出了与 Richard Anker 等人（2003）类似的体面劳动测评指标体系，如表 1 所示，并于 2009—2011 年先后将这一指标体系用于对巴西（ILO，2009）、奥地利（ILO，2009）及乌克兰（ILO，2011）等国体面劳动简况的研究和评价。

表 1　国际劳工组织体面劳动衡量指标

序号	指标大类	分指标
1	就业机会	就业率；失业率；未接受教育且未就业的青年；非正规就业
2	足够的工作收入与生产性的工作	工作穷人；低工资率（小时所得低于统计中位数的 2/3 的工人比例）
3	合宜的劳动时间	过度工作时间（工作时间多于每周 48 小时的工作人数比例；超出"正常工作时间"的人数比例）
4	兼顾工作、家庭与个人生活	非正常工作时间；孕、产妇的保护；产假
5	应摒弃的工作	童工；强迫劳动
6	工作的稳定性与安全性	工作稳定性与安全性（组织为此所做的努力程度；临工或日工数量与工资）

序号	指标大类	分指标
7	就业中机会与待遇的均等	职业种类的性别分割；女性在国际标准职业（ISC0－88）11 和 12 类中的就业比例；性别工资差距；反性别歧视立法；反种族歧视立法
8	安全工作环境	职业受伤比率；职业死亡率；职业伤亡保险立法；劳动检查立法
9	社会保障	享受保险老年人口占 65 岁及以上人口的比例；社会安全方面的公共支出占 GDP 份额；保险立法；失去就业能力人士生活保障立法等
10	社会对话及工人与雇主代表权	联合组织的密度；隶属于雇主组织的企业的比例；集体谈判覆盖率；组织开发的保障工作中基本原则和权利的指标；联合与组建组织的自由和权利方面的立法等
11	体面劳动的经济与社会环境	辍学的青少年比例（按年龄组）；就业人口中估计 HIV 呈阳性的比例；劳动生产率（人均 GDP 水平及增长率）；收入不均等；CPI 增长率；经济活动不同领域就业率；成年人受教育程度（文盲率等）；就业者人均 GDP 等

资料来源：ILO. Guide to the New Millennium Development Goals Employment Indicators: Including the Full Set of Decent Work Indicator-Geneva ILO [R]. 2009.

三、国外学者从中、微观层面对于体面劳动测量指标体系的研究

国外少部分学者在研究中涉及了从企业或个人的中、微观层面对体面劳动水平进行测量，比较有代表性的是 Standing G. (2002)、Florence Bonnet 等人（2003）和 Paula Kantor 等人（2006）的研究。

Standing G. (2002) 讨论了将"公民安全调查"（The People's Security Surveys，PSS）数据应用于体面劳动的测量。Standing G. 从个体微观角度出发，基于就业安全（employment security）、职位安全（job security）、工作安全（work security）、技能提升安全（skill reproduction security）、收入安全（income security）和代表安全（representation security）六个方面定义了体面劳动测量指标体系。就业安全是指就业的稳定性，这意味着劳动者不会被随意地解雇，可以采用个体对于就业安全的主观感受、工作状态（包括劳动合同的形式）、用人单位规模、工作地点等具体因素进行测量。职

位安全是衡量个体是否在某一组织中拥有一个职位，以及职位的上升空间，可以采用个体在职位工作上收入是否提高、岗位职责范围是否扩大、职位等级是否提高和对于未来工作前景的判断四个方面的因素进行测量。工作安全是衡量个体工作过程中的职业安全与卫生情况，可以采用个体对于工作中安全与卫生情况的主观感受、用人单位职业安全卫生的机构的设置、意外保险等具体因素进行测量。技能提升安全是衡量个体在工作中职业技能的提升情况，可以采用个体通过学徒和职业培训等形式获得和提升自己的职业技能的机会情况、在工作中运用职业技能的机会情况、运用职业技能的范围三个方面的因素进行测量。收入安全是衡量个体所获得的收入保障情况，可以采用收入满足基本生活需要的情况、是否有收入、工资是否按时发放、收入的稳定性、非货币化福利等因素进行测量。代表安全是衡量劳动者个体通过工会组织进行社会对话的情况，可以采用个体加入工会的情况、工会是否切实发挥作用、是否有工会以外的其他组织代表个体利益三个方面的因素进行测量。基于上述六个方面所构建的体面劳动测量指标体系，Standing G. 利用2001年印度尼西亚3200户家庭的"公民安全调查"微观数据，对体面劳动指数进行了实证研究。

Florence Bonnet 等人（2003）撰文对体面劳动的测量指标进行了详细阐述，测量指标包括宏观、中观和微观三个层面。该研究提出了"体面劳动指数＝（真实值－最小值）/（最大值－最小值）"的测量模型，以及劳动力市场安全指数、就业安全指数、工作安全指数、劳动安全指数、再生产技能安全指数、收入安全指数、话语权安全指数七个体面劳动测量指标。宏观层面的研究数据取自社会经济安全基础数据库（SES primary database）、社会经济安全二级数据库（SES secondary database）和社会经济安全社会保险数据库（SES social security database）。中观层面的研究数据取自2000—2001年12个国家12000家企业的"企业劳动力弹性和劳动力安全调查"（The Enterprise Labor Flexibility and Security Survey，ELFSS）。他们在企业层面进行的研究表明，大部分企业的体面劳动指数都处于中等水平，只有极少数企业的体面劳动指数偏低。他们的研究还显示，体面劳动指数与生产力和就业增长存在一定的相关关系。微观层面的体面劳动指数研究数据取自2000—2002年针对15个国家的50000户家庭进行的"公民安全调查"。这项调查使用的变量是宏观层面的研究变量，不同的是他们在调查中排除了作为情景变量的劳动力市场安全这个指标。

Paula Kantor 等人（2006）在 Richard Anker（2002）和 Standing G.（2002）研究的基础上，对印度苏拉特市非正规就业者的体面劳动水平进行了测量。Paula Kantor 从劳动力市场安全、就业安全、职位安全、工作安全、技能提升安全、收入安全和代表安全七个方面构建了指标体系，所采用的测量指标均来自微观领域，主要数据来源于印度苏拉特市个体和家庭户调查。

四、国内学者关于体面劳动测量指标体系的研究

我国的体面劳动测量指标设计起步较晚，2010 年才有学者开始研究中国的体面劳动测量问题。大多数学者借鉴国外学者的研究模式，先提出体面劳动测量的维度，再设计相关指标体系进行研究，比较有代表性的包括李小波（2010）、申晓梅和凌玲（2010）、杨澄等（2011）、黄维德和柯迪（2011）、曹兆文（2012）、董海军和周强（2013）、丁越兰和周莉（2013，2014）、吕红和金喜在（2014）等人的研究。

李小波（2010）根据国外学者对体面劳动指标设计的研究，从经济发展水平、社会保护和就业水平三个方面设计了体面劳动测量指标体系。其中经济发展水平包括人均国民生产总值、居民消费水平、在岗职工平均工资和GDP 总量四个测量指标，社会保护包括工会数量、工会人数、医疗基金结余、养老金结余、医疗基金占 GDP 的比重、养老基金占 GDP 的比重六个测量指标，就业水平包括男性失业率、女性失业率、总体的失业率三个测量指标。该研究采用主成分分析法对原始数据进行了统计分析，最终得出的结果是，我国的体面劳动水平与经济发展呈正相关关系，同时还得出结论，体面劳动水平在男女之间存在显著的差异。

申晓梅和凌玲（2010）以体面劳动的四大战略目标，即就业、工作权利、社会保护及社会对话作为体面劳动测量指标的维度，从政府、企业和劳动者三个层面设计体面劳动指标体系。其中，就业维度包括就业稳定性、行业就业能力、工资歧视、户籍歧视、性别歧视、失业率、年轻人失业率、童工使用情况、就业安全九个指标，工作权利维度包括工资收入、职业安全健康、职业培训、劳动合同签订率、劳动合同监察、带薪休假、额外工作报酬、员工福利、企业支持九个指标，社会民主维度包括社会保险制度、职代会制度、工会制度、集体谈判制度、公示制度、员工参与度六个指标，社会保护维度包括社会保险制度、社会保障制度、社保制度参保率、社会保险保障水平、社会保护充足程度、社会保障、工作相关感受七个指标。

杨澄等（2011）对我国服装加工企业体面劳动现状与认同度进行了研

究，从微观的角度构建了包括企业形象、社会保障、工作环境、稳定性、尊重、生活平衡、对待下属、工作氛围、企业文化、成就感、发挥机会、交流渠道、基本福利、职业培训、业绩表彰、发展前景、晋升机制、工作量、月收入、激励机制、参与决策、配套设施和住房补贴 23 项指标在内的体面劳动测量指标体系，建立起了我国服装业员工体面劳动满意度回归模型，并通过实证研究，提出了较为切实可行的体面劳动激励机制。

黄维德和柯迪（2011）采用 Ghai（2003）选取的指标，严格按照体面劳动的四大战略目标对各国的体面劳动水平进行测量。他们的测量结果是，欧美地区的体面劳动水平要明显好于亚洲地区，东亚地区之间的体面劳动水平差距不大，得分较低的主要来自于南亚和南美洲。其中，中国的体面劳动水平属于中等偏下水平。同时，体面劳动的水平还受到社会发展和经济发展的影响，社会发展对于体面劳动的影响要明显大于经济发展。

曹兆文（2012）利用 2008 年国际劳工组织发布的 11 类体面劳动指标，对于体面劳动的指标和体面劳动的理念之间的关系进行论证。研究结果是体面劳动指标和理念之间的关系很复杂，不能单一地来研究哪个理念或者指标设计，应该将六大理念有机地结合在一起来研究。

董海军、周强（2013）以农业生产者为研究对象，从经济收入与生活质量、农业生产条件与环境、农业劳动保障和沟通对话机制四个维度设计了体面劳动测量指标体系。其中，经济收入与生活质量包括家庭收入、闲暇时间、身体健康状况和出行所用交通工具四项指标，农业生产条件与环境包括机械化水平、国家给予的支持和帮助（贷款、税费等）两项指标，农业劳动保障包括在保障农业生产的安全卫生方面所采取的措施和遇到自然灾害时政府的补助两项指标，沟通对话机制包括村民会议召开情况、村民会议参加情况、村里是否有民意组织和村委会能否反映民意四项指标。该研究对株洲石羊塘镇农业生产者的情况进行了调查，获取了大量微观层面的数据，通过实证研究发现，农业生产者的体面劳动水平还有待提升。

丁越兰和周莉（2013）提出应从国家、企业和劳动者个人三个层面来构建我国的体面劳动测量指标体系，具体指标如表 2 所示。基于已有研究和可获得的数据，丁越兰和周莉（2014）围绕实现体面劳动的四大战略目标选取了 24 个体面劳动测量指标，通过因子分析法提取了就业环境、就业机会、收入、权利、劳动关系等五个综合因子，并运用因子分析的相关结论对 31 个省的体面劳动水平进行了测算。

表 2   多层面体面劳动测量指标体系

维度	要素		具体指标
国家层面	就业	经济发展水平	人均 GDP、居民消费水平
		就业机会	劳动参与率、就业率、失业率、青年失业率、女性失业率、下岗职工再就业率
		就业报酬	基尼系数、在岗职工年平均工资、城镇居民年人均可支配收入
	权利	就业歧视	高技能岗位女性配置率、国家管理岗位女性配置率
		劳动合同	农民工正式劳动合同签订率、劳动合同期限
		受教育权	儿童入学率、人口文盲率、年财政教育经费支出
	社会保护	社会保障水平	社会保障支出占地区 GDP 的比重、社会保险基金结余、城镇居民年低保标准占平均工资的比重
		劳动保护	工伤死亡案件认定数、工伤案件认定数
	社会对话	工会建设	工会数量、工会会员数、建立职工代表大会的企业数
		劳动关系	人均劳动争议发生率、劳动争议调解效率
企业层面	就业	工作条件	工作环境安全性、工作时间合理性、带薪假覆盖率
		劳动报酬	收入低于同行业最低工资标准的员工比例、同等职位员工收入在同行业中的水平、男女报酬差异率、工资按时足额发放情况、工资随物价增长情况
		学习与成长	员工培训覆盖面、培训经费占企业利润的比例、员工职业生涯规划覆盖面
		机会均等性	平等的加薪机会、平等的培训机会、平等的升职机会
	权利	基本权利保护	员工正式劳动合同签订率、企业劳动合同履行情况
		就业歧视	企业关键岗位女性配置率、企业关键岗位外地员工配置率
		强迫劳动	强迫加班、其他强迫劳动
	社会保护	职业安全与卫生	员工因公伤亡率、员工职业病发生率
		劳动保护	女性职工特殊保护情况、对低收入者的最低工资保障情况
		社会保障	企业社会保险覆盖率、社会保险支出占企业利润的比率
	社会对话	结社自由	职工入会率、工会中基层员工所占比例
		民主管理	工会参与企业决策情况、员工参与企业决策的情况劳动关系协调
		机制	集体合同履行情况、集体工资协商制度实施情况、劳动争议调解组织作用发挥情况

续表

维度	要素		具体指标
个体层面	就业	企业形象	企业知名度、企业影响力、企业实力和可持续发展能力
		工作本身	工作的社会认同与尊重、工作的组织认同与尊重、自我价值的实现感、能力及优势的发挥情况、学习与成长机会的可获得性、升职与加薪机会的可获得性、工作时间合理性、劳动强度适度性
		工作环境	工作场所的安全性和整洁性、必要办公设备和工作材料的可获得性、人际关系是否和谐、组织氛围是否融洽、必要的上级或同事支持
		工资	收入分配合理性、付出与所得的匹配性、是否同工同酬、工资能否满足日常基本生活开销、工资是否随物价上涨而上涨、其他相关收入的获得情况
	权利	基本权利保护	是否与企业签订正式劳动合同、企业劳动合同履行情况
		就业歧视	企业是否存在性别歧视、户籍歧视
		强迫劳动	是否被强迫加班、其他强迫劳动
	社会保护	职业安全与卫生	企业是否提供必要的安全生产与避险培训、企业是否提供免费体检、工伤或患职业病的情况
		社会保障	相关社会保险的获得情况、是否享有企业提供的住房公积金或住房补贴
	社会对话	结社自由	员工是否能够自由加入工会
		工会维权	工会在维护员工权利方面的作用发挥情况
		参与决策	员工是否能够通过正常渠道反映自己的想法或参与组织相关决策

吕红和金喜在（2014）基于国际劳工组织 2008 年重新修订的体面劳动衡量指标，选取客观数据，利用相关性分析法及 SPSS 软件计算出各项指标的影响权重，对 2000—2011 年中国体面劳动水平进行了分析。该项研究结果表明：中国体面劳动水平随着经济社会的持续发展而不断提升并趋于稳定，这主要归因于宏观经济的长期快速发展及劳动社会保障制度的完善。

五、研究评述

自体面劳动的概念提出后，国外学者基于对体面劳动内涵不同角度的理解，从宏观、中观、微观不同层面，在体面劳动测量领域进行了大量的研究。我国学者在体面劳动测量方面所开展的研究较晚，但也在借鉴国外较为成熟的体面劳动测量指标体系的基础上，构建了更加符合我国劳动力市场现状的指标体系，并进行了相关实证研究。

需要指出的一点是，国内外学者在此领域的研究，大多单纯强调体面劳动的主观感知，而忽略造成这种主观感知的客观基础，使得我们很难对不同行业、地区的体面劳动实现程度进行客观公允的衡量与比较，也难以提出准确的政策应对措施。更重要的是，此类研究应用探索性因子分析法验证体面劳动感知的结构维度存在理论错误，错误根源在于混淆了反映性测度项（reflective items）与构成性测度项（formative items）。此类研究中一些结构维度包含的测度项，比如"尊重认可"这一结构维度（或称为"构念"）包含了"工资或福利待遇的吸引力""积极向上的工作氛围""职业安全感"等测度项，后者是"尊重认可"这一构念的构成性测度项，而非反映性测度项；换言之，后者都是"尊重认可"的构成要素，而非"尊重认可"这一构念之果。在这种情况下，就不能再应用探索性因子分析归纳结构维度。未来相关研究可以尝试通过劳动体面程度感知量表的开发与相关数据的结构模型分析，从主、客观结合的角度探讨体面劳动的主观测度与客观基础（影响因素），实现理论与方法创新。

（作者单位：北京物资学院劳动科学与法律学院）

参 考 文 献

[1] ILO. Report of the Director-General: Decent work [R]. International Labor Conference, Geneva. 1999.

[2] BobHepple. Equality and empowerment for decent work [J]. International Labour Review, 2001, 140 (1): 5—18.

[3] Richard Anker, IgorChernyshev, Philippe Egger, Farhad Mehran, Joseph Ritter. Measuring decent work with statistical indicators [J]. International Labour Review, 2003, 142 (2): 147—177.

[4] Florence Bonnet, Jose BFigueiredo, Guy Standing. A family of decent work indexes [J]. International Labour Review, 2003, 142 (2): 213—238.

[5] Philippe Egger. Perspectives: towards a policy framework for decent work [J]. International Labour Review, 2002, 141 (1/2): 161—174.

[6] RichardAnker, Igor Chernyshev, Philippe Egger, Farhad Mehran, Joseph Ritter. Measuring decent work with statistical indicators [R]. ILO Policy Integration Department, Statistical Development and Analysis Unit, Working Paper No. 2,

Geneva, 2002.

[7] Dharam Ghai. Decent work: concept and indicators [J]. International Labour Review, 2003, 142 (2): 113—146.

[8] David Bescond, Anne Chataignier, Farhad Mehran. Seven indicators to measure decent work: An international comparison [J]. International Labour Review, 2003, 142 (2): 179—211.

[9] ILO. Monitoring and assessing progress on decent work [EB/OL]. http: // www. ilo. org/integration/themes/mdw/WCMS123804/lang, —en/index. htm , 2009.

[10] ILO. Convention and recommendation concerning decent work for domestic Works [J]. International Labour Review, 2011, 150 (3): 439—454.

[11] Philippe Egger. Perspectives: Towards a policy framework for decent work [J]. International Labour Review, 2002, 141 (1/2): 161—174.

[12] Standing G. From People's security surveys to a decent work Index [J]. International Labour Review, 2002, 141 (4): 441—454.

[13] Paula Kantor, Uma Rani, Jeemol Unni. Decent work deficits in informal economy [N]. Economic and Political Weekly, 2006, 5 (27): 2089—2097.

[14] 李小波. 我国体面劳动指标探析 [J]. 前沿, 2010 (3): 164—166.

[15] 申晓梅, 凌玲. 体面劳动的多层面测评指标体系建设探析 [J]. 中国劳动, 2010 (11): 23—25.

[16] 黄维德, 柯迪. 各国体面劳动水平测量研究 [J]. 上海经济研究, 2011 (11): 41—48.

[17] 曹兆文. 体面劳动基本理念与衡量指标的关系 [J]. 重庆理工大学学报（社会科学版）, 2012, 26 (1): 32—38.

[18] 董海军, 周强. 农业生产者体面劳动水平及其影响因素——基于株洲石羊塘镇的567 份调查问卷 [J]. 湖南农业大学学报（社会科学版）, 2014, 14 (5): 14—23.

[19] 丁越兰, 周莉. 中国情境下多层面体面劳动测量指标体系研究 [J]. 经济与管理, 2013, 27 (10): 18—22.

[20] 丁越兰, 周莉. 我国省域体面劳动水平测量及比较研究 [J]. 安徽大学学报（哲学社会科学版）, 2014 (1): 128—137.

[21] 吕红, 金喜在. 实现体面劳动的意义及制度性障碍 [J]. 东北师范大学学报（哲学社会科学版）, 2010 (3): 33—37.

基于互联网传播的集体行动组织机制研究

左春玲*

内容提要： 信息的传播模式直接决定了集体行动的组织效率。基于互联网传播集体行动的组织形式表现为复杂网络，具有典型的无标度特性。基于互联网传播的集体行动的发起者其行为表现出确定效用、风险效用和分离效用。集体行动的发起与扩展遵从社会物理学中差异产生梯度，梯度产生扩展势能的基本规律。网络传播越活跃的参与者在集体行动中表现出的势能越强，其影响力越大。此外，本文还对基于互联网的集体行动的信息传播效率进行了模型分析。

关键词： 集体行动　互联网传播　集体行动组织机制　信息传播效率

近年来，供给侧改革对中国的劳动关系提出了深刻而有力的挑战。据不完全统计，仅 2015 年前三个季度，企业因工场搬迁、关闭、转卖或者经营不善等原因就引发了约 200 起劳方集体行动，参加人数达到 100 万人。随着互联网技术（特别是移动互联网技术）的迅猛发展，由于劳雇争议而引发的集体行动在性质、特征与行动方式等方面发生了根本性变化。鉴于移动互联网技术的低成本、高效率以及低制度限制的特征，几乎所有的集体行动都以移动互联工具和手段为主来进行行动的组织和动员。本文以基于互联网传播的集体行动作为主要研究对象，试图从信息传播学、社会物理学等角度来揭示互联网背景下集体行动的组织模式、组织效率及其运行机制，进而研究如何控制和引导雇员的群体行为，以体现本研究的理论价值与现实意义。

一、基于互联网传播的集体行动的性质

理论上看，集体行动在组织机制方面有一个重要的物理载体，即一个由

---

* 作者简介：左春玲（1971—　），女，天津人。副教授，主要从事劳动关系和劳动经济学研究。Email：zuo_chun_ling@163.com。

多种网络（如人际关系网、互联网、移动互联网等）相互作用，相互融合所形成的复杂网络。集体行动依托的复杂网络与其他动态的复杂网络一样，是一个由媒体、个体等多种节点共同作用而产生传播行为和态度演化的多主体行为和信息的交互网络。

（一）关于集体行动的主体

在互联网下，涉事雇员作为集体行动的主体，其行为具有四个基本特性。(1) 自治性。即主体运行时能够自主地采取行动以达到自己的目标，而不需要他人介入或干预。(2) 社会性。即主体能够通过某种通信语言与其他主体进行交互，以达到自己的目标。(3) 应激性。即主体能够感知他们所处环境的变化，并通过改变自身的结构和行为来适应环境，同时能对外界的刺激做出反应。(4) 主动性。即主体能够自发而主动地感知周围环境的变化，并做出反应。此外，再加上信念、愿望、意图、能力、责任、承诺等属性，就可大致描绘出雇员在参加集体行动时的行为特征。

在雇员行为特征的基础上，主体间会依据或者构建一系列行动法则，并以此为基础产生各种行为以及主体之间、主体与环境之间的行为交互，进而演化形成集体行动的复杂生态。

（二）关于集体行动依托的复杂网络

在中国的劳雇争议领域，大多呈现的是"被动表达型"的集体行动。所以，除了具有群体规模性、主体多元性和利益诉求性三个基本特征之外，集体行动往往还表现出明显的自发盲从性。对之不进行深入的观察、研究和控制，很可能导致社会风险。

对集体行动所依托的复杂网络进行探究，参量主要有度及度分布、聚集系数、平均路径长度、介数等。节点的度是指与该节点相连的其他节点的数量。度分布是指度为 K 的节点数占总节点数的比例。聚集系数是指某类度分布相同的节点出现的概率，它反映节点聚集的疏密程度。平均路径长度是网络中所有节点对之间的平均最短距离。节点的介数是指在所有最短路径中，经过该点路径的数量，反映了该节点的影响力；边的介数表示所有最短路径中，经过该边的路径的数量，反映了该边的重要程度。

正如 Barabasi 和 Albert（1999）指出的，集体行动所依托的复杂网络是一个无标度网络。在这个网络中，度的分布遵从幂律分布，即大多数节点的度（连边）很小，但少量节点具有很高的度，这就是说，集体行动背后的复杂网络中，雇员个体节点间的行为交互效率方面相差悬殊。无论集体行动的数量规模有多大，其最终的实质性行动影响力由该集体行动中意见领袖的数量及其信息传播效率来决定。遵从"小世界网络"的规律，集体行动下的网络信息传播的平均路径长度约在 3 和 7 之间。这意味着，无论集体行动规模有多大，通过 3～7 个雇员间的信息传递，总能实现涉事雇员间的意见传递。而且，那些信息传播路径长度越短的集体行动，意见交流得也越充分。

二、基于互联网传播的集体行动的发生与扩展机制

关于基于互联网传播的集体行动的发生机制，本文讨论的重点在于信源的行为模式、信息扩展的模式和信息传播速度三个方面。

（一）关于信源的行为模式

基于社会燃烧理论，集体行动的基本动因是劳雇关系的不和谐。不和谐是催生集体行动的"燃烧物质"。"燃烧物质"可能是雇员个体的非理性判断、雇员过度追逐个人利益、雇员群体心理的过分放大，也可能是工作环境中谣言或小道消息的传播，以及外部力量的渗透和控制，或者兼而有之。在"助燃剂"（如工伤事故、职业安全、个别劳动争议事件等）的作用下，会激发、引爆集体行动。信源至信宿的传播机制见图 1。

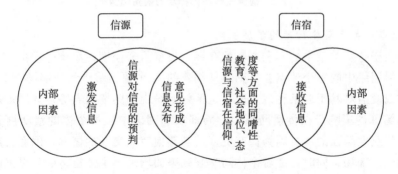

图 1　信源至信宿的传播机制

集体行动的最初发起者根据有限的信息以及个人主观上的直觉和经验形成意见并进行行为决策。对于是否发起集体行动以及怎样引导集体行动，信源遵循三种行为模式。一是，基于确定性效应而行动。如果信源能够确定集体行动会对自己或者关切对象产生确定性的积极收益，则他会在确定收益和不确定收益之间，选择促进确定收益的来规划其行动。二是，基于反射效应而行动。如果让信源在确定损失和不确定损失之间选择，则他会基于不确定损失来规划其行动。三是，基于分离效应而行动。集体行动启动阶段的关键信源对于一个不确定的问题，会采用不同的方式来编辑信息和规划行动。总之，信源会根据其自身的隐含效用函数与决策权重分配来形成对其前景行为

的价值判断（见图2）。当劳雇关系当中的不和谐使信源面临损失风险，其效用函数通常表现为凸函数，行为表现出风险偏好。因此，信源发起集体行动的概率会随损失风险的加剧而增大。

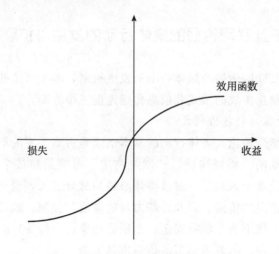

图2　信源发起集体行动的效用函数

（二）关于集体行动的扩展机制

由于劳雇关系中的不和谐必然存在，根据伊辛模型，集体行动中，互联网传播网络中的每个节点会受到与其相连的 K_i 个邻居节点和外部场力 I（如媒体或政府对基于对某种观点的特定偏好所做出的舆情引导等）共同形成的局部场 h_i 的影响。在传播网络中，局部场和网络中雇员个体的活跃度正相关，活跃度越强的雇员因为拥有更多的与其他节点交互的概率，因而会产生更强的局部场；同时，随着个体间交互频率的增加，个体也将受到更强的局部场的作用。

雇员传播节点间和局部场的差异必然在集体行动进程中产生复杂的梯度关系。根据社会物理学理论，集体行动中的梯度差异同样会形成所谓的"势能"。集体行动的各类信息会基于"势能"的存在形式，按照不同演化方向、行进速率、表现强度、相互关系、响应程度、反馈特征及其敏感性、稳定性等，形成自己的时空行为和运行轨迹。

集体行动的扩展可能的路径解释如下。（1）模仿理论。当人们面临集体行动时，大多数人丧失理智，失去自我控制，只是本能地模仿他人，力求一致。（2）感染理论。发生群体性集体行动时，有意识的人格丧失，无意识的人格占据主导，再加上周围情绪的感染以及暗示的影响，使得人们的心理和行动都朝着同一方向发展。（3）紧急规范理论。面临集体行动时，人群中会产生一种"紧急规范",会对在场人员产生一种规范压力,迫使他们效仿、遵从。这种"紧急规范"一般表现为群体行为中最早出现并且迅速得到他们效法的某种行为方式。(4)匿名理论。在一些破坏性的集体行动中,由于参与人群较多,参与人员处于匿名状态,从而会产生一种责任分散和"法不责众"的心理,对社会规范和社会秩序的遵从性也降低,由此会带来过激的行为。(5)信息传播理论。集体行动往往会带来流言和谣言,正是这种流言和谣言的大肆传播,引导了群体内部的一致认识和共同情绪的产生,从而导致群体行为。(6)控制转让理论。在群体性集体行动中,为了规避保持自主地位所付出的代价,最大限度地获取利益,人们有可能把对自身行动的控制权转让给他人,一旦转让者控制不了局势,就可能会引发群体行为。(7)价值累加理论。当人们在受到威胁、紧张、恐慌等压力情况下,为了寻求自身处境的改变而做出努力,这种努力的后果就很容易导致群体行为的产生。

至于集体行动的信息扩展边界,现实的经验是:通过移动互联网传播的边界大于电脑互联网。移动互联网传播在表面上是建立在"私人关系"和"私人空间"之上,而由于以微信为代表的移动互联网强大的网络自我构建功能,使得在媒体传播场域中,很容易从"私人空间信息"转向"公共空间信息",最终甚至形成一个难以操控的"大数据"。因此,基于移动互联网的集体行动更容易扩展到更大范围的所谓公共空间,从而推动形成影响范围更广的集体行动。

三、基于互联网传播的集体行动的信息传播的效率

信息传播效率是指信息从信源传播至信宿的保真度。举例讲,A 通过某一信道传递 5 条信息给 B,B 正确地接收了 4 条信息,就意味着此信道的信息传播效率为 80%,传播错失率为 20%。

集体行动发起后,信息传播方式可能表现为串联式(见图 3)、并联式(见图 4)、直线领导式(见图 5)、网络式(见图 6),以下将对各类传播方式的传播效率分别进行描述。

(一)串联式

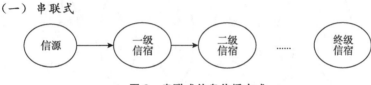

图 3 串联式信息传播方式

当信息传播通道（以下简称信道）为串联时，信源至信宿的信息传播效率 E 等于各子信道信息传播效率 e_i 的乘积。即

$$E_串 = e_1 \times e_2 \times \cdots \times e_n ; \quad (n \in N)$$

（二）并联式

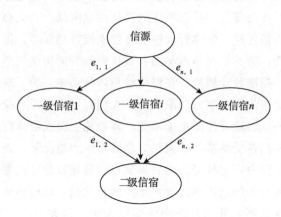

图4 并联式信息传播方式

当信息传播通道并联时，信源至二级信宿的信息传播效率 E 等于 100% 减去各子信道信息传播错失率 I_i 的乘积。即

$$I_i = 100\% - e_{i,1}e_{i,2} ; \quad (i = 1, 2, \cdots, n)$$

$$I_并 = I_1 \times I_2 \times \cdots \times I_n ; \quad (n \in N)$$

$$E_并 = 100\% - I_并$$

（三）直线领导式

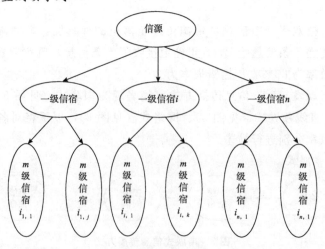

图5 直线领导式信息传播方式

当信息传播通道并联时，信源至 m 级信宿的平均信息传播效率 E 等于信源总的信道 $D = \sum_1^n W_1 + W_2 + \cdots + W_n$；（$n$ 为信源直接相连的节点数）

信源直接相连的每个节点的信道数 $W_i = \prod_{i=1}^{m-1} K_1 \times K_2 \times \cdots \times K_i$；

（m 为信息传播的层级，信源层级为 1）

信源的信道传递效率总和 $E = \sum_1^n E_1 + E_2 + \cdots + E_n$

$$E_{平} = \frac{E}{D}$$

（四）网络式

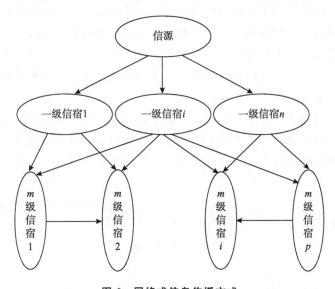

图 6 网络式信息传播方式

如果信息传递呈现网络式，则信源至 m 级信宿的平均信息传播效率 E 的计算仍然遵从

$$E_{平} = \frac{E}{D}$$

其中，E 为与信源直接相连的每个节点的传递效率的总和（效率的计算办法遵从串联式或并联式），D 为信源的总的信道数。

学者王永春模拟了当与信源直接相连的节点为 3，且假定各级信道传播效率均为 0.9 时，各种信息传播模式的平均传播效率。参考他的研究，发现：
（1）如果群体规模相同，在各传播层级增加并联通道，则会增加信息传播效率；（2）如果群体规模增加，在同一种传播模式下，信息传播效率逐渐降低。

四、结论

本文重点研究了基于互联网传播的集体行动的组织机制问题。具体研究了三方面内容。

一是，对集体行动所依托的互联网传播网络进行了性质描述。指出该网络是典型的复杂网络，具有无标度特性，无论集体行动的规模有多大，具有实质性影响力的行动参与人的数量与其在集体行动中的比例排名间呈现幂律分布的特征。

二是，研究了基于互联网传播的集体行动的发生与扩展机制。指出此类集体行动的发起人依据确定效应、风险效应和分离效应来进行信息传播行为的决策。集体行动的信息扩展遵从社会物理学中差异产生梯度，梯度产生扩展势能的基本规律。网络传播越活跃的参与者在集体行动中表现出的势能越强，影响力越大。

三是，探讨了串联式、并联式、直线领导式和网络式四种信息传播模式下的信息传播效率。指出集体行动的群体规模越大，越应增加信息并联传播路径，以改善集体行动的信息传播效率，增强集体行动的一致性。

（作者单位：北京物资学院劳动科学与法律学院）

参 考 文 献

[1] 纪诗奇．复杂网络环境下舆情演化机理研究 [D]．北京工业大学，2014.
[2] 武鸿鸣．微信时代下的社会风险传播转向 [J]．长安大学学报（社会科学版），2015.
[3] 周磊．群体性突发事件中群体行为演化机理研究 [D]．中国科学技术大学，2014.
[4] 王永春．组织结构与组织信息传播效率研究 [J]．华东经济管理，2007.

基于文献计量的非典型雇佣关系研究的趋势与特点

魏 巍*

关键词：文献计量　非典型雇佣关系　趋势与特点

一、问题的提出

当全球经济不再创造足够数量就业机会之时，劳动世界正在发生深刻的变化。据国际劳工组织估计，2014年全球失业人数高达2.01亿人，比2008年全球经济危机爆发之前增长了3000多万人。此外，为每年新进入全球劳动力市场的4000多万人提供足够的就业机会是一项巨大的挑战。除了普遍的失业，劳动关系本身所面临着的重大转型也带来了进一步的诸多挑战。互联网被广泛应用于各个国家和地区的许多领域，成为人们生活中不可或缺的重要组成部分，人们可以创造性地在这个载体上的虚拟世界里从事各种各样的活动和在线交流，推动经济形态不断地发生演变，从而带动社会经济实体的生命力，为改革、创新、发展提供广阔的网络平台。与此同时，社会的发

* 作者简介：魏巍（1978—　），女，吉林省吉林市人，讲师，博士研究生。研究方向是劳动经济、劳动关系。邮箱：weiwei304@163.com。

展进步也会改变劳动关系的力量结构和调整方式，使得传统企业和员工之间的关系，由过去的劳—资关系变成资—资关系，由过去的雇佣方式变成合伙关系，由过去的典型雇佣关系更多地趋于非典型化，相对于传统劳动关系将迎来全方位、颠覆式的改变。

二、国内外非典型雇佣关系研究评述

随着电子媒介和网络数据库的兴起，文献计量成为一种新方法，用于通过相关信息的收集和统计分析，更加客观地发现学术研究的动向。本文数据库的选取主要通过中国知网（CNKI）数据库、中国硕博论文库，通过"非典型雇佣、季节性员工、固定期限合同、三角雇佣、多边雇佣、临时雇佣、临时工、外包员工、非典型雇佣关系、派遣、临时性员工、临时员工、多元雇佣、非传统雇佣、非标准劳动关系、非永久性雇佣、弹性雇佣、替代性工作制度、非全日制用工"等关键词的检索，选取"pubmed"英文数据库，通过"atypical employment、On-call employees、Independent contractors、Temporary agency workPrivate agency worker、Dispatched worker、Contingent worker、Seasonal worker、Part-time worker、Own-account worker、Self-employment、Multiple job holding、Non-permanent worker、Temporary worker、Tele-worker、Home-based worker、Casual worker、Fixed-term worker、Consultant contractors、Sub-contractor、Outsourced worker、Project worker"等关键词的检索，经排除和筛选后，共得 523 篇论文，其中学位论文 53 篇，中文期刊论文 295 篇，英文期刊论文 175 篇（见图 1）。其中对于"非典型性雇佣关系"（atypical employment relation）主题很少提及，可见目前非典型性雇佣关系问题并没有引起社会上广泛的重视，国内学者们的关注热情还不太高，却是国外一些学者的研究重点。

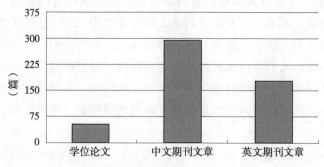

图 1　相关文献来源分布（文献检索截至 2015 年 5 月 20 日）

（一）国外研究现状计量分析

根据外文文献的搜索和统计结果，笔者进行了发表年份排序，通过排序不难发现，国外对于非典型雇佣关系的研究主要有两个高潮阶段，一个为1980—1990年，另一个为2008年至今，尤其在2014年达到15篇的最高峰，其中可能由于数据库不全等原因造成部分遗漏（见图2）。

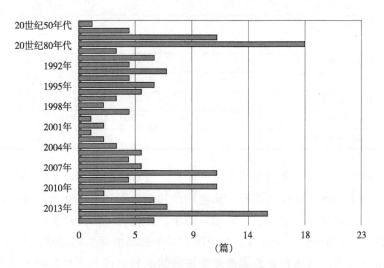

图 2　英文期刊相关文献发表情况

（文献检索截至 2015 年 5 月 20 日，因此 2015 年数据为非完整的全年文献，下同）

发文杂志主要集中在 *Demography* 和 *Work* 等杂志（见图3），鲜有顶级杂志，可见文章的质量和影响力有限。笔者按照发文数量对国外学者由低到高进行了排序，排名第一位和第二位的 Jeffery R. W. 教授、Forster J. L. 教授均来自明尼苏达大学公共卫生学院，分别发表了8篇和7篇，通过对比发现，国外的高产作者合作比较普遍（见表1）。

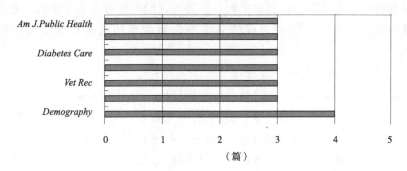

图 3　英文期刊发文排名情况

表 1   国外主要学者发文排名情况

学者姓名	发文篇数（篇）	所占比例
Axter J. E.	3	0.56%
Carrasquillo O.	3	0.56%
Kelder S. H.	3	0.56%
Lando H. A.	3	0.56%
Luchsinger J. A.	3	0.56%
Palmas W.	3	0.56%
Han W. J.	4	0.74%
French S. A.	5	0.93%
McGovern P. G.	5	0.93%
Forster J. L.	7	1.30%
Jeffery R. W.	8	1.48%

国外学者关于非典型雇佣关系的研究，有些从劳动力市场的政策角度进行，有些从劳动关系视角进行，从经济学的角度看，是劳动力市场弹性化的需要，从劳动关系的角度讲，劳动力市场的弹性有一个被社会接受程度的问题（Fujikazu Suzuki，2004）。欧盟国家对于劳动力派遣问题研究得比较早，实证研究较多，多体现对非典型雇佣增长情况的描述和不利影响的调查，如对女性因家庭责任而中断就业从事非典型雇佣，对其职业生涯的不利影响（Thomas A. Ochan，美国，2004）。关于非典型雇佣关系快速增长的原因，有学者认为全球化使企业面临的竞争加剧，为了降低成本，采取了生产转移和合同工租赁代替固定工的形式（Russell D. Lansbury，澳大利亚，2004）。还有学者将之与工会问题结合起来研究非典型雇佣群体如何参加企业民主管理（Benedicto Ernesto R. BItonio，Jr，2004）。关于非典型雇佣关系的形式和效率，很多学者的研究表明，多样化的就业形式对于人力资源管理和产业关系都产生了新的影响，整体来看，国外研究的主要难点集中于如何在保持劳动力市场具有弹性的同时保障非典型雇佣关系的效率和劳动者的权利保障。

（二）国内研究的计量分析

对 295 篇中文期刊论文进行发表年份统计，由图 4 可见，我国对于此问题的研究则从 2006 年起呈逐年递增的形势，在 2011 年达到 36 篇之多。2011 年之后也呈现一个比较平稳的状态，可见近些年随着多种雇佣形式的出现，非典型雇佣的用工群体激增，很多雇佣问题也随之凸显，尤其是互联网的发展致使灵活用工等问题重新成为学界讨论的热点。笔者对 2016 年关于"互联网行业劳动关系""Uber""滴滴"打车软件规范劳动关系等关键词在中国知网上进行搜索，共搜到中文期刊 16 篇之多。

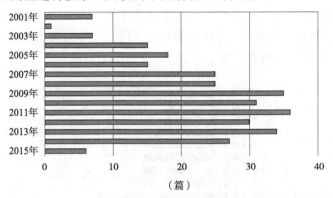

图 4 中文期刊相关文献发表情况

（文献检索截至 2015 年 5 月 20 日，因此 2015 年数据非完整的全年文献，下同）

笔者选取发文机构对作者所在的单位进行筛选和排序（见图 5），通过统计分析可见仅有 7 家单位发文在 3 篇以上，按照发文篇数由高到低分别为中国劳动关系学院 8 篇、天津大学文法学院 7 篇、上海财经大学人文学院 6 篇、深圳大学管理学院 4 篇、南开大学商学院 4 篇、华东政法大学 4 篇、北京交通大学经济管理学院 3 篇，说明目前集中研究非典型雇佣关系的机构并不多，研究人员分散在不同的机构，并主要集中在高校中，充分说明了高校在此研究领域的重要作用，同时也说明各类科研机构特别是政府所属的科研机构对此研究领域关注程度不足。

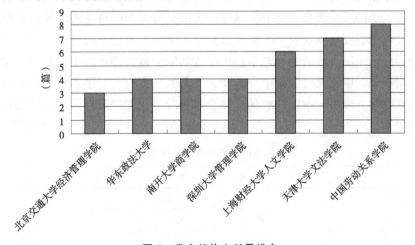

图 5 发文机构文献量排名

笔者整理了非典型雇佣关系相关文献的发文杂志，并作了排名，通过图6可见，目前国内刊载非典型劳动关系的研究文献在3篇以上的期刊只有11个，主要集中在经济学、管理学、法学的学科背景的期刊，鲜有国内顶级期刊。最主要的发文期刊为《中国劳动》（12篇）、《中国劳动关系学院学报》（12篇）、《中国人力资源开发》（8篇）。

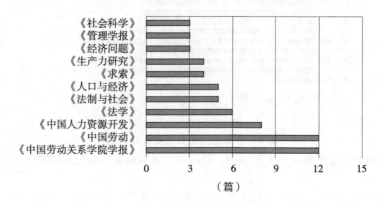

图6　中文期刊发文排名情况

笔者整理了我国非典型雇佣关系领域研究的高产作者排名，在发文篇数在3篇以上的中国学者中，发文数量位列第一的燕晓飞教授来自中国劳动关系学院经济管理系，从事劳动经济学、教育经济学、发展经济学等方面的科研工作，主持或参与国家社科基金课题3项、教育部人文社科课题1项、教育部重点课题1项、中华全国总工会课题10余项；排名第二位的田野教授来自天津大学文法学院；排名第三位的石美遐教授来自北京交通大学经济管理学院，经济学博士，教授、博士生导师，北京交通大学经济管理学院企业组织与企业能力研究所副所长，北京交通大学人文社会科学学院经济法律研究中心副主任，中国人权研究会理事，中国劳动学会常务理事，中国劳动法学研究会副会长，中国人力资源学会劳动关系研究会副会长，中国法学会社会法学研究会常务理事，中国社会保险学会常务理事，主要研究领域为劳动法与劳动关系、劳动科学综合、人权领域中的劳动社会保障问题（见表2和图7）。

表2　国内主要学者发文排名情况

学者姓名	发文篇数（篇）	所占比例	学者姓名	发文篇数（篇）	所占比例
万向东	3	0.61%	刘军丽	3	0.61%
张乐川	3	0.61%	张彦	3	0.61%
张立富	3	0.61%	赵鑫全	3	0.61%

学者姓名	发文篇数（篇）	所占比例	学者姓名	发文篇数（篇）	所占比例
胡鞍钢	3	0.61%	胡凤霞	3	0.61%
时博	3	0.61%	蔡昉	4	0.81%
顾栋	4	0.81%	张勇	5	1.02%
蒋建武	5	1.02%	姚宇	5	1.02%
石美遐	6	1.22%	田野	7	1.42%
燕晓飞	8	1.63%			

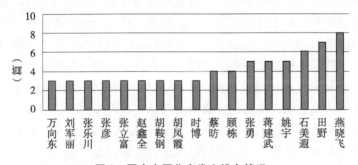

图7 国内主要作者发文排名情况

三、非典型雇佣关系的发展历程与特征

（一）国外非典型雇佣关系研究的发源

劳动关系学在 20 世纪 20 年代早期出现时，"工业关系"或"产业关系"（IR）在欧美开始得到普遍使用，后来由于 20 世纪 30 年代大萧条和 20 世纪 40 年代第二次世界大战造成的巨大经济社会问题，研究得到迅速发展，成为专门的研究领域，并对公共政策产生重要影响。首先通过先进管理和员工发言权等新模型促进劳工问题的解决（因此奠定了 Rockefeller 和其他支持者的领导地位），其次为人事管理提供了战略尺度（Kaufman 2001，2008b）。直到劳动关系学和人力资源管理于 1960 年分开，劳动关系学提供了更多关于人事管理的权威科研著作，产生了知名的作家，如 Yoder、Heneman、Myers、Straus 等，同时提供了外部战略尺度。从 1960 年到 1980 年，人事管理被"宏观"行为科学家控制，从而变得更加内化和个体化。战略性人力资源管理于 1980 年后期产生，部分是为了实现弥补劳动关

系学缺失的功能。制度经济学中另一个具有影响力的学派由克尔（1954）发展起来，与之相关的是由劳动过程理论发展而来的劳动控制模型（Edwards，1979）。近年来最值得关注的雇佣制度配置是高性能（或高投入）工作系统（HPWS）——一个采用了大量雇佣实践而实现高生产力和高利润的人力资源密集系统，例如团队、广泛的交叉培训、广泛的工作、基于绩效的薪酬、员工参与、工作保障和平等的组织文化（Frost，2008；Boxall，Mackay，2009）。

事实上，关于非典型雇佣关系的理论研究可以追溯到二元经济结构理论时期。1954年，阿瑟·刘易斯（W. A. Lewis）在其论文《劳动力无限供给条件下的经济发展》中指出，在经济发展初期存在二元经济结构，从而提出资本主义部门和维持生计部门概念，后来在《再论二元经济》中使用了"非正式"经济部门的表述，他认为："一国经济不是简单分为两个部门，在资本主义部门的小规模的农业部门之间，还有许多规模不等的生产部门，这类部门可以被称为非正式经济部门。"❶ 用刘易斯的二元经济结构理论来解释非典型雇佣关系劳动力市场的工资决定问题，根据二元经济模型，发展中国家的经济由资本主义部门和非资本主义部门构成。其中资本主义部门以现代工业部门为代表，非资本主义部门以传统农业部门为代表。

非典型雇佣关系研究起始于理论界对企业非典型用工现象的描述和概念界定。其后，部分学者开始深入组织内部，采用双变量相关性分析或理论阐述的方法，比较组织、人口学以及劳动关系等方面因素对组织弹性用工的影响。Davis Blake 和 Uzzi（1993）认为，全面地反映组织在灵活用工中的制度选择有赖于多变量相关性分析，这体现了非典型雇佣在组织实践中的复杂性，也反映了目前劳动关系和组织行为研究的基本范式。然而，现有的研究在研究对象的范围界定、样本的甄别和筛选以及测量工具的选择等方面存在诸多不合理因素，从而导致了研究结论间的矛盾，并使得相关实证研究无法针对企业不断发展的非典型雇佣实践提出趋于一致的政策建议。为了揭示实证研究中的困境，下文将从研究对象、样本和测量三个方面，对相关制约因素进行分析。康芒斯作为制度经济学在劳动关系领域研究的鼻祖，区分了包括商品（供给需求）模型、机械（科学管理）模型、商誉（高承诺）模型在内的5个模型。具讽刺意味的是，今天的劳动关系学是以联盟为中心的、反对管理标准化的观点（Godard，Delancy，2000）。

---

❶ ［美］威廉·阿瑟·刘易斯. 二元经济论［M］. 施炜，等，译. 北京. 北京经济学院出版社，1989.

（二）我国非典型雇佣关系的发展历程

"非典型雇佣"理论在我国发展较晚，但是现象却早已存在。在我国，使用较多的是国际劳工组织在 20 世纪 70 年代的一项调查报告中提出的"非正规部门就业"或"非典型雇佣"概念。就国际劳工组织的这项调查报告所研究的对象而言，"非正规部门就业"与"非典型雇佣"是两个分析角度大不相同的概念。正因为如此，关于"非典型雇佣"概念的使用在我国则显得尤为混乱。同样，对于非典型雇佣所包含的种类也不存在一个统一的观点。根据研究目的的不同，或者由于研究上的限制（如量化数据整理上的限制），学者之间对非典型雇佣所包含的工作形式，有着各自不同的观点。Belous（1989）将非典型雇佣的形式分为部分工时工（part-time work）、租赁工（leasedwork）、契约工、外包工（subcont）、自我雇佣工（self-employment）、同时拥有多份工作的劳动工以及按日计酬的零工（dvalboaosr）等。Axel（1995）将非典型雇佣形式分为两大类，即企业直接聘用的临时工与由职业中介机构间接提供的暂时性劳动力。在直接雇佣方面又分为短期工、钟点工与部分工时工以及独立的契约工。而由职业中介机构提供的临时劳动力则包括临时支援服务者以及租赁工等。1995 年、1997 年、1999 年，美国劳工统计局针对非典型雇佣所作的调查中，将其分为四个种类：独立契约工、钟点临时工、临时支援者、外包工。

我国对非典型雇佣和非典型劳动关系的研究比较系统和全面的成果是中国劳动和社会保障部劳动科学研究所 2001 年由郭悦执笔的《灵活多样的就业形势问题研究报告》，从政府和就业市场建设的角度论述了灵活就业问题，2002 年中国劳动和社会保障部劳动科学研究所的研究报告《我国劳务派遣问题研究》也从政府角度对我国的劳务派遣问题进行了比较系统的研究，包括现状、问题和对策等。国内其他学者的研究主要集中在以下几方面内容：从概念界定和研究群体看，研究农民工的论文最多，其次为对女性群体的研究（谭琳，2003；蒋永萍，2005；吕学静，2005），也有部分学者把研究主体锁定为大学生的打工及勤工俭学活动（申自强，2014）和退休后进入劳动力市场的劳动者（林淑惠，2014；景春兰，徐志强，2013）。在论述非典型雇佣关系的积极作用方面包括扩大就业（张晓风，2003）、促进非国有经济的发展、服务城市生活、降低劳动成本（王萍，2004）等；在文体方面，主要通过调查来描述藐视非典型雇佣关系劳动者的生活和工作状况，包括在一些地区的行业分布、人员构成、就业状态等。也有部分学者从法律视角切入，探讨非典型雇佣关系的法律适用问题，如是适用于《劳动法》《民法通则》还是《合同法》等，大多建议将其纳入《劳动法》的调整范围（周万玲、王建军，2004）。现将新中国成立后我国非典型雇佣的发展过程总结为表3：

表3　新中国成立后我国非典型雇佣的发展历程

时间	社会背景	发展状况	政府、社会和理论界的态度
计划经济前期（1949—1957）	新中国成立初期国民经济遭到战争破坏，社会失业率很高	国民经济恢复期，存在各种非典型雇佣形式	社会主义改造前，鼓励各种非典型雇佣的发展
计划经济后期（1958—1977）	计划经济后期彻底消除了公私合营的经济形态，走向了单一的计划经济时期	计划经济下，非典型雇佣逐渐减少，在计划经济体制下，我国的企业主要以全民所有制和集体所有制为主，公有制的特殊性质使得当时我国企业劳动关系呈现出单一的结构形式	被视为非法经济，抵制各种非典型雇佣形式；"文化大革命"时期，"割资本主义尾巴"
过渡时期（1978—1992）	1978年十一届三中全会召开后，我国社会、政治与经济发展出现了历史性的转变，开始进入了一个新的阶段。自此，我国走上了改革开放和建设中国特色社会主义的道路，上山知青返城，乡镇企业异军突起，农民工进城	1978年改革开放以后，随着我国由计划经济体制向市场经济体制的转变，劳动关系调整模式也逐步由计划经济向市场经济过渡时期的"多元并存"调整模式转变为市场经济初期的"个别调整"模式	随着"三结合就业方针"的实施，引入了非典型就业形式，安置知青、农村剩余劳动力，但是仍然存在一定的社会歧视，有人将其等同于"非法经济"
市场经济初期（1993—2000）	1992年以后，我国体制内和体制外的劳动力市场均出现了重大变化，体制内主要表现为国企职工下岗问题，"企业改制"和"职工置换身份"体制外主要表现为"民工潮"现象	迅速发展，逐渐成为缓解失业压力的有效途径和新增劳动力的重要就业领域	与"非法经济"区别开来，"搞活经济"，鼓励"下海"和"再就业工程"安排下岗职工，城镇劳动者的择业观念发生改变，非典型雇佣的就业形式慢慢被接受

续表

时间	社会背景	发展状况	政府、社会和理论界的态度
市场经济发展期（2000年以后）	市场经济逐步发展，改革开放深入，经济结构大规模调整，产业结构迅速升级；中国加入WTO，经济全球化趋势日益明显，市场竞争激烈，社会需求不断细化	国有企业改制基本完成；劳工标准与国际贸易挂钩，非典型雇佣在服务业、贸易加工业、法律财务的专业领域蓬勃发展，但是其环境、社会保障等方面还是存在很多问题	国有企业改制导致劳动力市场主体由国企下岗职工和农民工构成；各级政府制定了各项优惠政策鼓励非典型雇佣的就业形式
平台经济发展时期（2008年以后）	马克思主义的重提和全球工会运动的重组；中国劳动合同法正式实施，两极分化、社会不公导致社会矛盾突出和工人集体意识增强；互联网兴起	各类劳动关系得到规制，个体和集体劳动争议呈现井喷，2010年以后出现罢工，非正规经济中工人的权利保障，互联网让工人组织成本降低	随着互联网＋经济形态的发展，涌现出更多的新型非典型就业形势如Uber和airBNB、房产中介、滴滴出行、河狸家、58到家、爱大厨等

四、我国非典型雇佣关系研究主体分析

（一）"规模"研究

我国目前还没有官方的灵活就业或非典型雇佣、灵活就业的统计体系，尚缺乏权威的统计。非典型劳动目前尚未被纳入官方统计的范围，国家统计局以及人力资源与社会保障部等相关部门的统计报告中并不包含明确的非典型劳动统计，目前可以检索到的关于非典型劳动的统计数据，全都是一些机构或者是研究者根据官方已经公布的其他相关数据进行推算，或者是通过项目抽样调查的结果所进行的粗略估计，并不准确。

根据劳动和社会保障部2002年12月全国城市劳动力就业和社会保障随机抽样调查推算，全国城镇非典型雇佣人数约为1.5亿人，占总就业人数的20.34%。❶ 根据劳动和社会保障部课题组的另一项估算，截至2003年年底，中国城镇非典型雇佣者总量约为4700万人，占城镇就业人员总量的

---

❶ 石美遐.非典型雇佣劳动关系研究［M］.北京：中国劳动社会保障出版社，2007.

18%左右。何平、华迎放在《非正规就业群体社会保障问题研究》❶ 一书中估算我国城镇非正规就业人数在 7000 万左右，从国家统计年鉴的数据推测，我国城镇各类非正规就业人员数量为 6000 万～9000 万。一项利用辽宁省等 9 个省份调查数据的分析显示，非典型雇佣占城镇全部就业的比重在 2004 年和 2006 年分别为 57% 和 58%。❷ 另有学者计算出 2005 年中国城镇非典型雇佣的比例为 58.85%。❸ 每年灵活就业人员占城镇新增就业人数的比例都达到 80% 以上，至 2013 年年末，灵活就业人数约为 2.2 亿人，占城镇就业总人数的 63.2%。❹ 全国总工会先后于 2010 年 6 月、2011 年 6 月，对全国 25 个城市 1000 家企业 10000 名职工进行了关于劳务派遣的问卷调查，根据调查结果对劳务派遣的规模进行了估算，结果估算出全国劳务派遣员工的数量大概是 6000 万人，其中企业派遣工为 3700 万人，占企业用工总数的 13.1%。❺

我国非典型劳动的实证研究面临十分严重的困境，主要有以下几方面原因。首先，最根本的原因是非典型劳动关系本身的复杂性。作为一种新型的就业形式，非典型劳动与典型劳动的区分并不明确，标准模糊，统计口径不统一。其次，非典型劳动又可进一步分为很多具体的类型，这些类型由于分类标准不统一，相互之间往往存在着交叉重叠，因此，在进行统计时就可能出现重复计算，影响数据的准确性。基于上述情况，目前对于我国非典型劳动的规模做出十分精确的估计是很难做到的，尽管如此，粗略的估算还是可能的。以全国总工会对劳务派遣的估算为基础，加之非全日制用工等其他类型，保守估计非典型劳动占据全部就业的比重也应在 20% 以上，可以肯定的是，非典型劳动与典型劳动共存的二元就业格局已经基本形成并不断发展。

比较上述计算数据可以发现，彼此间出入较大，大多比较陈旧，最新的规模估算十分罕见。另外，上述统计主要是集中在对非正规就业的估算、非典型劳动的规模估算、劳务派遣的估算等，不同的学者从非典型雇佣关系总

---

❶ 何平，华迎放. 非正规就业群体社会保障问题研究 [M]. 北京：中国劳动社会保障出版社，2008 年，第 7 页。

❷ 屈小博. 城市正规就业与非典型雇佣收入差距及影响因素贡献——基于收入不平等的分解 [J]. 财经论丛，2011 年（第 2 期）.

❸ 薛进军，高文书. 中国城镇非典型雇佣：规模、特征和收入差距 [J]. 《经济社会体制比较，2012 年（第 6 期）.

❹ 李丽萍，改革开放以来我国城镇非典型雇佣分析 [J]. 经济体制改革，2014 年（第 6 期）.

❺ 全总劳务派遣问题课题组. 当前我国劳务派遣用工现状调查 [J]. 中国劳动，2012 年（第 5 期）.

体特征的不同方面出发，在研究中对非典型雇佣冠以不同的称谓，统计口径有一定出入，如组织原有工作安排的替代、有市场中介机构参与的雇佣、弹性的人力资源配置手段、高流动性的边缘化雇佣、灵活用工等。随着非典型用工在组织中所占比例的不断提高，其表现形式越来越多样化。然而，非典型用工内涵与外延的复杂性，可能会使研究者在研究对象的界定上缺乏必要的严谨性，从而导致研究结论缺乏说服力。

（二）"类型"研究

国外学者对于非典型雇佣的分类可以说存在一定程度的重叠和再细分。从雇主角度分类的有 Michael D. S. Morris、Alexander Vekker，他们将临时用工在实践中分为雇主直接雇用和第三方劳务派遣（personnel supply service❶ 或 temporary help service）两种类型。根据工作形式不同，Polivka 把非典型用工分为部分工时工、临时工、租赁工、自我雇佣、业务外包、家内劳动等（Polivka，1996）。Feldman（1990）认为，非全日制用工至少可以从以下五个方面进一步细分：（1）是长期还是临时性用工；（2）是由雇主直接雇用还是由第三方派遣；（3）是常年性还是季节性用工；（4）当前的工作是受访者的主业还是第二职业；（5）受访者是主动还是被动选择非全日制工作。❷

从雇员角度出发，加里·费尔德（Gary Field，2005）根据非典型雇员的特征，将之分为两类人群——上层与底层，上层人群具有竞争性，主动选择在非典型雇佣部门就业，而底层人群由于没有可能在正规部门工作，从而被迫选择非典型雇佣。台湾学者简建忠在《派遣劳工对工作的看法与组织认同的研究》一文中分析了台湾企业使用派遣劳工的背景，分析了其对工作的看法和组织认同，提出非典型雇佣群体应该分为高技能人才和低技能劳工两类，其影响是不同的。根据产品市场供求状况及员工 Nardone（1995）将非全日制劳动力群体分为主动就业和被动就业两类，并将后者进一步细分为"经常就职于兼职岗位"和"经常就职于全职岗位"两类。❸

从雇佣关系角度分类，相关研究大多延伸自 Tsui、Pearce、Porter 和 Hite（1995）的概念性研究。Tripoli（1997）提出四种雇佣关系模式特别

---

❶ Michael D S Morris, Alexander Vekker. An alternative look at temporary workers, their choices, and the growth in temporary em-ployment [J]. Journal of Labor Research, 2001, 12 (2): 373—390.

❷ Todd J Thorsteinson. Job attitudes of part-time vs. full-time workers: a meta-analytic review [J]. Journal of Occupational and Organi-zational Psychology, 2003, 76: 151—177.

❸ Thomas Nardone. Part-time employment: reasons, demographics, and trends [J]. Journal of Labor Research, 1995, 16 (3): 275—291.

是相互投资型雇佣关系。国内研究对于相互投资型雇佣关系普遍持肯定态度，王拓（2010）认为在动态不确定的环境下，相互投资型雇佣关系对企业参与国际竞争及推动自身发展有重要作用，可见相互投资型雇佣关系的重要性。方洪波（2010）指出从员工期望角度看对企业拥有不同期望的员工会相应选择不同的雇佣关系，对于中高端非典型雇佣者来说，他们对企业文化和与雇主之间的互动不是特别看重，相比之下，他们更看重经济交换，因此选择准交易型雇佣关系。对于低端非典型雇佣者来说，他们相对于雇主处于弱势地位，基本属于投资不足型的雇佣关系。对于平台型的非典型雇佣者来说，他们更看重与平台的共赢和协调发展，平台企业为其赢得更好的声誉和收入提供了机会和平台，双方要达到双赢的发展，因此属于相互投资型雇佣关系。Rousseau（1995）认为，雇佣关系受到各种内外部因素的影响。内部因素包括个人的性格、价值观、特质等，外部因素包括来自外在的信息和社会线索。在员工入职前后，影响因素也是由内部向外部转变。

（三）"特征"研究

国外对于中国非典型雇佣关系主体特征的研究主要集中在不同行业的混合用工模式，研究不同主体，如城镇工人、下岗工人生活状态的研究（澳大利亚卢奇）和下岗工人社区的研究——下岗后还对企业有很大的依赖，仍然聚居在原工厂社区之内。对于新生代农民工的研究，研究其工作条件、城市融入、就业歧视、对外来工的排斥、代际特征等。基于这些特征，非典型雇佣逐步被当前日益注重组织柔性和成本控制的大多数企业所接受。非典型雇佣关系作为一种雇员和雇主的关系合约形式，必然受所在外部环境、市场状况和组织结构等因素的影响。传统市场经济中，非典型雇佣被看作全日制雇佣的一种补充，往往是和形式灵活、成本低廉、效率低下等特征密切联系的。

所谓非典型雇佣关系是相对于传统的典型雇佣关系而言的。如表4所示，通过建立传统的典型雇佣关系，雇主与雇员之间签订的是所谓关系合同，随之建立的关系是层级管理关系，当未来市场情况发生变化时，雇主可以灵活地调整雇员的具体工作内容，而无须与雇员谈判修订或重新签订劳动合同。与传统的典型雇佣关系不同，在非典型雇佣关系中，雇主与雇员之间签订的是有期限工作合同，对工作任务的约定相对更加详细，具有市场交易关系的特征（林肇宏等，2012）。另外，雇主又有权根据未来市场情况的变化在一定范围内有限度地调整准雇员具体工作内容，因此，它又具有层级管理关系的特征（栗志坤，2009）。

表 4 传统雇佣关系与非典型雇佣关系比较分析

项目	传统雇佣关系	非典型雇佣关系
合同期限	雇主与雇员签订全日制的长期劳动合同	雇主与雇员之间签订的是有期限工作合同
薪酬标准	雇主向雇员提供不低于国家规定的最低工资标准的薪酬（含社会保障）	雇主向雇员提供不低于国家规定的最低工资标准的薪酬
工作关系	雇员依附于雇主，听从雇主指挥；监督与服从的层级管理关系	介于市场交易关系和层级管理关系之间的新型雇佣关系
工作内容	劳动合同是开放性的，对雇员工作任务不作详细约定	对工作任务的约定相对更加详细，具有市场交易关系的特征
工作时间	全日制	不确定
工作地点	相对确定	不确定

（四）"动机"研究

1. 雇主层面

玛莎·陈（Martha Chen）对几种成因的学术思想进行了总结和分类，其中从雇主角度运用了结构性学派的被剥夺和障碍理论。非典型雇佣关系通常反映的是雇主的一种选择和偏好，很多非典型雇佣的群体希望得到与正规雇员一样的福利和保障，但是雇主却以非典型雇佣形式雇用他们。概括起来企业使用非典型雇佣的动力之一是节约成本（陈洁，2003）。第一，使用非典型劳动力不仅可以压低工资，同时正规员工要求调薪的空间也被压缩，大家害怕失去工作不敢抗争，导致正规劳工的工资水平也被拉低。第二，使用非典型雇佣劳动力解雇更简便，不用支付遣散费用等。企业便无须再为该项工作制定标准，从而降低管理费用（林肇宏，2012）。第三，达到分化劳工的目的。在同一工作场所之中，不同身份的劳工在一起工作，薪资待遇福利可能各不相同，这就造成劳工内部的分化。劳工的利益不同就导致阶级的分化。有些企业禁止非典型用工加入工会，随着非典型用工的增加，工会会员反而越来越少，工人的力量因而减弱。达到了分化劳工的效果（简建忠，2008）。国内也有一些学者认为非典型性用工模糊了企业边界，增加了企业的灵活性（栗志坤，2009）。

2. 雇员层面

自愿主义学派的退出和排斥理论。一些自我雇佣者为规避税收和其他成本而主动从事非典型雇佣或者在非正规经济中自我雇佣（Martha Chen，2002）。有些新自由主义经济学家指出在某些情况下，这些自我雇佣者还会从事非法的生产和服务其至采用犯罪方式来规避税收、商业规章、电费、租金等正规活动成本，因而被称为黑色经济。Konrad 和 Mangel（2003）通过调查美国 849 个不同收入层次的家庭，得出的结论是：为了平衡家庭与工作之间的矛盾，更多的人选择做临时性员工。因其在工作时间及形式上的灵活性使得员工对家庭能尽到更多的责任，从而使得他们在工作中的满意度得到极大的提高。当然，非正规就业劳动力自身素质限制了就业机会的选择，由于劳动力素质低，非正规就业劳动力只能进入次要劳动力市场，从事简单的依靠体力的生产和服务工作（燕晓飞，2013）。

3. 政府层面

在论述非典型雇佣关系的积极作用方面，包括扩大就业（张晓风，2003）、促进非国有经济的发展、服务城市生活、节约劳动成本（王萍，2004）等。首先，发展非典型雇佣关系是可以减轻贫困程度、促进社会稳定的现实选择；其次，发展非典型雇佣关系可以优化劳动力资源配置、降低劳动成本（顾栋，2006）；最后，发展非典型雇佣可以消化国有企业大规模重组与产业结构调整导致的下岗职工和城镇化加速从而转移到城镇务工的农村剩余劳动力（燕晓飞，2013）。

（五）"价值判断"研究

1. 宏观层面

首先，非正规就业在弥补劳动力市场规范上面的缺陷的同时，对于解决城镇劳动力的下岗、失业问题，为农村流动劳动力创造就业机会做出了积极贡献。这种新生的就业形式及其特殊机制却有助于利用尚未完全成熟的劳动力市场配置就业、解决失业和下岗难题（蔡昉，2005）。其次，非典型雇佣形式的存在与发展在一定程度上促进了劳动力的流动，有利于实现劳动力资源要素的优化配置。非典型雇佣形式的存在与发展使社会整体能够以一定程度上的弹性保持劳动力市场的稳定（陈杰，2003）。最后，非正规部门就业实际上已经发挥了矫正劳动力价格扭曲的作用。非正规就业是发展中国家克服正规部门就业在遭受经济周期时的缓冲器（都阳，2005）。

2. 微观层面

Barnett 和 Miner（1992）通过研究美国一家大型国有企业中正式员工与非典型员工之间的相互依赖情况，发现企业雇用非典型员工会影响正式员工对企业的情感交流，并且这种现象在那些具有先进技术的工人身上表现得更加明显。张敬来、谢佩洪、孟宪忠（2009）认为，非典型雇佣关系因其在形式上的灵活性，使得雇佣双方的联系更为松散，由于缺乏工作稳定性和组织忠诚度，导致雇佣双方在雇佣合约期间谋求不当自身利益的机会主义倾向加剧，从而对企业绩效有负影响。Ailyn（1993）、Barker（1993）以及 Pupo 和 Duffy（2000）指出，非典型员工不仅会使传统员工受到情感上的冲击，有可能产生消极怠工的情况，而且与传统员工相比，他们对组织的忠诚度较低，重要的是，管理者很难界定他们的岗位职责。然而其他一些学者却获得不同的结论。例如，Mangel（2003）用社会交换模型证实在那些对组织归属感较强的企业，非典型员工常常会加倍地努力，创造出更多的价值以回报公司，因此非典型雇佣对企业绩效有正影响。国内学者房园园和王兴化（2009）认为，非典型雇佣方式因其在雇佣成本上的优势而使企业获利。与传统员工激励的方式类似，企业对非典型员工工资的投入和精心设计，可以增强企业绩效（林肇宏，2012）。对企业而言，工会组织的存在，使用正式员工会带来较高的限制成本，而使用非典型雇佣者则可以降低工会的力量（Abraham&Taylor，1990）。

五、研究方法评述

笔者对目前国内非典型性雇佣关系的文献研究方法进行了分类整理，发现国内对于非典型雇佣关系的研究多是定性研究，占文献数量的 76.2%，定量研究占总文献数量的 23.8%。如图 8 所示。

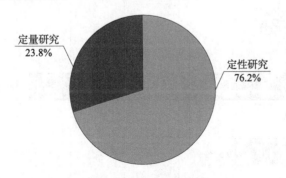

图 8　相关文献研究方法归类分析

其中对 105 篇关于非典型雇佣关系的文献研究方法进行了深入分析，发现，有 47.62% 的文献仅采用理论研究和文献研究的方法，介绍国外相应理论、概念、研究进展、理论框架等；42.86% 的文章是基于现象描述，通过一些观察和二手数据对非典型雇佣关系的现状进行介绍和描述。仅有 19.05% 的文章是用经济学模型进行一元回归、因子分析、结构方程等计量经济学的方法研究影响劳动关系的因素、评价指标，或者预警机制的建立。如图 9 所示。

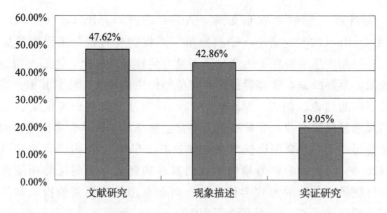

图 9　相关文献研究方法归类分析

在实证研究的数据部分，47.62％的研究者引用的是国家统计局或者统计年鉴中的二手数据，仅有 9.52％的研究者实地深入调研，拿到了一手数据，通过一手数据的处理得出相应的结论。仅有 4.76％的研究者采用了案例研究的方法，采写了相关案例进行比较和分析得出相应结论。如图 10 所示。案例研究方法（case study method）是一种常用的定性研究方法，这种方法适合对现实中某一复杂和具体的问题进行深入和全面的考察。

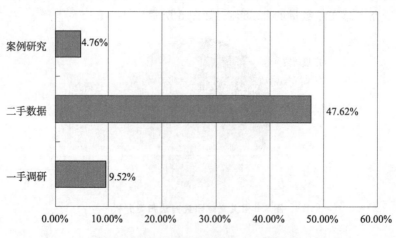

图 10　相关文献数据采集方法归类分析

六、结论

通过对主流中英文数据库的相关词汇进行检索收集论文共计 523 篇，

其中学位论文53篇，中文期刊论文295篇，英文期刊论文175篇。根据统计结果我们发现，国外对于非典型雇佣关系的研究主要有两个高潮阶段，一个为20世纪80～90年代，一个为2008年至今，尤其在2014年达到15篇的最高峰。而我国对于此问题的研究则从2006年起呈逐年递增的形势，在2011年达到36篇之多。仅有7家单位发文在3篇以上，说明目前集中研究非典型雇佣关系的机构并不多，目前国内刊载非典型劳动关系的研究文献在3篇以上的期刊只有11家，主要集中在经济学、管理学、法学的学科背景的期刊，鲜有国内顶级期刊。此问题同样出现在国外的期刊上。笔者对2016年关于"互联网行业劳动关系""Uber""滴滴"打车软件规范劳动关系等关键词在中国知网上进行搜索，共搜到中文期刊16篇。在我国当前创新性国家战略的背景下，作为一种保持原有灵活特性又富有竞争力的新型雇佣方式，非典型雇佣关系对于建立社会主义和谐劳动关系，提升组织创新和应对不确定环境能力都有着重要意义。已经有一些学者对于互联网经济对于劳动关系的影响进行了研究，如中国人民大学劳动经济学院教授唐鑛等。

从国内研究文献来看，各学科和各界对于非典型雇佣关系的研究主要集中在定义界定，从社会学、法学、经济学和管理学等角度探讨了非典型就业群体的特征表现、弹性用工制度存在的合理性，以及劳动关系利益主体的角色转换等问题，多肯定其积极作用再探讨其所存在的问题，或者多为描述性的关于行业分布、人员构成、就业状态、社会保障状况的表述并提出一些政策建议。从作者年代分布、学科分布、研究机构分布等方面分析该研究的研究主题、发展历程、研究方法等趋势和特点，可见非典型雇佣关系的研究主要集中社会学、法学、管理学等角度探讨，经济学研究基础较薄弱；多探究非典型就业群体的特征表现、弹性用工制度存在的合理性，较少从劳动关系学角度探讨雇主策略选择和利益主体的角色转换等问题；研究内容覆盖了规模研究——主要是根据官方数据推算或者根据抽样数据的粗略估算，类型研究——从雇主、雇员、雇佣关系角度有不同分类模式，特征研究——与传统雇佣关系在5个维度的差异进行比较分析，动机研究——从雇主、雇员和政府层面有不同的动机和需要，价值判断研究——从宏观层面、微观层面分析了非典型雇佣模式的优劣，政府角色研究——从劳动法以及劳动力市场规制角度探讨政府对于劳动力市场宏观调控职能。相关研究结论有助于我们更加清晰地认识非典型雇佣关系的社会成因、存在和发展机制，及其在不同阶段对利益相关者的影响，但是已有文献中对于"互联网＋"时代背景下的新型雇佣形式、劳动关系特点、劳动关系评价、社会保障状况等更是鲜有研究。

（作者单位：北京物资学院，首都经济贸易大学劳动经济学院）

参 考 文 献

[1] KretschmerV. N Riedel. Effects of atypical employment on difficulties in falling asleep, maintaining sleep-gender differences in the lid: a study [J]. Gesundheitswesen, 2015, 77 (4): 77—84.

[2] Ruiz M E, et al. Can informal employment be compared in South America? Analysis of its definition, measurement, classification [J]. Gac Sanit, 2015, 29 (1): 65—71.

[3] Pitcher J. Sex work, modes of self-employment in the informal economy: diverse business practices, constraints to effective working [J]. Soc Policy Soc, 2015, 14 (1): 113—123.

[4] Palmas W, et al. Results of the Northern Manhattan Diabetes Community Outreach Project: a randomized trial studying a community health worker intervention to improve diabetes care in Hispanic adults [J]. Diabetes Care, 2015, 38 (4): 59.

[5] Ramesh V, P Haldar. Results of the Northern Manhattan Diabetes Community Outreach Project: a randomized trial studying a community health worker intervention to improve diabetes care in Hispanic adults [J]. Diabetes Care, 2015, 38 (4): 58.

[6] Muhumuza C, et al. Health care worker hand hygiene in the pediatric special care unit at Mulago National Referral Hospital in Uganda: a best practice implementation project [J]. Int J Evid Based Healthc, 2015, 13 (1): 19—27.

[7] Li J, et al. Parents' nonstandard work schedules, child well-being: a critical review of the literature [J]. J. Prim Prev, 2014, 35 (1): 53—73.

[8] [德] 鲁道夫·特劳普—梅茨，张俊华. 劳动关系比较研究——中国—韩国—德国/欧洲 [M]. 北京：中国社会科学出版社，2010.

[9] 何平，华迎放，等. 非正规就业群体社会保障问题研究 [M]. 北京：中国劳动社会保障出版社，2008.

[10] 曲亮，陈敏，姜晓慧，等. 集群升级背景下的非正规就业演进机理研究——以慈溪"家庭作坊"为例 [M]. 杭州：浙江工商大学出版社，2012.

[11] 石美遐. 非典型雇佣劳动关系研究 [M]. 北京：中国劳动社会保障出版社，2007: 25.

[12] 石美遐. 非正规就业劳动关系研究——从国际视野探讨中国模式和政策选择[M]. 北京：中国劳动社会保障出版社，2007.

[13] 托马斯·寇肯 (Thomas A Kochan)，哈瑞·卡兹 (Harry C Katz)，罗伯特·麦克

西 (Robert B Mckersie). 美国产业关系的转型 [M]. 朱飞，王侃，译. 北京：中国劳动社会保障出版社，2008.

[14] 田野. 论劳务派遣向正式雇佣的转换 [J]. 中南大学学报（社会科学版），2015 (1)：89—97.

[15] 蒋建武，李南才. 基于文献计量法的国内临时雇佣研究述评 [J]. 管理学报，2015 (4)：619—624.

[16] 屈小博. 城市正规就业与非典型雇佣收入差距及影响因素贡献——基于收入不平等的分解 [J]. 财经论丛，2011 (2).

[17] 薛进军，高文书. 中国城镇非典型雇佣：规模、特征和收入差距 [J]. 经济社会体制比较，2012 (6).

[18] 李丽萍. 改革开放以来我国城镇非典型雇佣分析 [J]. 经济体制改革，2014 (6).

[19] 全总劳务派遣问题课题组. 当前我国劳务派遣用工现状调查 [J]. 中国劳动，2012 (5).

供给侧改革下促进质量管理水平提高的人力资源管理路径

靳正伟 *

内容提要：为了在经济增长放缓的形式下找到新的经济增长点，"供给侧改革"被提出。供给侧改革包含很多内容，其中提高产品质量是其一个重要目标。本文通过对质量管理的过程理论进行分析，得出质量管理的六个层次；在分析这六个层次的特点后进而把质量管理的理论分为硬质量管理和软质量管理两个方面。然后，为优化这两个方面的质量管理过程，从人力资源管理角度提出一些对策。

关键词：人力资源管理　质量管理　供给侧改革

一、引言

供给侧改革是国家从战略角度提出的应对我国经济发展变缓，解决供需矛盾促进经济结构转型的重要方略。在推进供给侧改革的进程中，对产品的生产过程进行有效的管理，从人们对产品的需求角度、生产产品投入的各成分的组成角度、整个产业的角度、管理规则角度以及社会角度入手寻求供给侧改革的入口，是实现产业转型升级的重要方略（廖清成，2016）。提高产品的质量以满足社会对产品质量的需求，是生产流程革新的结果，也是需求层面的要求。从企业层面上来说，提高经营管理质量和生产高质量的产品，企业才能够获得更高的收益；同时，质量管理是企业维护其产品口碑的重要保障，是企业在产业转型升级后的经济环境中继续发展的必要条件。而在影响企业生产和服务质量形成的诸多要素中，人是首要的要素。有了人的质量，才有工作、产品和服务的质量。在当前经济环境下，从资本和技术占比

---

* 作者简介：靳正伟（1988—　），男，河南安阳人。硕士研究生，研究方向是人力资源管理。

高的行业到主要依靠增加劳动要素来增加产出的企业，企业全体员工的素质都决定着企业所提供的产品质量的高低，而在企业中招聘、培训等人力资源管理模块直接决定了企业整体人员的素质。

因此，企业能否在供给侧改革中通过有效的质量管理过程提高产品质量，在某种意义上取决于企业人力资源管理水平的高低。另一方面，质量管理除自身的执行需要高素质的人才和适当的激励等管理机制外，人力资源管理自身也会用到质量管理的方法。由此也可以看出，人力资源管理和质量管理之间存在相辅相成的关系。虽然学者们从多方面对人力资源措施和质量管理措施的相互作用机制、原理进行了研究，也取得了很多建设性成果。但质量管理的含义比较广泛，质量管理理论发展至今也已形成了各种各样质量管理理论体系、方法以及模型。企业怎样选择与本企业相适应的质量管理理念，选择适当的质量管理工具；人力资源管理的理论和方法如何与质量管理的理论和方法相互融合，其相互融合的方式、方法；如何在质量管理中借鉴人力资源管理的理论，实现两者在保证产品质量的过程中实现更好的衔接等还有待更为系统和深刻的探讨。本文首先对质量管理的过程划分为六个层次，然后在每个质量管理的层次上探讨质量管理与人力资源管理相互融合的机制及方法，以期提高我国企业生产高质量产品的能力，从而使我国各个产业特别是制造业从低端迈向世界一流，实现经济结构转型，达成供给侧改革的目标做一些有意义的思考。

二、质量管理的分层

适应供给侧改革的主要任务是提高产品质量。因此，有必要对质量管理的过程进行比较清晰的分析，这有助于把握国家在经济新常态下出台的经济政策，并把这些经济政策应用到企业的质量管理过程中，从而提高质量管理水平，适应经济转型的需要。质量管理理论的发展经过了早期的以对产品质量的检查为主的阶段、运用统计学的知识对产品质量进行分析控制、全面质量管理（TMQ）等阶段，并形成了许多质量管理方面的观念和理论，如QCD（Quality Cost Delivery）质量成本交期改善、MTBF（Mean Time Between Failure）平均无故障时间、生产线平衡（line balancing）、标准作业程序 SOP（Standard Operation Procedure）、5W3H（What，Where，When，Who，Why，How，How much，How feel）思维模式、全员培训、全面质量管理等。

这些质量管理理论和方法，按在质量管理过程中的不同作用阶段可分为对全体员工质量意识进行培训、对产品的规划质量进行控制、对产品的生产过程质量进行控制、对产品的质量进行检查、ISO 质量管理体系认证以及全面质量管理（TMQ）六个步骤。按照其侧重点和在生产过程中的不同作用，可以分为偏向直接生产过程的观念和理论与偏向管理方面的质量管理观念和理论。其中对产品的规划质量进行控制、对产品的生产过程质量进行控制、对产品的质量进行检查三个层面在质量管理过程中侧重于对直接生产过程中的质量控制；全体员工质量意识培训、ISO 质量管理体系认证以及全面质量管理（TMQ）侧重于从管理方面对质量管理的运行进行控制。质量管理的众多理论中有很多相似的描述，所以，可以在执行这六个质量管理步骤的过程中来体现和应用质量管理中繁多的理论。

（一）全员质量意识培训

对全体员工的质量意识进行培训的目的是使全体员工建立质量意识，从而使员工在工作中能够有意识地提高产品质量和技能。通过培训，全体员工对质量管理会有初步的认识，把质量管理理论的核心内容传达给员工。企业制定的质量管理策略、方针、政策能够更好地被员工理解、接受，从而能够更好、更快地在企业中实现质量管理的目的。同时，通过全员质量意识培训可以增加员工参与质量管理的主动性，为质量管理的进一步提高奠定基础。并且，对全体员工的质量意识进行培训也是保证企业能够顺利地实现质量目标的基础性工作，是企业建立质量管理体系、开展质量管理活动的开端。在供给侧改革的背景下更要让全体员工明白提高产品质量对实现企业转型、占据质量制高点的意义。

（二）产品规划质量控制

要迈向一流企业做一流产品，在经济转型这个关键时期超越竞争对手，从产品的规划上着手是实现精细化生产、避免粗放型生产的关键。产品的规划质量设计是一种事先控制，强调在质量问题发生前，加强从产品市场定位到产品设计和流程规划上的控制，从而确保产品在市场上符合消费者需求。其主要内容是对计划中的产品进行市场需求分析确保最终产品能够符合市场需求，对产品的结构功能进行合理设计，如采用什么样的材料、工艺来保证质量；对流程进行规划，根据产品的特性、定位来确定在生产过程中用什么样的设备和人员保证产品质量。

（三）生产过程质量控制

在生产过程中对产品的质量进行控制是一种事中控制，是确保高质量产品和服务的关键环节。在确保产品规划质量后，为使产品和服务的质量得到有效保证，就应在生产过程中严把质量关。生产过程质量控制的主要内容包括，为保证产品质量对生产过程进行控制，避免因人为因素或偶然的不确定性因素造成的劣质产品向下流动，纠正因系统性缺陷造成的损失。其意义在于及时在生产过程中发现不良产品和系统缺陷，使损失最小化。在这一过程中可以用（Quality Cost Delivery，QCD）质量成本交期改善、（Mean Time Between Failure，MTBF）平均无故障时间、生产线平衡（line balancing）、标准作业程序（Standard Operation Procedure，SOP）等理论确保产品和服务质量。

（四）质量检查

产品的质量检查阶段主要是根据产品的标准和要求采用特定的方法和工具，如抽样、统计等，对制造产品所需的原材料、从企业外部购入的物料以及中间产品或最终产品质量进行检验，是一种事后控制。这一阶段的意义在于，通过对产品生产所需的原材料、中间产品以及最终产品的检查能够准确地发现质量问题的根源；它与事前控制、事中控制相比具有更高的准确性，有助于有效地制定解决产品质量问题的措施。质量管理过程进行到此阶段就已基本基本形成一个闭合的循环回路，在这个过程中也体现了 PDCA 质量管理理论的思想。同时，在这以上四步中也可以用 PDCA 循环理论来规范这个过程。

（五）ISO 质量管理体系认证

ISO 质量管理认证体系是一个以提高产品质量为目的系统性的标准体系，它涉及企业管理中各个方面；主张在组织中通过对各个职能部门责权的明确界定，有效地协调各部门的任务、活动，使企业的各项活动能够有条不紊地进行。在经济新常态下，ISO 质量管理体系为企业的结构调整起到标杆作用，同时也是企业获得良好的市场声誉、拓展市场的有力武器，是促进企业自身发展的需要。企业在质量检查过程完成之后，一个比较完备的质量管理体系构架在企业内部已经基本建立起来，此时通过 ISO 质量管理体系认证可以对企业现有的质量管理理念和方式进行优化改造，同时也使企业的质量管理体系更为标准化。

（六）全面质量管理

全面质量管理结合了多种质量管理思想的精髓，它注重调动全体员工参与到整个质量管理过程中，整合企业资源，提高企业产品质量和经营水平（黄光云、覃雯，2007）。进行全面质量管理，核心在于调动全体员工参与的基础上提高人的质量，从而在满足顾客需求使顾客满意的基础上，提高企业全体员工乃至整个社会的生活质量，与此同时，企业也获得持久的竞争优势。当企业的质量管理水平达到一定阶段后，应当把全面质量管理的理念引入到企业的管理过程中。使企业的质量管理活动成为由全体员工参与的、全方位进行的、持续的、主动的过程。

三、人力资源策略在硬质量管理中的应用

对产品的规划质量进行控制、对产品的生产过程质量进行控制、对产品的质量进行检查这三个质量管理的步骤，在质量管理过程中侧重于对直接应用于生产过程中方案、技术和物料的控制来确保产品质量。本文把此类应用于质量管理过程中的理论和实践称为硬质量管理。人力资源的方法和策略对硬质量管理的优化和改进作用主要体现在以下几个方面：

（一）建立灵活的选拔和考核政策

选拔的目的是为组织提供合适的人，在硬质量管理过程中很多企业对一些简单的岗位只是简单地让员工体检后，就立刻办理入职手续让员工投入到工作中去。这带来一些责任心不强、忠诚度不高的员工，导致人员流动性增加并且不能保证产品质量。因此，首先要对质量管理流程中的岗位从数量、质量、结构方面做好需求预测，制定符合企业需要的人力资源规划。

采用更为有效的招聘策略和方法，使招聘能以更小的成本获得更为有效的结果，从而使员工的队伍更为优化。为有效地进行质量管理搭建人力资源平台，在实施过程中应注意建立完善的录用流程。具体而言，要在招聘环节通过笔试和面试流程筛选那些有责任心和质量意识、忠诚度高的应聘者进入硬质量管理过程。晋升的指标不仅以结果来定，也要考虑到员工在工作过程中表现的责任感和质量意识。同样，对硬质量管理过程中岗位的考核指标也应当体现质量意识，围绕企业独特的质量管理原则建立质量管理体系。

（二）进行系统的质量培训

对产品质量检验的过程中，使有问题的产品未被检测出来的因素中，质量检验人员的因素占主要部分。此外，有调查表明，质量检验人员往往只可以找出所有产品中总质量问题的 80%，有 20% 的有质量问题的产品被忽略掉（母丹，2013）。所以，对质检人员进行系统的培训至关重要。首先，这需要人力资源管理部门首先开展技术培训，使处在硬质量管理过程中的员工掌握相关技巧，并实现知识与技能的不断更新；其次，建立总结错误、推广经验的机制，使经验和教训归结成一个系统，从而有效地避免误差和错误的发生和遗漏。

在对质检人员培训方法的选择上，马尔科姆·诺尔斯提出的一套成人学习理论很有参考意义。该理论把成人学习的过程划分为如下七个步骤：

（1）营造良好的学习环境；（2）学习者与帮助者、指导者或其他学习者之间建立合作关系，并共同规划学习方案等；（3）了解自身欠缺和环境需要确立要学习的内容；（4）明确要达到的学习程度；（5）制定自我学习提高的详细规划；（6）启动学习计划；（7）对照计划和目标检查、反思学习成效，评估学习的情况，发现不足和新的学习需求开始新的学习。这套学习理论综合了其他成人学习理论的特性，在硬质量管理的过程中，由于从事的工作技术性强，可以参考马尔科姆·诺尔斯的成人学习理论进行培训。

（三）建立与硬质量管理过程相称的激励机制

员工的激励包括精神上的激励和物质上的激励，大多数企业对从事较低层次工作的员工建立了简单的和无差别的激励机制。在很多企业中，由于企业只注重短期的利润，忽视了员工自身的发展，没有深刻理解激励的内涵；随着企业的发展渐渐使员工的工作热情降低（徐冰，2016）。所以，对从事质量检查、生产过程质量控制的员工一方面要通过有竞争力的薪酬福利待遇，激发员工的工作积极性；另一方面应注重认可激励，即通过口头奖励或通过活动、仪式、象征物等方式对肯定员工在改进质量促进企业发展中的付出，使企业中的每一位成员体会到自身的努力对企业发展的意义，使员工产生主人翁意识，提高员工主动性。对从事产品规划的员工应设计富有挑战性和自主性的工作内容以及宽松的工作环境。

四、人力资源策略在软质量管理中的应用

对全体员工质量意识进行培训、ISO 质量管理体系、全面质量管理侧重于从管理和制度层面面对质量管理的过程进行控制。本文把与此相关的一类质量管理理论和实方法称为软质量管理。人力资源的各个模块和方法对软质量管理的优化作用主要体现在以下几个方面：

（一）结合质量战略的全员质量培训

企业在制定战略时根据自身情况和外部环境通常基于向外扩张、缩小业务活动范围、专攻某一细分领域三种思路。向外扩张的思路通常通过内部增长和外部增长两种方式实现，内部增长的思路主要是通过市场开发、产品开发等方式来实现。为配合这种战略，企业应注重文化培训，营造一种崇尚学习的企业文化；培养员工创造性思维以及综合分析能力、工作中的技术能力、沟通方法技能、冲突调解的技巧。采用外部增长型战略的企业往往通过并购的方式来获得外部规模等方面的增长。这个过程中强调被并购的企业与自身的协调和融合，从而有效地整合外部资源以实现更好的发展。培训应根

据被兼并企业员工的知识、能力、年龄等方面的结构确立培训方式，进行企业文化、团队建设方面的培训。缩小业务活动范围的紧缩型战略应注重进行组织变革、目标重新定位及管理、重新规划时间、压力应对、多技能培训、向外配置的辅助培训。专攻某一细分领域思路的集中型战略应注重加强团队建设培养团队合作能力、通过工作轮换等方式进行交叉培训、加强沟通协作能力等方面的人际交往能力培训。

（二）对应 ISO 质量管理体系要求的人力资源策略

ISO 质量管理体系中的一些要求，如对职位分析的内容、岗位要求任职者所应具备的条件等，与人力资源管理中对这些的要求有一致性。其不同点在于在 ISO 质量管理体系中关于人力资源管理的一些规定，其定义方式不同于在人力资源理论里体系中的定义方式。因此，为有效地把 ISO 质量管理体系的要求应用到企业管理的过程，提高企业的管理水平和产品质量，人力资源管理中的一些标准与 ISO 质量管理体系的标准相结合或建立对应关系非常重要。

此外，ISO 质量管理体系中的八项质量管理原则强调以消费者的需求为中心、高层管理者充分重视、每一名员工积极参与、管理和优化企业所采用的过程以及系统、不断优化改进企业的各项流程、在对各种信息和数据进行分析的基础上进行决策、建立与利益相关者互利共赢的关系。所以，一方面可以用质量管理的原则和理念来指导人力资源管理的实践，如在质量管理过程中尽可能地让员工参与到质量规划和决策中来，提高员工对质量管理过程的了解和认知，从而提高工作的满意度和质量管理水平。另一方面把质量管理的原则应用到人力资源管理的实践中，如在招聘、培训、考核等各项工作中要按照计划、实施、检查和改进来进行，通过 PDCA 循环来不断提高工作质量和水平，形成一个人力资源管理与质量管理相互促进的良性循环。

（三）全面质量管理

在全面质量管理阶段，关键要把全面质量管理的措施和理念与企业战略结合起来，把企业质量战略贯彻到质量管理中来。全面质量管理是在详细的市场调研的基础上，围绕顾客的需求进行产品设计、生产和服务的提供；统一企业中有关产品质量的各个部门，使之围绕产品的质量提高而成为一个有效的体系。这要求，首先，在通过全员质量培训建立以质量文化为核心的企业文化的基础上，通过建立质量管理委员会、综合性的质量管理部门和 QC 小组等，减少劳动分工，促进形成工作丰富化和跨专业职能界限的工作团队，运用质量管理的理论和方法，改进质量、降低消耗、提高经济效益和提高人的素质。其次，运用 KPI 确立与企业总体战略目标高度相关的绩效指标，通过绩效考评来引导员工，使每个人的努力方向与企业战略目标保持一致，确保企业质量战略顺利实现。通过培训沟通企业质量战略与个人目标，建立个人目标实现与企业质量目标达成之间的关联。

五、结语

提高产品服务质量是供给侧结构改革的重要内容之一。在我国经济转型时期供给侧改革对企业而言既是挑战也是机遇，如果能够做好供给侧改革，提升管理水平和质量水平，将会极大地提高企业的竞争力。本文对质量管理理论和过程进行梳理，把质量管理分为质量检查、生产过程质量控制、产品规划质量控制、全员质量培训、ISO 质量管理体系认证、全面质量管理六个过程。对这六个过程进行分析，明确各个过程的特点和对人力资源管理的要求，针对这些要求提出相应的人力资源管理对策，使企业的人力资源管理过程和质量管理过程协同性更强，为质量管理过程的不断改进提供人力资源上的保障，同时为企业发挥人力资源灵活性，把人力资源管理与其他方面相结合提供了一些启示，从而为经济转型时期企业的供给侧改革提供一些有益的思考。

本文也有一些不足，如对质量管理的理论挖掘不够深，提出的一些建议没有实证研究上的数据支持等。另一方面，由于条件限制不能论及所有行业，本文结合供给侧改革的实际，所论述的方法侧重于制造业。而在不同的行业中因其具体情况不同，在实际应用中还会有很大的不同。

（作者单位：北京物资学院劳动科学与法律学院）

参 考 文 献

[1] 廖清成，冯志峰 . 供给侧结构性改革的认识误区与改革重点 [J]. 求实，2016 (4).

[2] 黄光云，覃雯 . 对高等教育服务领域引入全面质量管理理念的探讨 [J]. 教育与职业，2007 (30).

[3] 母丹，王宇，李玉丰 . 基于质量管理层次结构的人力资源管理 [J]. 电子制作，2013 (10).

[4] 苏强，陈剑 . 质量管理层次结构模型 [J]. 清华大学学报（自然科学版），1999 (10).

[5] 徐冰 . 现代企业管理中的激励机制探析 [J]. 经营管理者，2016 (20).

新常态下员工整体薪酬与离职问题研究

乔星冉*

内容提要：随着中国经济发展进入新常态，人力资源管理工作也面临着多样性和高流动性的新常态，员工的整体薪酬意识不断增强，对整体薪酬的概念了解日渐深化，当企业薪酬方案不具有吸引力，也不能满足员工发展需要时就会产生较高的离职率。本文将从整体薪酬的现状、离职的现状以及整体薪酬对离职率的影响三个方面展开。

关键词：整体薪酬　离职　影响

中国经济发展进入新常态，经济增速由过去的高速增长回归至中高速增长，经济增长的总量依然可观；经济结构转型发展，第三产业成为 GDP 增长最大的贡献者；增长方式由要素驱动转向创新驱动。在这样的背景下，我国的人力资源也进入新常态，教育的发展促使知识性员工在劳动力结构中的占比越来越大，90 后成为职场大军使企业面临着新生代员工管理工作的挑战，跨国人才交流更加频繁，人力资源的多样性成为新常态；政治、经济体制改革促使就业市场更加广阔，新兴产业的发展以及个体自我意识、价值观念的增强促使人才高流动性成为新常态。员工对薪酬的要求也不再是以前单纯的工资，而是对整体薪酬的概念越来越认可，他们希望企业不单单在工资上比较有优势，还希望企业能够为自己提供弹性的工作制度，多样化而且更加人性的企业福利制度，希望自己在企业中能够得到更好的个人、职业的发展和更大的晋升空间等。而当企业在薪酬尤其是福利与个人职业发展方面做得差强人意时，员工就会选择离开现在的企业，进而产生了一些离职问题。而当企业出现较高的离职率时，将会增加企业成本，不利于企业竞争力的提高和长远发展。

---

* 作者简介：乔星冉（1993—　），女，河北邯郸人，硕士研究生，研究方向是人力资源管理。

一、整体薪酬的发展现状

1. 整体薪酬的概念

整体薪酬制度指在企业中每个职工充分参与的基础上，依据每个员工自身的特点来确立每个员工不同的薪酬组合，同时薪酬组合会随着市场变化与员工兴趣与需求的变化不断进行调整，使职工可以达到更好的满意度，更好地实现工作与生活的均衡发展的一种自助式薪酬组合制度。❶

埃德·劳勒认为整体薪酬有利于帮助公司创建与员工之间的伙伴关系，因为整体薪酬体制不仅仅是指经营盈利后的赢利分享，更是通过薪酬和福利（即现金和非现金手段），将公司的经济效益与员工发展直接挂钩。美国薪酬协会认为，整体薪酬包括薪酬、福利、绩效与认可、工作—生活、发展和职业机会五个方面的内容（见表1）。

表1　美国薪酬协会整体薪酬清单

薪酬	福利	绩效与认可	工作—生活	发展和职业机会
基本薪酬 可变薪酬 额外薪酬 （加班费等）	法定福利 健康福利 退休福利 非工作时间薪酬	绩效 ·1对1会议 ·绩效回顾 ·绩效计划/目标设定会议 …… 认可 ·服务奖 ·退休奖 ·年/月度员工 ……	弹性工作安排 带薪假期和非带薪假期 健康和情绪 亲属关怀 财务支持 社区参与 自愿福利 文化变革创新	学习机会 辅导和指导 晋升机会

一般以特鲁普曼的整体薪酬细分最为权威，并且也是应用最多的，包括经济性报酬和非经济性报酬两类，又可以细分为10种成分，其整体薪酬的计算公式为：

TC＝（BP＋AP＋IP）＋（WP＋PP）＋（OA＋OG）＋（PI＋QL）＋X

其中各成分所代表的含义见表2。

---

❶ 易诗莲. 基于员工需求的自助式整体薪酬方案研究［J］. 中国商贸，2010（6）.

表2　各成分所代表的含义

成分	代表含义
TC	整体薪酬
BP	基本工资
AP	附加工资，定期的收入，如加班工资等一次性报酬
IP	间接工资：福利
WP	工作用品补贴，由企业补贴的资源，诸如工作服、办公用品等
PP	额外津贴，购买企业产品的优惠折扣
OA	晋升机会：企业内的提拔机会
OG	发展机会，企业提供的所有与工作相关的学习和深造机会，包括在职在外培训和学费赞助
PI	心理收入，雇员从工作本身和公司中得到的精神上的满足
QL	生活质量，反映生活中其他方面的重要因素（如上下班便利措施、弹性的工作时间、孩子看护等）
X	私人因素，个人的独特需求（如带狗一起来上班等）

2. 员工的薪酬状况

中智2015年的薪酬报告中显示，2015年中国的总体薪酬增长达8.0%，相比2014年的8.6%有所减少，这也受到近年来中国经济增速放缓的影响。同时二线城市由于发展的需要，在吸引力与迁移政策方面提供了更多的优惠，总体薪酬增长高于一线城市，但二线城市由于薪酬的基数较低，即使增长幅度高于一线城市，总体薪酬水平也仍然较低。

（1）一线城市员工薪酬水平较高

一线城市员工薪酬水平见图1。

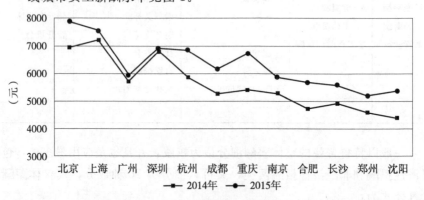

图1　一线城市员工薪酬水平

由图1可以看出，在2014年一线城市中员工工资最高的为上海，2015年北京赶超上海；可以看出在2014年二线城市的员工工资依然低于一线城市；广州近年来因为经济发展的不景气成为四个一线城市中员工工资最低的城市，甚至被杭州、成都、重庆赶超；其余一些二线城市工资水平依然较低，但近年来工资水平都在上涨。

（2）全国薪酬增幅变缓，二线城市涨幅超一线城市

全国薪酬增幅变化情况见图2。

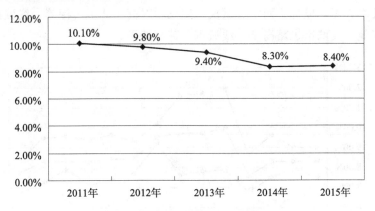

图2　全国薪酬增幅变化情况

由图2可以看出，自2011年开始我国大陆员工的薪酬增速逐年减缓，我国员工薪酬涨幅减缓的最根本原因在于我国的经济转型升级，GDP增速的减缓导致了薪酬涨幅的减缓，但却一直维持8%以上的增长速度。

《2015瀚纳仕亚洲薪酬指南》显示，在所调查的五个亚洲国家中，中国企业加薪幅度最大。报告还显示，中国市场的加薪幅度领先于亚洲其他四个国家。2015年，50%的中国企业加薪幅度在6%～10%，其中有16%的雇主加薪幅度超过这一数字，21%的雇主加薪幅度在3%～6%，其余13%的雇主加薪幅度则小于3%甚至没有加薪。

2015年我国薪酬涨幅见图3。

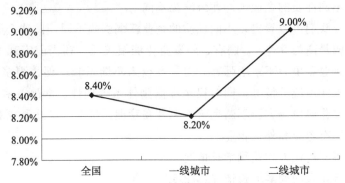

图3　2015年我国薪酬涨幅

由图 3 可见，2015 年全国的薪酬涨幅为 8.40％；一线城市薪酬涨幅为 8.20％；二线城市薪酬涨幅为 9.00％，其增长率远远超过了一线城市和全国。

从图 4 中可以看出，在平均薪酬涨幅、管理层薪酬增长率、非管理层薪酬增长率方面，成都、西安、重庆、武汉相对高于北上广深等一线城市；同时，其他二线城市也略高于一线城市，甚至持平。

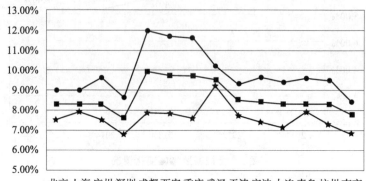

图 4　我国一线城市与二线城市各层级薪酬涨幅对比

从总体薪酬的实际差距水平来看，薪酬差距在不断缩小。主要是因为二线城市为了招商引资，对招商政策进行改善，给予内迁的企业一些便利条件，吸引不少行业企业向内迁移或新建，像传统高科技、互联网、金融等。另一方面，企业在从一线城市迁移至二线城市的过程中，为了吸引优秀人才回到二线城市发展，也会提供具有吸引力的迁移政策，同时采用薪酬水平比一线城市无落差或落差不高的管理方式，以促进企业稳定迁移。

（3）不同性质的企业平均薪酬涨幅不同

由图 5 我们可以看出，不同性质的企业薪酬涨幅不同，民营企业员工平均薪酬涨幅最高为 9.4％，国有、外资企业涨幅较低。在当前宏观经济环境下，民营企业竞争力不断增强，人力资本投入不断增长，促使更多的国企、外企出现人才回流的情况，同时民企在激励体系合理性、薪酬福利竞争力、领导力、文化建设等方面不断完善，尤其在管理岗位上，其薪酬福利的竞争力已超越国有企业和外资企业。

（4）不同行业人均薪酬增长情况

不同行业人均薪酬增长情况见图 6。

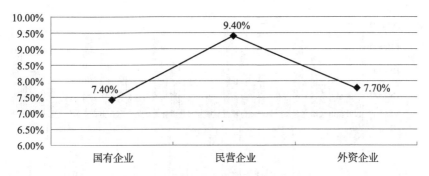

图5　不同性质的企业平均薪酬涨幅比较

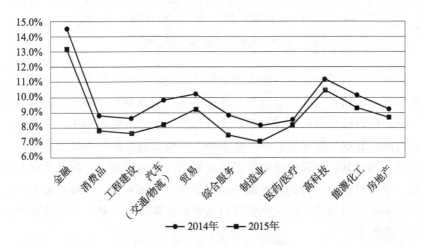

图6　不同行业人均薪酬增长情况

从图6可以看出，2014年几乎所有的行业都保持了8%以上的增长幅度，2015年几乎所有的行业都保持了6%以上的增长幅度，金融业的薪酬涨幅是这些行业中最高的，其次是高科技行业；2015年受经济发展形势的影响增长幅度要低于2014年。

近年来随着电子商务的发展以及人们理财意识的增强，促进了中国金融业的高速发展，金融行业的业务更加多元化，对具备国际视野、通晓金融市场实务、熟悉集成产品开发与定价、能驾驭跨行业与跨境经营人才的需求逐渐上升。此外，互联网金融发展，企业开始吸引越来越多纯粹的互联网人才加入，尤其是IT等高科技行业的人才需求更是剧增，提升薪酬无疑成为吸引人才的关键。

（5）各城市不同学历起薪

各城市不同学历起薪情况见图7。

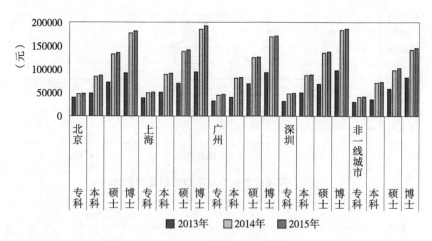

图 7　各城市不同学历起薪情况

从图 7 可以看出，各城市不同学历的毕业生的起薪都呈现出逐年上涨的趋势；非一线城市与一线城市相比各个学历的起薪都相对较低，并且差距较大；同时还可以看出学历越高起薪也就越高，与二线城市相比，一线城市中学历越高，起薪差距越大。一线城市因为其得天独厚的优势经济发展比二线城市好，同时其各方面的政策待遇相对也比二线城市好。二线城市因其经济发展水平相对较差，购买力较低，因此工资水平相对低，但随着近年来二线城市在不断吸引投资，制定更多吸引人才的政策发展经济，与一线城市的差距在不断缩小。

3. 员工的福利状况

员工福利作为人力资源管理中不可或缺的一部分，也是雇主品牌建设不可分割的一部分，随着经济的发展越来越多元化，并愈发凸显其作为奖酬杠杆在吸引、留人和激励员工方面的作用。良好的福利待遇可以提升企业在员工和其他企业心目中的形象，还可以增加职工对职务的满意度。与其他奖励不同，福利一般不需纳税，甚至有时候企业并不需要付出多少开支就会收到比货币等实物奖励更大的价值和更好的效果。在韬睿惠悦发布的《2015 年亚太福利趋势调研报告》中显示，近七成的企业认为吸引和保持核心人才是其福利战略的核心考量。调研中显示，年假和健康/医疗保障是最普遍的福利，风险福利（包括寿险和意外保险）和退休金也是很常见的福利项目。

近年来企业人力成本不断上升，在其中已经占可观比例的福利支出还在逐步攀升。然而，尽管大部分企业的福利的成本巨大，却仅有 16％的企业认为自己所提供福利的价值被员工高度认可。甚至有 22％的雇主不清楚在福利方面的支出是多少，最令人担忧的是有一部分雇主对福利支出方面缺乏清晰的认识，疲于应付福利管理。在那些与员工进行有效的福利沟通、将员工意见纳入提供福利种类的考量范围的公司，其福利价值被员工认可情况要比不与员工进行沟通、不考量员工意见的公司的情况要好很多，其员工满意度也更高。

在前程无忧发布的《2014年典范企业受欢迎的福利》调查中显示，员工最喜欢的福利是住房补贴，其次核心员工比较喜欢的福利是股权激励；一线员工还喜欢商业保险。通过调查可以看出，不同类型的员工呈现出不同的福利偏好，这对企业的启示是，在制定福利策略时需要根据员工群体的特征制定适合他们的福利政策，这样才能吸引和留住员工，提升他们的归属感。

在众达朴信进行的调查《2015中国薪酬白皮书》中显示，员工最喜欢的福利补贴为用餐补贴、通信补贴、交通补贴（见图8）。这些补贴可以很好地为员工提供工作、生活中的便利，像技能补贴可以鼓励员工参加相关的业务技能培训，增强其能力，反过来又可以促进企业的发展。

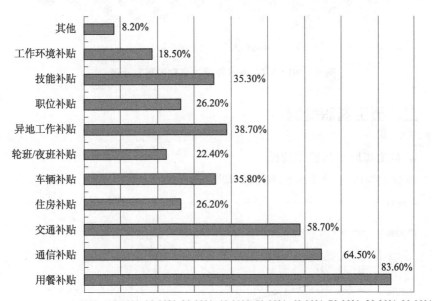

图8　员工喜欢的福利补贴

在报告中可以看出2012年企业提供的福利前三位的是培训、体检、带薪休假，其他的福利以此递减；到了2015年福利的波动状况比较明显，前三位的福利也发生了变化，分别变为节假日礼金、体检、生日礼盒；除带薪休假和员工食堂外其余福利均有所增加；变化最为明显的是节假日礼金、生日礼盒、商业保险；出现这些状况的原因既有企业福利政策调整考虑成本的原因，也有员工对福利需求变化的原因。整体来看企业提供的福利比较符合整体薪酬的概念（见图 9）。

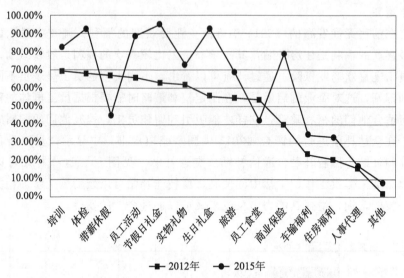

图 9　2012 年和 2015 年员工喜欢的福利比较

二、员工离职情况

1. 员工离职率的整体情况

2012—2015 年员工离职率情况见图 10。

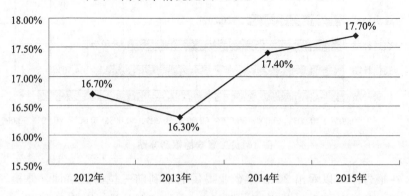

图 10　2012—2015 年员工离职率情况

从图 10 可以看出，从 2012 年到 2015 年我国员工的整体离职率维持在 16% 以上，2013 年离职率情况有所缓和，但之后的 2014 年、2015 年离职率均突破 17%；我国员工的整体离职率比较高。随着我国经济的转型发展，二线城市在吸引人才方面不断加大力度，这促进了人才流动，产生一定的离职率。同时这几年经济形势持续不明朗，导致企业盈利能力及支付能力下降，员工薪酬期望值的增加与现实形成落差。而随着员工生活压力不断增加，越来越多的员工"跃跃欲试"，希望通过跳槽来改变现状，寻找更好的机会。同时，随着产业改革的深化，各行业"洗牌"加剧，也是带动离职率升高的原因之一。

2015 年，民营企业离职率达到 20.2%，高出国有企业的 12.4% 近 8 个百分点，在经济下行的大背景下，民营企业整体实力和抗风险能力均较弱，在人才吸引与保留方面并不具备太多优势，员工稳定性较差。

2. 离职率较高的地区

在前程无忧发布《2016 离职与调薪调研报告》中可以看出，一线城市的离职率要高于二线城市；一、二线城市员工离职率的差距较大；2013 年一、二线城市员工离职率均较低，随后出现反弹（见图 11）。

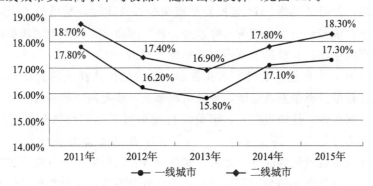

图 11　2012—2015 年离职率一线城市与二线城市情况比较

从 2014 年具体一、二线城市的离职率中可以看出，个别城市的差距较大，有些二线城市的离职率甚至超过了一线城市（见图 12）。

一线城市的人才聚集效应依然保持强劲的发展势头，知名企业多且较为集中，企业间人才竞争较为激烈，离职率一直处于高位。而随着非一线城市招商引资和人才吸引政策利好，也吸引了不少企业向内迁移，加上便捷的交通缩短了一线城市与非一线城市的距离，也在客观上促进了人才流动。近两年来，非一线城市企业间的人才争夺战也逐渐升温，导致非一线城市的离职率逐年提高。

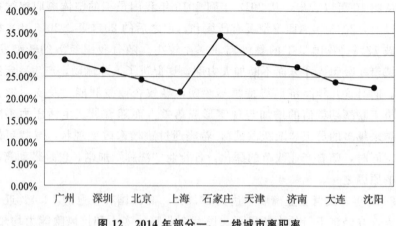

图12 2014年部分一、二线城市离职率

3. 离职率较高的行业

从2014年各行业员工离职率来看，制造业和传统服务业员工离职率仍处于领跑地位，分别达20.4％和20.2％。此外，消费品、高科技和金融等行业员工的离职率也比较高。制造业包含较多操作技术类岗位，人员流动率向来偏高，同时又受到2014年投资增速减少以及库存存量增长等因素的多方面影响，很多企业面临"关、停、并、转"的命运，员工被动离职的情况较去年有所增加，导致员工整体离职率更为突出。

2015年，中国经济发展进入新常态，经济增速从高速转为中高速，部分企业在转型过程中陷入低潮，带动离职率进一步提高。从各行业员工离职率来看，制造业、传统服务业、消费品行业的员工离职率依然处于靠前位置，分别为20.9％、19.8％和19.6％。2015年各行业都在面临急剧的变革，尤其是制造业受到的冲击最大，实体经济发展低迷，部分岗位被取消或缩减，员工被动离职的情况有所增加；而传统服务业岗位可替代性较高，企业在员工保留方面关注度较少，离职率一直处于较高状态；此外，因物价水平进一步下滑，面临通缩压力，国内消费品市场增速回落，消费品行业员工离职率亦逐年升高。

4. 离职率高的人群

中智通过对2014年应届毕业生进行调研发现，应届毕业生离职率高达24％，相较以往，该比例上升明显，企业90后员工保留工作问题突出。中智调研结果显示，90后新生代员工离职原因非常多，企业如何做好引导、培训和管理更为重要。

2014年广州和深圳地区离职率已经超过了25％，相比之下，北京和上海的离职率稍微偏低。此外，毕业生工作 2 年内，属于不稳定期，离职率接近半数，工作 3 年后，开始进入集中"跳槽期"（见图 13）。

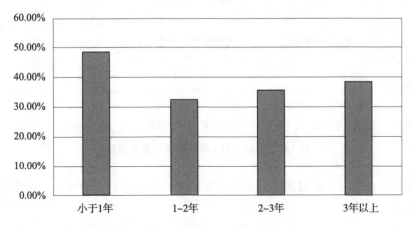

图 13　毕业生工作初期离职情况

　　毕业生在入职小于一年这个期间是最容易离职的，随后减少，但是在 3 年以上的时间离职率又会上升，并且在入职的各个时间段，应届毕业生的离职率均较高。随着 90 后、95 后员工在职场中的比例日益增长，他们因独特的思维和价值观成为企业新鲜的活力，但是他们的群体特征是职场稳定性较差，离职率较高，这给企业的招聘、管理和人才保留工作带来了很大的挑战。制造业的发展不景气导致操作人员离职率最高，同时专业技术人员离职率增幅增大。专业技术人员的高离职率对企业来说是致命的，这将不利于企业转型升级。

三、整体薪酬对离职率的影响

　　1. 薪酬与离职率相互作用

　　《2015 瀚纳仕亚洲薪酬指南》显示，中国境内的企业是所调查的 5 个亚洲国家或地区中过去一年加薪幅度最大的。同时，从图 14 中可以看出连续 6 年转职者的涨薪幅度都维持在 10% 以上，最多的达到了 30%。这说明跳槽可以带来薪酬的增长，同时这也从侧面说明了薪酬与离职率之间的关系，离职跳槽可以带来加薪，同时员工对加薪的期望也会带来一定的离职率。

　　2. 影响离职率的其他因素

　　随着时代的发展薪酬已经不再是员工离职的主要原因，在生活成本的巨大压力下员工对工作与生活的平衡看得更加重要，尤其是在当前 90 后、95

图 14　2011—2016 年转职者的涨薪幅度

后成为职场主力军的情况下，他们更加看重自我人生价值的实现，对生活品质的要求更高。

在中智的调查中显示，工资薪酬不再是人们选择离职的最主要原因，取而代之的是"所做的工作没意思，不符合个人兴趣""成长空间有限，学不到东西""工作没有成就感/满足感"，其中"所做的工作没意思，不符合个人兴趣"高达 65％，而对薪酬的不满则排在第四位（见图 15）。可以看出在员工的眼中，工资并不是第一位的，工作是否符合个人兴趣与通过个人职业发展来取得生活与工作的平衡对于他们来说才是最重要的。

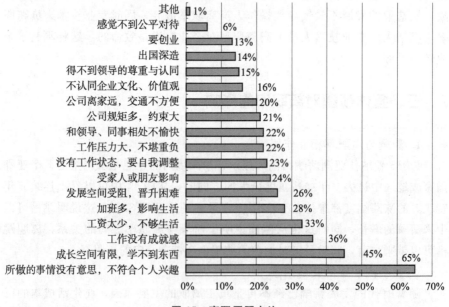

图 15　离职原因占比

四、降低离职率的建议

跳槽虽然可能会成为晋升涨薪的踏板，但是也存在一定的风险，频繁跳槽会导致在将来的求职中缺乏优势。频繁的跳槽经历可能意味着员工自身定位不清、职业规划不明、工作经验不足且忠诚度较低。对于企业而言，虽然人才流动性增大不利于企业稳定发展，但企业一般不会轻易接受频繁跳槽的求职者。对于员工自身而言，盲目跳槽可能失去此前积累的人脉、机会等资源。同时，频繁地跳槽也无法在某一领域深入学习，不利于职业的长期发展。

1. 对员工的建议

（1）加强自身的情绪管理

有些员工因为其良好的成长环境形成了以自我为中心的行为习惯，在工作中心理承受能力比较弱，受挫折能力低。因此，要在根本上降低员工尤其是年轻员工的离职率，员工个人应该加强自己的情绪管理，要学习一些转移情绪的方法，减少冲动与焦虑倾向，提高个人的受挫能力。在平时也要培养自己积极的心态，在工作或者生活中遇到问题时要学会积极地与别人进行沟通，一起寻求解决办法，而不是往极端发展。

（2）进行职业定位和职业生涯规划

员工高离职率的一部分原因是他们对自己的职业定位不明确，缺乏职业生涯规划。首先，员工自身要树立正确的择业观、就业观，不要跟风盲目就业，还要根据自身的能力、兴趣进行自我分析、自我评价，然后选择自己喜欢或想要从事的职业即明确就业目标，然后针对自己所选择的职业进行分阶段的规划。当情况发生变化时要学会恰当地调整职业规划，积极地参加企业为员工开展的职业规划，了解企业的发展战略，使得自己的职业发展与所在企业的发展相结合；积极参加企业为员工进行的培训活动，提升自身的专业、职业素养，开拓自己的发展空间。❶

2. 对企业降低员工离职率的建议

较高的离职率会增加企业在招聘与培训方面的投入，提高人力成本；会对现有员工造成一定的心理压力，不利于企业的稳定发展和员工积极性的激发，降低企业的绩效水平和竞争力；离职员工会对企业的发展产生舆论的影响，不利于企业形象的树立；如果离职员工的职位在企业中处于较为核心的

---

❶ 储成林，张龙翔. 新生代员工高离职率的影响因素［J］. 通信企业管理，2014，3（33）.

位置时，会出现企业机密被泄露的危险，甚至导致核心客户资源流失等。因此企业也要从自身进行反思，寻求降低员工离职率的办法。

（1）建立有效的绩效、薪酬激励机制

虽然薪酬并不是员工选择工作的第一目标，但是薪酬是衡量其付出与价值的最直接体现，在调查中也发现员工对于薪酬的预期还是比较高的，他们也希望自己的劳动可以得到等价的、公平的酬劳。且大部分80后、90后员工的独立意识比较强，虽然他们成长与生活的环境比较优越，但经济基础决定上层建筑，他们在内心里其实是更加希望自己可以养活自己，减少父母的束缚。而当前通货膨胀，物价高涨，拿到较高的薪酬是他们保障生活的最直接途径。

因此，企业首先需要建立完善的绩效考核制度，使考核过程更加透明、公平，考核方式应该更加灵活，要能体现各个群体年龄层员工的特点，将业绩、能力和态度相结合进行考核评价，通过良好的绩效考核来增强其危机感和紧迫感，对于优秀的员工要及时进行物质、非物质的奖励以及晋升等，使员工能更好地实现其自身价值，促进个人发展，增加员工对企业的归属感。在绩效合格时，企业要给予员工基本的工作回报，包括足够的工资和奖金奖励，提供相应的弹性福利待遇。创建并完善员工激励机制，对于员工的具体工作表现进行科学有效的绩效考评，对于表现突出的员工给予物质奖励和精神奖励。在创建激励机制时应当征求员工的意见，在符合企业实际情况的前提下，尽量满足员工的需求，提高员工对于企业的忠诚度和亲和度。

（2）做好员工的职业生涯规划

员工高离职率的一个原因就是缺乏定位清晰的职业生涯规划，因此在企业发展中要帮助员工确定明确的职业目标，建立符合其个人情况的职业生涯规划。事物都是变化发展的，员工制定的职业生涯规划要根据个人和企业的发展阶段不断地进行调整，避免员工择业、就业、离职的盲目性。企业可以实施岗位流动制，鼓励员工，尤其是年轻员工在自身能力的基础上进行多个岗位的尝试，使得他们的职业生涯通道更加具有挑战性和成就感。让自己的员工看到他们晋升与发展的可能性，增加企业认同感，降低离职率。❶

（3）建立公平、开放的企业文化

企业文化是组织中成员都认可的一种心理契约，良好的企业文化可以协调组织内部成员的关系，促进各部门工作的开展。同时，企业文化所传达的

---

❶ 刘欣，吴文艳，许晓娟，吴小玉.浅析中小型企业90后员工高离职率的原因及对策［J］.企业导报·企业人力资源，2016，1（143）.

价值观念也使每个员工能真实感受到自己的存在和行为价值，因为自我价值的实现是对人的最高精神需求的一种满足。员工会非常注重企业文化的公平性，希望自己得到公平的待遇，因此企业在内外部选拔、考评、激励、培训的过程中应该做到公平、透明，使员工看到自己的努力会有相应的回报，以及达到什么样的标准才可以得到晋升、激励。只有这样才可以拉近企业与员工的心理距离，促进他们积极地工作。同时，企业在管理中要善于倾听员工的意见，鼓励讨论尤其是关于工作内容的讨论，并对能提出创新性改进意见的员工进行奖励，信息的公开对于企业的发展是绝对必要的，因此企业在出现问题的时候，要虚心接受这些问题并解决，同时加强企业与本行业标杆企业的沟通交流，加强员工学习，鼓励言论自由，促进企业开放文化的建立。❶

企业也要加强与各层级员工的有效沟通，对他们进行适时的人文关怀，了解他们的真正想法，对企业有利的意见企业要给予支持，同时加强管理过程中的沟通与及时反馈，让他们真实地参与到企业的管理中，激发他们的创造性思维，为企业培养、留住优秀的人才。

（4）建立精英小团队，进行扁平化管理

无论是海尔、华为还是小米都鼓励开放，鼓励精英小团队作战，提倡扁平化管理。传统企业组织的架构是朝鲜式的体系，自上而下分工严密；而互联网形态下的企业组织架构应该更像美国的特种部队，必要时美国总统直接指挥作战。因此企业可以根据不同部门、不同层级员工独特的个性与工作特点建立精英小团队，进行扁平化管理，让小团队管好成员。企业应加强对员工的精神、情感关怀，提升他们在企业中的归属感。针对 80 后、90 后爱玩，喜欢工作和生活平衡的期望，企业可以丰富 90 后员工的班后生活，企业领导者可以在工作之余组织一些集体活动，比如每月举办一些登山、团队协作活动或者趣味性活动，也可以在公司设置影音室、图书室、健身运动馆、心理疏导室、棋牌室等多个功能区，为 90 后员工提供更多班后活动，劳逸结合，让 90 后员工在放松身心的时候，也可以增强他们的集体观念，使其更快地融入到集体中，更高效地工作。

（5）建立有效的员工离职预警机制

企业应当运用企业有效管理机制，及时发现潜在的问题员工，企业也可以建立专门的小组，从员工平时的工作行为和绩效等及早洞悉员工的离职意向，采取及时有效的策略，化解其离职倾向。对于已经准备离职的员

---

❶ 于凯丽.90 后员工高离职率的原因及对策分析［J］.经营管理，2014，26（174）.

工企业设立的专门小组委派专人与其进行交流和沟通，疏通其心，来减少离职。❶

不管离职的员工是出于何种原因离开公司的，这只是雇佣关系的结束，并不意味着从此分道扬镳，人事部门要重视分析离职员工辞职的原因，并加强人力资源管理中的薄弱环节。对于离职员工的初期管理，目前应用较多的是离职访谈，人事部门应站在公正、第三方的立场与离职员工进行面谈，消除离职员工的担忧和顾虑，深入了解员工离职的真正原因。同时，企业也可以对员工进行挽留，如果挽留成功，能够为企业继续创造价值，稳定目前的员工队伍；即使挽留不成功，也能够降低负面信息的扩散和企业机密外泄的风险。

（6）建立企业的返聘制度，与离职员工保持沟通

有调查显示，"财富 500 强"企业通过积极返聘前任员工，而使得平均每家企业每年能节约 1200 万美元的成本。企业雇用一个熟悉本职工作的离职员工要比招聘一个新手的成本低得多。企业可以尝试建立员工的返聘制度，重新评估返聘员工的综合能力，以保证与岗位的匹配度，并持续保留返聘员工的完整历史档案，发掘返聘员工推动公司发展的潜质；严格设立返聘条件，如限制返聘次数与时间；对于极具价值的员工，可以采取"准返聘制度"，比如对一些离职读研或出国的员工，可以重点考虑返聘。通过精细的离职员工管理，可以减少员工离职时对外界进行负面的宣传，降低公司机密外泄的风险，并树立良好的、负责任的雇主品牌形象和发展潜在的合作伙伴。对于已经离职的员工企业应该与其进行持续的定期沟通，表示对他们的关心，也可以对离职员工在新公司的发展做跟踪记录，形成一个离职员工信息库，这也是一种必要的人才储备策略。

3. 政府需要加强指导

一个良好的就业环境需要规范的就业市场秩序，以及政府制度的保障。政府应该根据当前不同层级员工的就业形势和其实际的就业情况制定相关的政策，引导员工个人职业发展与规划教育更加科学化、合理化、规范化以及制度化。同时，政府部门要不断推进劳动人事制度以及户籍制度的改革，为劳动者创造良好的就业环境。教育部门应该加强与各个院校的合作，建立和完善其职业生涯发展与规划教育机制，教育部门和高校要做好 90 后个人职业生涯发展与规划的总体布局，构建一套完备的科学合理的集服务、指导以及咨询等为一体的职业生涯发展与规则教育体系，尤其是心理咨询提高员工

---

❶ 朱永芳．工作价值观对 90 后员工离职影响探究［J］．才智，2016，1（236）．

的心理承受能力和抗挫折能力。最后，要加强执行过程中的监督指导，保障制度的执行，减少员工的离职率，促进就业市场的稳定。❶

（作者单位：北京物资学院劳动科学与法律学院）

参 考 文 献

[1] 易诗莲. 基于员工需求的自助式整体薪酬方案研究 [J]. 中国商贸，2010.

[2] 储成林，张龙翔. 新生代员工高离职率的影响因素 [J]. 通信企业管理，2014.

[3] 刘欣，吴文艳，许晓娟，吴小玉. 浅析中小型企业 90 后员工高离职率的原因及对策 [J]. 企业导报·企业人力资源，2016.

[4] 于凯丽. 90 后员工高离职率的原因及对策分析 [J]. 经营管理，2014.

[5] 朱永芳. 工作价值观对 90 后员工离职影响探究 [J]. 才智，2016.

[6] 沈阳. 90 后大学生个人职业生涯发展与规划的思考 [J]. 中国市场，2016.

---

❶ 沈阳. 90 后大学生个人职业生涯发展与规划的思考 [J]. 中国市场，2016.

人力资源开发与
人才发展

❖ 美国技能形成制度的演变及社会建构
❖ 企业人才供应链管理
❖ 商业银行现状与人才流动分析及建议
❖ 高校退休教师老有所为相关问题研究——以
北京物资学院为例

美国技能形成制度的演变及社会建构[*]

李玉珠[**]

内容提要：一个国家的教育制度要与其政治、经济制度相匹配，只有相互匹配的制度才能促进社会的发展。技能形成制度是一种职业教育制度，其形成与发展深受工会、行会、雇主等多方利益相关者的影响，利益相关者之间力量的博弈及其冲突的协调方式形塑了不同的技能形成制度，因此，技能形成是由社会建构的。在美国技能形成制度的形成与变迁过程中，势力并不均衡的雇主与工会在学徒制以及企业培训、学校职业教育等相关方面的矛盾与冲突，往往以雇主的胜利而告终，因此，形成了美国以雇主利益为主导的技能替代式的技能形成制度。

关键词：技能形成 技能替代 社会建构 利益相关者

"技能形成"是一个社会在学习、开发、创新和提高生产力方面所具有的能力，劳动者获得的技能不单纯是一种个体意义上的、私有的技术和技巧能力，更是一种国家层面的、集体意义上的社会能力，它是指国家各部门以集体的方式培育社会经济发展所需技能的能力。[1]技能形成是国际职业教育研究的新视角，西方政治经济学者从政治经济学、历史制度主义的视角分析了影响技能形成的社会、经济、政治因素。美国是世界强国，也是研究国际职业教育必然涉及的一个国家，因此，笔者采用西方学者的思路，分析了美国技能形成制度的形成与演变历程，演变中不同利益相关者的利益冲突与行动选择，以及不同的行动选择与利益平衡方式形塑了美国技能形成的基本制度。

* 基金项目：本文系 2016 年度教育部人文社会科学研究青年基金项目"我国技能形成模式选择与制度构建研究"（项目编号：16YJC880040）的阶段性研究成果。

** 作者简介：李玉珠（1981— ），女，讲师，博士，主要研究方向为技能形成理论、人力资源开发、职业技术教育。

一、赠地学院运动与学徒"制度"的昙花一现（19 世纪中后期至 20 世纪初）

19 世纪中期，为适应工业革命的需求，美国政府做出了反应，以立法形式积极支持职业教育，从 1862 年伊始陆续颁布了以《莫雷尔法案》为代表的系列法案，使美国学校职业教育与产业发展密切联系起来。

1862 年颁布的《莫雷尔法案》是美国通过立法形式支持职业教育的滥觞。《莫雷尔法案》规定，联邦政府按各州在参议院参议员的人数拨付土地，每个参议员 3 万英亩；出售土地所获得资金的 10% 用于购买校址用地，其余则设立为捐赠基金，其利益不得低于 5%；所获利息用于捐办、资助或维持至少一所从事农业和/或工艺教育的学院。资金可以用来购买机器、设备、教科书等，也可以用来支付教师的工资，但除此之外，资金不可以有其他用途。[2]法案还要求各州在 5 年内至少建立一所"讲授与农业和机械工业有关知识"的赠地学院（又称农工学院），为产业界培养技术人才。[3]《莫雷尔法案》之后，联邦政府又通过多次立法，为高等职业教育拨款。1890 年，第二个《莫雷尔法案》规定联邦政府每年补助赠地学院 15000 美元，以后逐年增加 5000 美元，直到每年补助 25000 美元为止[4]。这些政府拨款使赠地学院得到迅速发展。

虽然赠地学院的发展给美国工业化提供了一定数量的技术技能人才，但与当时美国工业化发展的总体需求还是相去甚远。在美国工业化初期，其企业家像德国一样，依赖于技术工人在工作场所的技能性工作。与以前不同的是，在新的历史时期，学徒制不再是师傅与学徒之间的个人关系，而转化成企业的集体培训行为，其技术性更强，对文化知识的要求更高。例如，19 世纪上半期的卢威尔市是闻名全美的纺织业城市，为了不影响工厂生产，又能提高劳工的生产技能，该州工厂规定实行学徒制，即在工作现场由经验丰富的技工指导，边学边干，共同提高生产技能，共同提高生产数量与质量。[5]一些制造业的龙头企业也带头组织当地的机器制造商，试图实现学徒制培训的系统化。1910 年威斯康星州建立了一个工会—雇主联合学徒培训管理体系，试图通过国家的干预来协调和维持学徒制培训。[6]1911 年威斯康星州通过了一项法案，这为学徒培训的注册、监管以及资格认证提供了制度依据。该法律规定雇主必须与学徒工签订书面的正式合同，并向州工业局备案；学徒合同规定了学徒的工作时间、工资待遇等，并要求雇主提供学徒 5 个小时的带薪学习时间。这时，学徒培训体系有了监管机构，即州工业局，该局负责监督学徒合同的执行，并对工作岗位进行分类。另外，州工业局还成立了由雇主代表、工会以及公立补习学校组成的"州学徒培训管理委员会"，具体负责法律的执行及实施监管，并对学徒工进行资格认证。[7]

但是，威斯康星州模式的作用范围有限，它面临着相邻城市的"挖人"问题，企业培训成本巨大，加上大量欧洲北部工业区技工移民的涌入，使得早期工业化时期美国工业企业所需要的技能更多地由移民提供，学徒制的发展并不顺利，如同走在刀尖上，而威斯康星州模式的学徒制如同"昙花一现"，到 20 世纪 20 年代逐渐衰败。

二、从厂办学校到学校职业教育（20 世纪前半期）

20 世纪初，在大部分地区及产业中，雇主们与工会之间的持续冲突，使得搭建一个稳定的、全国性的学徒制培训体系无望，大企业开始采取分裂式的技能形成路径，自此，厂办学校兴起。1891 年，一些大型的制造业企业组成了美国制造业协会，一些发展较快的发展公司建立了自己的厂办技校。例如，通用电气公司通过自己的职工学校培训技术工人，借此取代了培训成本较高、规模较小且方法落后的学徒制。在该公司的带动下，越来越多的企业日益依赖于有组织的培训，以补充或取代日益衰落的学徒制。[8] 1908年，布朗沙普公司成立正式的学徒工培训学校，教授包括机械绘图、数学、商务英语及企业领导学等课程。1913 年，一些拥有自我培训体系的美国大型企业组成了全国厂办技校联合会（NACS），很多全国厂办技校联合会的会员企业，试图通过正式合作契约来稳定其培训项目，并提高培训质量。一些公司还提高了学徒工奖金。但是，这些企业仍旧面临着社会中严重的"挖人"问题，"在通用公司的林恩分厂，完成培训的学徒工只有不到四分之一留了下来，其他的全国厂办技校联合会同样难以留住完成培训的学徒工。"[9]厂办技校也面临着集体行动的难题。

当时，学徒制无法适应工业革命的要求，技工学校无法满足大众的需要，因此"摆在美国人民面前的最重要的问题是认可、建立和组织职业学校，让我们的青少年在这些学校中学习某个行业的实用知识和技能"。哈佛大学校长艾略特指出："工业教育应该并且只能是在职业学校进行，也就是说主要的、明确地针对各种行业需求对年轻人进行教育的学校。"[10] 当时，道格拉斯委员会提出两点建议：一是在初等教育中加入实践性且与工业相关的农业、机械、家政等课程；一是督促州政府组建新的委员会，负责在本州建立独立的工业学校，并最终形成与公立教育平行的工业学校系统。在当时技能短缺的背景下，各种公办、私人的职业学校也发展起来，主要包括：第一种，专门面向 14～16 岁在校生的职业预备学校或工业学校，此种学校是公立教育的一种延伸，其课程不仅有文化类的，还包括为未来直接进入某一行业做准备的预备性课程；第二种，部分时间制合作学校，要求学生轮流在学校学习和在车间工作，在获得中等毕业证书的同时，掌握一门技术；第三种，补习类学校；第四种，全日制职业或工艺学校。[11] 1914 年国家资助职业教育委员会成立，1917 年《史密斯-休斯法》颁布，这更加促进了职业学校的发展。

三、技能替代战略与学校职业教育的繁荣（20 世纪中期）

尽管厂办技校的集体行动问题很严重，但并非美国以企业为主体的技能形成体系发展的致命障碍，对其发展路径更具决定性因素的是"一战"期间及战后所发生的阶级利益争斗。那时，技工短缺及工会力量复苏，资本家与工人之间的冲突开始激化，美国的制造业在生产中应用了新技术，扩大生产，批量生产技术的初步发展及与之相随的管理发展，继而创造了工业化生产的主要体系。[12] 企业更加坚定地执行理性化战略，重组生产程序，采用批量生产，用机器替代工人技能，以减少对工人的依赖。[13] 企业的培训工作不再是培训蓝领工人的技能，他们抛弃了内容详尽的培训项目，将培训进行了分化，一方面使培训集中于更狭窄的内容，目的在于使新招聘的工人能够快速上岗工作；另一方面将培训转向了训练工头人事管理能力，使工头更有效率地监管半技能工人的工作。

"面对技工供给不足以及经济生产对劳动力需求的急剧膨胀，一些制造商和造船厂，在国家政府部门的帮助下，对新工人进行入门培训及大强度授课培训。"[14] 入门培训时间非常短暂，其展开的培训学习只限于一个工作岗位，培训不是通常所言的基础性及其知识教育，但每个学生必须在很短的时间内消化、理解其所学的知识。如果企业工人在厂内调换新的工作岗位，还需要重新回到入门培训学校学习新的操作技能。[15] 入门培训的内容非常单一，培训快速，但工人经过培训后，只能成为半技术工人。20 世纪 60 年代，美国国会通过了多项人力资源开发法案和修正案，旨在通过职业技能培训提升特定地区、特定人群的人力资本。例如，1962 年的《人力开发与培训法》面向国内所有低收入阶层和享受社会福利救济的人群；1964 年的《经济机会法》通过建立职业训练基地，为处境不利的青年人提供学习补习计划、工作现场训练等服务。

由于劳资冲突严重，美国的机械制造公司更关注"具有良好教育背景的领导岗位及白领员工的招聘、选拔以及晋升问题"，使得学校本位的高等职业教育得到迅速扩张。当时的教育机构做出了积极调整，以满足这种需求。例如，起初为农业发展提供技术支持而创建的赠地学院，也成了满足大企业新科技需求的技术应用中心。古老的传统学院，不断考虑工业发展的需求，商业学校获得了繁荣，高等教育开始与大企业密切相连。[16] 1963 年《职业教育法》突破了以往法案中将职业教育仅仅局限于提升某类人群的就业能力或为某些行业、某个地区培养劳动力的特点，转为面向所有社区、所有年龄段的在校中学生、准备进入劳动力市场的学生、已经就业但希望对自己的技术进行更新的在职人员、因学术或其他缺陷无法在普通教育项目中取得进步的人员。《职业教育法》还提高了职业教育的拨款数额。在该法及其修正案的推动下，美国职业教育明显呈现出数量扩张和质量提升的态势。比如从数量方面来看，1964—1968 年，职业类学生总数几乎翻了一番，由 450 万增至 800 万。各类职业教育机构迅速发展，其中仅各类"职业技术学校"就由 1965 年的 405 所增至 1975 年的 2452 所。[17] 自此，美国的技能形成体系大规模地向学校本位的职业教育路径转换。

四、美国技能形成制度的社会建构

人力资本培训需要与一国的经济、社会结构相匹配，并不是培训越多越好，国际劳工组织 2012 年的调研报告显示，"技能失衡"现象在全球劳动力市场中日益普遍，并带来了大量的消极后果。技能形成作为一种制度类型，其形成、发展与作用也是嵌入性的，美国整个 20 世纪几乎都处在一种技能替代战略和职业教育发展的制度下，这种制度的形成，不是随机的、偶然的，而是受政治、经济制度的影响，由社会建构的。美国技能形成制度的形成与变迁中，诸多利益冲突并未达成多方利益的平衡或协调，要么雇主在冲突中占优势，要么工会在冲突中占据上风，其他利益相关者的力量非常弱，美国技能形成制度中的利益冲突逐渐转变为企业向政府转嫁责任的历程，而且形成了强烈的阶级冲突。

（一）雇主与政府：企业责任向政府责任的转嫁

随着美国工业化进程的起步，美国学徒制曾经也像欧洲国家一样"昙花一现"，出现过企业的积极参与和投资，厂办学校也一度盛行。但由于强大的工会和雇主冲突等原因，企业实施了去技能化战略，以减少对工人技能的依赖。企业放弃了以企业为主实施和投资的学徒制和厂办学校，其培训的兴趣也从培养一线的技术工人转变为培养工头或领班的管理能力，而对于无技术工人和低技术工人的培养责任则从企业转向了政府，开始了企业向政府转嫁责任的历程。

美国的技能形成从"赠地学院运动"时期起就具有政府投资的特征，随着工业化的逐步深入，国家高等教育的扩张，企业的高素质管理人员一般都从高校毕业生中招聘，企业自身培养的比例越来越小。美国企业几乎将全部的教育和培训责任都转嫁给了政府。

美国的政府是资本家的政府，其代表着雇主或者资本家的利益，正如多尔曾经指出的，"在美国的利益分配结构中，企业股东的利益至高无上，毫无疑问地优于雇员利益。"[18] 资本家掌管的政府机器，面对资本家的利益，自然多为妥协，美国技能形成制度中雇主向政府转嫁教育和培训的投资职责及其他各项职业教育责任也就不足为奇了。

当然，在20世纪80年代以后，政府与雇主也有一些协议。比如，1982年，美国颁布《岗位培训伙伴关系法》，该法案最突出的是在联邦、州和地方政府之间以及政府和企业之间建立了一种双重的伙伴关系。联邦、州和地方政府就培训的权责进行了明确的划分，政府与私有企业建立了伙伴关系。该法案中，代表企业利益的"私有工业委员会"在联邦人力培训政策中，尤其在劳动培训的技术构成和类型等方面，发挥了不可替代的作用。但此政策，终究因为种种原因，而没有得到彻底的实施。

（二）雇主与工会：由培训管制权的争夺到阶级冲突

在美国工业化过程中，雇主与工会在职业培训领域的矛盾冲突一直比较激烈。19世纪中叶，新兴的工人阶级试图通过技工控制生产战略，向立法机关施压，要求制定管制学徒制培训的相关法律。工会的努力在有的州取得了成功，这些州通过了管制厂内培训的相关立法。比如，1981年纽约州通过一项法案，要求企业与学徒工之间必须签订书面合同，合同规定了企业和学徒双方的责任和义务，以及任何一方违反合同所应遭受的处罚。[19]

在"一战"期间，由于技工严重短缺，工会的力量有所增强，在一些行业和大型企业都出现了大罢工。工会取得罢工胜利后，不但要求提高工人工资、待遇，对工人加强培训，而且要求建立岗位职业分类体系，每一个分类体系都建立一个最低工资标准，这遭到了雇主的反对。

面临严重的技工短缺和工会对学徒培训的控制，美国的企业主采取了特殊的行动：通过标准化批量生产，降低企业生产对技工技能的依赖。一旦新的科技出现，雇主就应用所有可获得的策略，包括镇压，以破坏工匠和工人的力量，并使劳动过程去技能化。在这种争斗中，他们需要依靠国家垄断的武力以镇压工人，美国工业发展中的暴力事件频发。在 20 世纪最初的十年内，雇主赢得了斗争，并建立了他们对生产过程的全面控制。[20]

一些技能依赖型的中小企业，面对技工控制生产战略的威胁更严重，且没有管理科层制，因此，他们试图通过雇主之间的联合以取代他们对工会学徒制的依赖，游说政府创办公立职业教育体系，并且希望针对雇主特殊技能需求来开设课程。[21]比如，全国制造商协会很早就通过了《支持实用工艺学校、工业学校、手工训练学校或其他技术学校的决议》。但是，美国劳工联盟（American Federation of Labor）却认为全国制造商协会此举仅仅是为了培养廉价的、过剩的劳工。对于职业学校如何开办、由谁管理、谁来招录学生以及开设哪些课程等细节方面二者存在着严重的分歧。[22]

雇主与工会在学徒制以及企业培训方面的矛盾，与美国雇主阶级和工人阶级之间的阶级冲突息息相关。在美国的劳资冲突中，不管是雇主还是工会，一旦在斗争中取得胜利，便会向对方提出更多的要求或施加更多的压制。二者即使在一些问题上意见一致也难以达成双方的妥协，而更多的是一种阶级冲突，没有形成像德国一样的跨阶级的联合。

（三）工头与技工：工人的两极分化

由于严重的劳资冲突以及技工短缺问题，一些大型企业雇用老练的管理顾问帮助策划反对工会的运动，迫使一些企业的工会解散，并解雇了工会的领导人和组织者，企业甚至以迁移工厂作威胁迫使工会及其成员就范。为了巩固战胜工会的果实，这些大型企业雇主们通常吸纳个体技术工人进入工厂的科层管理体制中，让他们担任低职位的领班，并且付给这些领班固定工资，进而形成了工厂的"推压"体系。该体系主要通过简化工作以及对工人施压而提升产出。[23]虽然起初领班是从技术工人中来的，但他们为自己利益很快与雇主站在一边，并且形成了反工会的立场。

石蓓特（Shibata H.）在对美国制造业的三个工厂进行案例研究时发现，在三个工厂中，工人的等级主要分为部门经理、一线主管、普通员工。一线主管和部门经理不是工会会员，一线主管有少部分来自基层，大部分一线主管来自企业外部，从大学中招聘，这些人大学生毕业后在基层待上很短的时间便被升为一线主管，在一线主管位置上待上少量几年，就可能升为工程师或更高的管理岗位。来自大学的一线主管没有任何生产和维修技能，他们在与工人交流中，很难达到理想的效果，基本采用高压政策。[24]因此，在美国的工厂中工头与技术工人的关系并不融洽。

在 20 世纪 60～70 年代，美国制造业萎缩，产生了就业增长的两极化模式，工人等级的顶层（管理工人）与工人等级的底层（职员和服务业工人）

迅速扩张。20 世纪 80 年代，低成本工作增长，收入不平等加剧。管理人员的工资越来越高，而技工和普通职员的工资却不见增长，甚至出现下降，管理人员工资与职员的收入差距，使得其矛盾更加尖锐。[25]

这种现象导致在美国，不能进入大学的学生没有提高学习成绩的动机，因为，一旦其没有机会进入大学学习，即使再努力提高学习成绩也不能改善其就业前景，这样就造成了没有上大学的学生文化基础较差、能力不高，很容易形成恶性循环。[26]

由此可见，在美国的技能形成制度形成与变迁过程中，势力并不均衡的雇主与工会在学徒制以及企业培训、学校职业教育等相关方面的矛盾与冲突，往往以雇主的胜利而告终，因此，美国技能形成制度是以雇主利益为主导的技能替代模式：在其投资领域雇主极力压缩企业对职业教育和培训的投资，形成了美国以国家和个人为主的技能投资制度；在供应体系中，雇主也几乎不直接参与职业教育和培训，几乎将全部职业教育供应的责任推给政府，形成了美国以学校职业教育为主体的技能供应制度；由于美国历史上生产组织方式的去技能化和"推压"体制，形成了现在美国生产组织方式中低技能工人与高管的两极分化，社会合作制度在美国也处于艰难生存或缺失状态。因此，20 世纪，美国这种以雇主利益为主导的技能形成制度，是嵌入其社会发展中的，是由社会建构的。

20 世纪美国的技能替代制度，虽然推动了美国经济的大力发展，但由于雇主对当前利益的追求，其发展的可持续性受到挑战，进入 21 世纪，为了促进经济和社会的发展，美国进行了一系列技能形成制度改革，更是证明了技能形成的社会建构性。

（作者单位：北京物资学院）

参 考 文 献

[1] 李玉珠. 技能形成视角下职业教育产教合作制度的比较研究 [D]. 北京师范大学，2015.

[2] Howard R D Gordon. The History and Growth of Vocational Education in America [M]. Needham Heights：Allyn and Bacon，1999：36-37.

[3] 翟海魂. 发达国家职业技术教育历史演进 [M]. 上海：上海教育出版社，2008.

[4] 滕大春. 美国教育史 [M]. 北京：人民教育出版社，2001.

[5][8] 梁茂信. 美国人力培训与就业政策 [M]. 北京：人民教育出版社，2006.

[6] [9] [14] [16] [19] [21] [23] [美] 凯瑟琳·西伦. 制度是如何演化的：德国、英国、美国和日本的技能政治经济学 [M]. 王星，译. 上海：上海人民出版社，2010.

[7] [15] Douglas P H. American Apprenticeship and Industrial Education [M]. London：The Faculty of Political Science of Columbia University，1921.

[10] Jr Charles J Law. A Search for a Philosophy of Vocational Education [EB/OL]. http：//files. eric. ed. gov/fulltext/ED126368. pdf. 2015-01-10.

[11] [17] 贺国庆，朱文富，等. 外国职业教育通史（上卷）[M]. 北京：人民教育出版社，2014.

[12] [13] [20] [25] Ashton D N，Green F. Education，Training and the Global Economy [M]. London：Edward Elgar Publishing Limited，1996.

[18] [英] 罗纳德·多尔. 股票资本主义：福利资本主义 [M]. 李岩，李晓桦，译. 北京：社会科学文献出版社，2002.

[22] [24] Shibata H A. Comparison of American and Japanese Work Practices：Skill Formation，Communications，and Conflict Resolution [J]. Industrial Relations，1999，38 (2)：192—214.

[26] Soskice D. Reconciling Markets and Institutions：The German Apprenticeship System [J]. Training and the Private Sector，University of Chicago Press，1994，25—60.

企业人才供应链管理

北京东方慧博人力资源顾问股份有限公司　慧博研究院

内容提要：企业人才供应链管理是于 2008 年兴起的一种旨在解决企业人才供给问题的理论，其核心内容主要专注于如何解决企业在发展过程中对人才的需求无法得到满足并减少匹配成本的问题。从理论上来说，企业人才供应链主要专注于如何建立 4 个人才供应支柱，分别是短期动态的人才规划、灵活标准的人才盘点、无时差的人才补给以及 ROI（投资回报率）最大化的人才培养。

关键词：企业人才　供应链管理　人才培养

一、动态短期的人才规划

通常来说，企业在人才的培养与招聘之前都会进行人才需求预测，而人才需求预测所面临的最大困难是人才需求的不确定性。2004 年世界大型企业联合会的一项研究以重视人才管理的公司为基础，发现即使是在这些企业中，仍然有 50％的公司称它们的劳动力规划是随机制定的。随着大多数行业市场上有经验的人才供大于求，大多数公司放弃了自己的人才规划环节，新兴公司更是从来都没有学会如何培养人才。现在的企业竞争环境变化多端，公司不断调整自己的战略和实践模式，简单地说明公司发展所影响的相关人才需求就已经极端困难，更无从预测这些发展带来的实际结果。与所有的预测一样，最为精确的预测是那些最接近行动的预测：预测越是独立进行的，越接近当前的情况，结果越精确。

在目前市场竞争环境变化多端的前提下，企业战略、用人标准及外部市场应该被视为一个整体而非三个单独的个体。企业外部市场的变动带来企业战略的变化，从而进一步影响企业的用人标准，所以，从整体来说，企业的用人标准应该与市场的变动进行实时互动。举例来说，目前互联网市场的变化速度很快，各种计算机语言的市场需求不断变动，那么从企业的角度来说，为了适应市场的变动，对招聘程序员所掌握语言的要求应该是实时变动的。

对于企业人才需求而言，业务部门与人力资源部门进行深度合作与交流，真正让业务部门（用人部门）参与到招聘当中往往是人才需求预测中非常重要的一环；具体到执行的环节中，业务部门与人力资源部门需要互相了解来保证招聘的及时性。举例来说，业务部门需要详细地解释每一项用人要求的具体含义，如"精通"某种语言意味着需要候选人能够流利地使用某种语言与人交流还是仅仅能够发送 E-mail 就足够了。充分的沟通能够保证短期内的人才预测能够最大限度地满足业务部门的人才需求。

与此同时，最大化降低不匹配的成本也是短期动态的人才规划所要求的目标之一，人才不匹配给企业带来的不仅仅是现金成本，同时也带来了培养人才所花费的沉没成本、市场机会消失的时间成本与机会成本，举例来说，招聘的某个不适合公司发展需求的程序员可能在试用期结束之后就离开了公司，那么公司在试用期间付出的培训，试用期结束之后所面对的市场机会以及试用期三个月的时间都成为了沉没成本。减少人才不匹配需要招聘部门更准确地满足用人部门的人才需求，从而减少公司在人才规划时花费的成本。

二、灵活标准的人才盘点

对企业现有人才进行盘点和梳理是目前大多数企业都缺乏的一项工作，企业对现有人才所具备的技能及人才资源掌握的程度很大程度上决定了企业如何制定内部后备人才的策略，但如何对现有人才及技能进行盘点和评估是最困难的问题。

针对人才及技能的盘点需要企业使用统一的标准及市场对标来实现对内部人才及技能的评测从而实现人才及技能的标准化、量化，这也是有效且精准的人才管理策略中非常重要的一环。标准化工具的选择及如何获取市场数据是这一环节需要企业关注的重点。

在盘点人才及技能时，为了更准确地反映公司的情况，我们通常会使用人才矩阵来直观地显示企业的人才数量及技能，从而实现资源组合最优。随着企业专业化程度越来越深，追求个体的全面已经变得不现实，所以企业对人才的追求应该类比供应链的思想，即"以团队为单位的能力达标"。这也更符合低成本、高及时性的供应链特性。企业技能矩阵简单表示如下（见表1），而实际企业技能矩阵要复杂得多。

表1　公司人力资源部技能盘点矩阵

所需技能及数量 （括号内表示所需技能数量）	现有人才状况 （现有技能/所需技能数量）	3个月内预计需求变化 （表示所需技能变化）
薪酬计算（2）	1/2	2～3
员工关系管理（1）	1/1	1～1
劳务纠纷处理（1）	0/1	1～2

在企业对人才及技能进行盘点时，临时或缺乏较为固定的统计机制是大部分企业面临的问题。将人才及技能盘点固化为企业内部管理流程是大多数优秀企业共有的特征。在企业面对市场变化及战略变化时，企业人才及技能盘点的固化将会给企业的决策过程带来很大的帮助。

三、无时差的人才补给

人才的供给速度很大程度上决定了企业在进行业务时的速度，而人才需求预测在很大程度上并不能完全满足企业在人才需求方面的要求，所以通过其他手段提升人才供给速度成为企业人才供应链的另外一个核心。

随着市场变化的速度加快，很多时候人才预测，即使是短期人才预测也在逐步失效。所以，在企业人才供给策略方面有必要将人才缺失后进行补给与人才需求预测同时进行，而人才空缺的补给不仅仅存在于企业外部，企业内部的人才流动也是企业内部人才补给的渠道之一。企业内部的不同单元间常常存在着"实际供给与需求不匹配"的现象，从而造成后备人才的浪费。通过企业内部人才流动来消化这部分后备人才从人才匹配成本的角度来说是最合适的；同时，这也为企业内部人员提供了更多基于兴趣和自身特长的工作机会。

与此同时，企业需要在外部建立人才库来满足企业对人才的需求，人才库包括但不限于猎头、学校、招聘网站及外包服务商；这些外部的人才供给机构及组织能够在很大程度上帮助企业及时完成人才的供给。

四、投资回报率最大化的人才供给

企业的现有人才在面对企业的迅速发展时所具备的技能并不能很好地满足企业需求，而传统上是通过培训—上岗的方式来解决的；但随着市场发展速度加快，即使企业在培训方面的投入逐年增加，传统培训—上岗模式也无法满足企业需求；同时，培训效果也是一个难以解决的问题。

目前，很多优秀企业在面临培训—上岗模式的低效时选择了轮岗或实践型学习的培训模式。所谓实践型培训模式是指将员工放在实际的工作及操作中熟悉并掌握工作所需的技能及知识的培训。这种模式的优势在于较短的培训时间及较少的培训成本。但这种模式下培养的员工所具备的潜力相较来说更少。

在人才供应链与传统工业供应链的对比中，JIT（准时制，又称零库存）供给模式是人才供应链中较为重要的一环。与前文中提到的实践性学习类似，在员工快要得到晋升时由公司加以 JIT 模式的培训而非提前对所有有晋升希望的员工进行系统性培训，这种模式的优势在于减少了有能力的人在还未得到晋升时就离职的风险，从而大量减少了公司付出的各种成本，与企业制造供应链的原理相同。

除此之外，即使采用了 JIT 模式，企业在培养员工时的周期及数量也应该采取企业供应链的模式，即小批量、多批次的模式。传统培养模式的长期大量的培养一方面容易降低员工的晋升积极性，另一方面也使培养效果难以体现，企业承担的风险过大。

最后，员工的培养必须是一种系统的、有区分性的活动。鉴于大多数优秀企业内部都有内部流通机制、具有通用性的培训，如职业性培训及领导力培养等培训需要企业在现有情况的基础上进行预测性的培训安排，在员工晋升在即或得到晋升后再进行 JIT 模式的培训。同时，这种培训模式必须与严格的岗位认证机制，即岗位需求与人才技能匹配机制配合，将员工能力提升与晋升相匹配，从而真正提升培训的有效性。

企业人才供应链管理实际上是一种将传统供应链模式应用在企业人才培养上，旨在减少企业成本，提高企业管理效率的解决方案。单独将任何具体操作内容拿出来单独进行都是缺乏效率的。

参 考 文 献

[1] 许锋. 人才供应链管理模式 [J]. 华东经济管理，2011.
[2] 瞿群臻，韩丽. 创新创业人才供应链管理模型研究 [J]. 科技进步与对策，2013.
[3] 魏春红. 基于 CPFR 的我国企业人才供应链管理体系建设研究 [D]. 燕山大学，2014.
[4] 王玖河，魏春红，邓舒婷等. 人才供应链管理体系建设 [J]. 企业管理，2014.
[5] 许锋. 人才供应链管理模式构建及其在中国的实践研究 [D]. 中山大学博士论文，2011.
[6] 邹燕. 供应链管理模式在我国企业人力资源管理中的应用初探 [D]. 北京物资学院，2010.

商业银行现状与人才流动分析及建议

北京东方慧博人力资源顾问股份有限公司　慧博研究院

　　内容提要： 2015 年对于银行业来说可谓一个"漫长的冬季"，银行净利润虽然都不同程度地实现了增长，但净利增速逐季下滑，增幅明显收窄，各个银行网点也纷纷关闭。根据东方慧博猎头业务近年数据比对，发现商业银行中的各级人才也随着福利待遇的下降而出现了大量的流动。本文旨在对商业银行现状与商业银行人才流动进行分析并提出建议。

　　关键词： 商业银行　现状　人才流动　建议

一、商业银行现状及分析

1. 商业银行现状

（1）各商业银行净利润增长率持续降低

净利润增长率代表企业当期净利润比上期净利润的增长幅度，指标值越大代表企业盈利能力越强。本文选取了 5 家国有银行和 5 家股份制银行 3 年的净利润数据进行对比分析。5 家国有银行 3 年净利润增长率见图 1，5 家股份制银行净利润增长率见图 2。

通过这两幅图，我们可以明显地看出，国有银行与商业银行从 2013 年开始净利润增长率连续 3 年递减，国有银行 2015 年净利润增长率更是基本只有 2014 年的 10%；商业银行 2015 年净利润增长率也基本只有 2014 年的 20%～35%。

（2）物理网点减少

2015 年上半年国有 5 大行在中国境内一共增加了 34 个网点，工商银行的境内物理网点已经连续 2 年减少，且增加的网点多数是在西部、中部及东北地区等不够发达的地区。在一线城市中，银行网点不但没有增加，反而还有一定量的减少。根据东方慧博猎头顾问得到的消息，北京市 2015 年已经

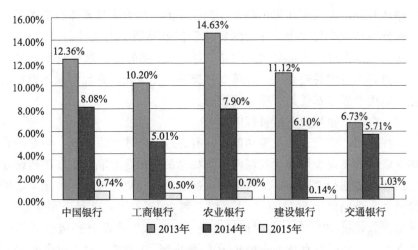

图1　国有银行3年净利润增长率

资料来源：图中数据源自新华网、中国行业研究网、凤凰财经等相关文件。

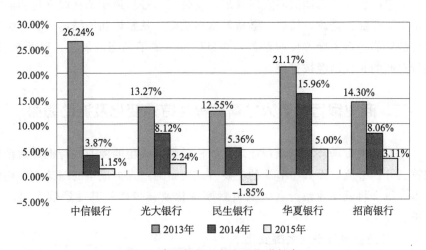

图2　商业银行3年净利润增长率

资料来源：图中数据源自新华网、中国行业研究网、凤凰财经等相关文件。

关闭、2016年计划关闭的国有银行物理网点多达200余个，这一情况也反映出了银行的实体业务正在萎缩。

2. 商业银行现状分析

造成商业银行整体进入"低迷期"的原因有很多，概括后大致可分为"外因"和"内因"两种。

（1）外因：受中国整体经济下行影响

随着中国经济不断向刘易斯拐点靠近，人口红利逐渐下降，倒逼企业需要不停地升级，大量劳动密集型企业升级乏力，导致大批实体经济倒闭，造成了银行不良资产的产生。存活的实体经济也受到了大规模的冲击和挑战，人口成本不断上升，大部分实体经济在 2015 年度的整体财务数据都呈现负增长态势，出口贸易逆差已经连续 3 年突破千亿美元。在此背景下银行的存贷款、信用卡服务都受到了极大的影响。

（2）内因：银行业垄断被打破

以往存储、借贷、缴费等功能，只有通过银行才可以实现，但是随着近几年互联网的飞速发展和"互联网＋"概念的提出，互联网与各类传统业务相继结合，屡创行业新高。支付宝和余额宝的成功更是掀起了一场互联网金融的风暴，余额宝于 2013 年 6 月上线，到 2013 年年末已经吸引超过 1000 亿元的存款，仅 2013 年一年时间，各类"××宝"产品已经吸引总额过万亿的存款，占到银行存款总量的 1/10。截止到 2015 年年底，仅余额宝一家存款数额就已经达到了 7000 亿元，银行存款业务所受到的冲击可想而知。随着阿里巴巴的生态圈战略发展计划，支付宝已经从最初的在线支付功能陆续衍生了存储、贷款、转账、缴费等众多功能，从整体功能结构来看已经对银行的功能进行了全方位的覆盖，并且已经形成了相当的规模。以此来看，银行垄断的时代已经被打破。

二、商业银行各级人才薪酬福利待遇变化及流动趋势

面对新的市场环境以及行业现状，一贯财大气粗的商业银行也开始精打细算、开源节流，而其中节流的主要方式便是通过人力成本的缩减控制整体成本。下文将就商业银行各级人员薪酬变化及其带来的其他影响做出简要分析。

1. 各商业银行平均薪酬变化

本文选取了 10 家银行 2 年平均薪酬作比较。国有银行员工 2014 年与 2015 年平均薪酬变化见图 3，商业银行 2014 年与 2015 年平均薪酬变化见图 4。

通过图 3 和图 4 不难看出，银行员工在近 2 年人民币不断贬值的情况下薪酬几乎没有增长，甚至相当一部分还出现了下降。要注意的是，从年报中得出的平均工资并不能完全真实地反映员工薪酬部分。以交通银行客户经理薪酬变化为例，交通银行在 2015 年推出的最新通知中，明确下调基本工资，上涨绩效工资比例从原本的基本工资与绩效工资 1∶1 提高到了 1∶2。这样，员工就需要通过加班以增加业务量，才能保证自己的总收入不变，但员工的时薪已经在无形中降低了。

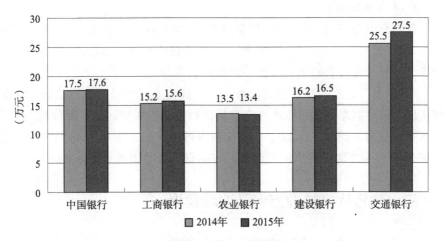

图 3 国有银行员工 2 年平均薪酬

资料来源：图中数据源自新华网、中国行业研究网、凤凰财经等相关文件。

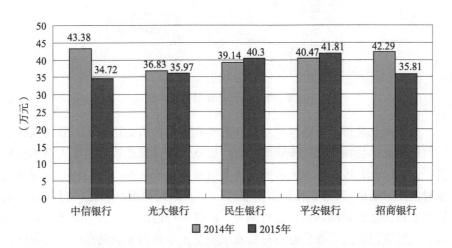

图 4 商业银行员工 2 年平均薪酬

资料来源：图中数据源自新华网、中国行业研究网、凤凰财经等相关文件。

2. 福利待遇变化

在 2015 年，银行员工普遍反映银行的福利待遇出现了明显下降，除员工主观感受外，在银行的财务年报数据中也有体现。例如，根据北方网提供的数据，工商银行员工平均福利费用从 2014 年的 6.2 万元下降到了 2015 年的 5.9 万元；建设银行的福利费用也从 2.6 万元下降到了 2.3 万元，平均下降了 3000 元；交通银行自 2016 年起车补下调 1/3，岗位津贴全部取消。

3. 人员离职情况

据网易财经报道，自 2015 年起至 2016 年 6 月，已有超过 65 位银行的"董（事）监（事）高（管）"离职，占到了总体高管的 35％，涉及岗位从董事、行长、副行长到风控总监、首席信息官等。

"离职潮"并不仅仅在中高层蔓延，一线员工目前虽然没有实际离职数字流出，但根据东方慧博猎头多年掌握的数据分析来看，国有银行的一线员工离职率普遍达到了 10％以上，股份制银行则普遍达到了 15％甚至个别达到了 20％。人才离职的比例如此高，有离职意愿的比例只会更高。

三、银行人才就业方向及流动建议

1. 商业银行离职人员主要流动趋势（见图 5）

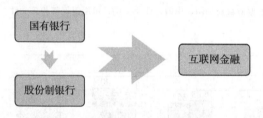

图 5　银行业人才流动趋势示意

因为商业银行职员通常具备较高的专业素质，所受培训、积累的人脉多针对金融业，且银行类工作薪酬较高，因此大部分商业银行离职人员不会更换行业。因此，银行离职人员再就业方向基本定为 2 种：第 1 种是不同性质银行之间"跳槽"，第 2 种是由商业银行与互联网金融公司之间再就业。根据东方慧博猎头顾问的数据分析来看，国有银行的离职员工主要流向股份制银行及互联网金融，股份制银行的离职员工主要流向互联网金融，互联网金融的人才几乎不会流向商业银行。

2. 国有银行、股份制银行与互联网金融之间的优劣势比较（见表 1）

表 1　国有银行、股份制银行与互联网金融之间优劣势比较

银行分类	职位吸引力	职位挑战
国有银行	相对稳定的工作岗位	晋升通道过窄
	系统性培训	工作时间过长
	规范化的操作流程	流程死板
	较轻的工作压力	薪酬水平一般

续表

银行分类	职位吸引力	职位挑战
股份制银行	晋升通道广阔	工作岗位不稳定
	挑战性强	薪酬不固定性较高
	客户资源至上	流程不规范
互联网金融公司	薪酬高	快节奏高强度的工作压力
	晋升通道、机会多	较高的市场拓展能力
	激励机制灵活	高淘汰率

国有银行作为国家主要控股的银行，在享受国家补贴的同时，还享受着政策及"关系网"的多方照顾，导致国有银行的营业压力要较股份制银行小得多，所以国有银行的工作岗位极其稳定。但是因为各种"关系网"的错综复杂以及国企的"宽进窄出"使得几乎没有晋升通道。较低的工作压力带来的后果就是相对较低的收入，所以国有银行的员工多处于"旱涝保收"的状况。

互联网金融作为一个近几年大热的概念，许多新企业随着大批投资的注入，往往会对商业银行出身的职员开出非常具有吸引力的薪酬。因为无论是国有银行职员的规范化操作流程或是股份制银行职员的大批客户资源都是互联网金融所急需的。同时，作为一个新兴的市场，许多新组建的互联网金融性企业有着良好的企业晋升前景。

3. 人才流动建议

根据东方慧博猎头掌握的数据分析来看，互联网金融由其较高的薪酬，成为传统银行人才普遍关注的机会，但是互联网金融相对于传统商业银行无论是产品形式、组织形式和文化，还是市场风险等均有天壤之别，因此对从传统银行跳槽到互联网金融领域的人才，我们认为需要做好以下准备：

（1）传统银行已经具备相对系统的、规范的管理模式，因此，当你跳槽到互联网金融企业时，在工作流程、工作方式方面你需要较大的调整，为此你需要做好心理准备。

（2）对自身的能力特征、资源特征进行盘点和评估，在选择职位前，与猎头顾问进行深入的沟通，对新的工作内容、工作要求以及企业环境有较为充分的认识。

（3）入职后也需要主动与猎头顾问保持一定频次的联系和交流，毕竟猎头顾问对企业的了解比一位新员工要多，且猎头顾问通常与人力资源部保持较为紧密的合作关系，因此有些问题，猎头顾问可以更好地向人力资源部反馈，让新员工更快地融入组织、更快地产生预期的工作成果或绩效，从而降低试用期的离职风险。

　　而针对互联网金融企业，当你从传统银行聘用了一名员工时，你可能需要给他们一定的时间去适应新的环境，同时，也需要和猎头顾问共同建立试用期员工的"安全着陆"计划，从而提高招聘效率。

参 考 文 献

[1] 陈海涛. 我国国有商业银行人才流失的现状、问题及对策研究 [D]. 2005.

[2] 凌江怀. 商业银行风险论 [M]. 北京：人民出版社，2006.

[3] 姚秀宏. 国有商业银行核心人才流失预警机制研究 [D]. 2010.

[4] 屈新刚. 对国有商业银行核心人才流失问题的思考 [J]. 合作经济与科技，2012.

[5] 马筱涵. 国有商业银行防止人才流失的对策思考 [J]. 企业导报，2015.

[6] 侯勇，黄儒靖. 我国中小型商业银行流动性现状分析及对策 [J]. 时代金融，2012.

高校退休教师老有所为相关问题研究

——以北京物资学院为例

李维阳[*]

内容提要： 在人口老龄化的社会大背景下，老年人力资源再开发成为热点课题，这一课题下的高校退休教师老有所为研究也逐渐引起人们关注。老有所为，指退休后对社会劳动的持续性参与并做出相应贡献的过程，而实现这一过程，与社会对经验的需要、个人强烈的工作意愿、再就业平台的建立和社会精神支持是分不开的。高校退休教师作为老年人中的特殊群体，具有知识水平高、工作成就感强等特点，因而具有开发成本低、生活稳定、工作满意度高等实现老有所为的优势，同时也因观念制约、管理困难而存在老有所为方面的局限性。为促进高校退休教师老有所为的实现，社会各界应共同努力，促进老年人力资源信息平台的建设，为老教师再就业提供便利，同时应用更灵活的延迟退休制度。

关键词： 老有所为　人口老龄化　再就业　延迟退休

一、高校退休教师老有所为研究背景

（一）高校退休教师人力资源再开发的社会意义

2009 年中国 65 岁及以上老年人口已达到 1.13 亿人，占世界老年人口的 20.76％，占中国总人口的 8.5％（国家统计局 2010），预计到 2050 年，该比例将为 2009 年的 3 倍，增加至 23.2％，老年人口规模将达到 3.18 亿人。可以说中国当前的人口老龄化现象已十分明显，而人口老龄化进程的加快，带来了养老院"一床难求"、养老金巨额支出、劳动力短缺、城乡养老资源分配不均等诸多社会问题。为研究如何冲抵人口老龄化带来的负面影

---

* 作者简介：李维阳（1995— ），河北廊坊人，硕士研究生，研究方向是人力资源管理、劳动关系。

响，国家人社部于 2013 年 6 月起开始了关于延迟退休政策的研究，并于 2015 年 12 月发布了渐进性延迟退休初步方案。在此背景下，关于老年人力资源再开发的讨论不断增多，而高校退休教师群体作为老年人群中特殊的一支，其人力资源再开发尤其值得关注，由此笔者展开了关于高校退休教师老有所为相关问题的研究。

老有所为，最早来自天津社科院提出的"五老理论"，而笔者所谈到的老有所为源自中国人民大学杜鹏教授等人对国际上 Productive Aging（生产性老龄化）含义的共识，他们认为 Productive Aging 与我国所讲的老有所为同义。笔者认为，老有所为意指老年人在完成自我照顾的同时，能够参与社会活动并做出一定贡献，包括亲友照顾、参与志愿活动以及持续性的劳动参与等，而在参与这些社会活动的过程中，高校退休教师的老有所为实践存在突出优势与特点，因而笔者将研究重点放在了高校退休教师老有所为的必要条件分析与高校退休教师在老有所为方面具有的优势条件及局限性分析上。

（二）高校退休教师人力资源再开发相关依据综述

1. 从理论角度看高校退休教师人力资源开发

现代的人力资源是指在一个国家或地区中，处于劳动年龄、未到劳动年龄和超过劳动年龄但具有劳动能力的人口之和，相对于劳动适龄人口来说范围较大，因而人力资源开发不应受到年龄和是否在就业的限制。

现代人力资源管理学认为，人的职业工作能力要经过培育期、成长期、成熟期、鼎盛期、维持期和衰退期几个时期，而个人工作能力的维持期大多处在 45～65 岁，并且这一区间因人而异，这就表示，在工作能力进入衰退期之前，人就可能已经步入老年阶段，已经处于退休状态，然而其工作能力仍维持在一个较高的水平，仍具有人力资源开发的价值。

此外，老年人力资源开发相对于其他年龄阶段的人力资源开发，具有几点优势。其一，老年人在技能的应用上和经验的积累上，较其他年龄阶段的劳动力都具有很大优势；其二，老年人构建起了复杂的人际网络，具有殷实的关系资本；其三，相较于其他年龄段的同行从业者，老年人往往具有较高的工作熟练度，因而其人力资源开发成本较少，同时减少了培训带来的支出和因工作不熟练而产生的工作失误造成的损失。

综合以上理论依据，高校退休教师的人力资源开发具有可行性与优势。

2. 从现实情况看高校退休教师人力资源开发

提倡进行高校退休人员人力资源再开发在我国的现实依据有以下几点。

第一，按照我国当前的退休制度，男性退休年龄一般为 60 岁，女性的退休年龄一般为 55 岁，而社会普遍认同高龄老人指 70 岁以上的老年人，这就表示在进入高龄老年阶段之前,从事脑力劳动的退休人员往往具有 10 年到 15 年的时间生活可以自理、头脑思维清晰、可以继续进行脑力工作。并且在这种具有强制性的退休制度下,部分达到退休年龄但仍想留在工作岗位上继续工作的老年人被"挤"下一线,被一些缺少工作经验、工作不熟练的年轻人替代,这既导致了不必要的人力资源开发支出,也造成了很多老年人在退休后面临长时间无所事事的空闲期,是一种严重的社会浪费。

第二,相关研究结果表明,2009 年时我国拥有近 100 万的离退休老教授、老专家资源,且这一数值在以每年 5 万的速度递增,而这部分高智商人才中,70%的人年龄在 70 岁以下,70%的人身体条件能够支持其继续工作,70%的人愿意继续在工作岗位上从事相关工作。但根据青海省对 21 所大学老教授退休后情况的调查,被调查的 7250 位老教授中,只有 20%的人能够较好地发挥作用,约 49.1%不能发挥作用。可见我国在高校退休教师人力资源再开发方面,还有很大发挥空间,且考虑到人在步入老年后身体状况的不确定性,这些高知老年人力资源在某种程度上具有时效性,一旦开发不充分,就会随着时间流逝而不断消失,因此这方面工作迫在眉睫(刘子君,2009)。

第三,在现行的高校教师职业体制下,返聘退休专家在实际操作上有较多的限制,如返聘数量、专业限制等,但返聘除了能以较少的成本取得被返聘者自身较高的人力资源开发成果外,还能产生一些间接利好效应。从实证研究数据来看,A 学校每年返聘人员不超过 40 人,学校年增加投入不足 200 万元,但 100 人可以帮助培养 300 名青年教师,即在开发成本为 200 万元的情况下,可以直接开发 40 名专家资源,同时间接辅助开发 120 名青年教师资源,单位成本下的人力资源开发效率较高(章珊珊、王标,2010)。

(三)高校退休教师人力资源再开发现状

当前,我国高校退休教师的人力资源再开发呈现出以下几个特点。

1. 再就业的主观愿望强烈

退休教师再就业的主要驱力来自自身的强烈愿望,而这种强烈愿望的产生主要来自以下几个方面:(1)身体条件允许,生活负担较轻;(2)晚年生活感到寂寞;(3)对离开多年执教的岗位感到不舍;(4)希望创造更多的人生价值;(5)学校需要相关领域内的专业性人才支持。

2. 退休与再就业之间的间隔较短

很多高校退休再就业教师,都是在保持原岗位的情况下完成了由任职者到退休返聘者的角色过渡,这种情况的再就业间隔几乎为零。除此种情况以外,也有部分老教师选择在退休后的 1~3 年内再就业,而退休三年以上的老教师再就业比例较低。可见，高校教师退休与再就业之间的间隔较短。

3. 新职业与原职业关联度高

高校退休教师再就业所从事职业，或在职业性质上，或在工作内容上，都与原职业有一定的联系。

4. 再就业综合满意度高

退休教师虽然在新的岗位上往往会存在一些与工作时间、体制约束等有关的问题，但均认为再就业对他们的晚年生活产生了有利影响，"时常被需要的感觉能让自己活得更积极"。

5. "老有所为"仍需继续提倡

老教师经过几十年的授课解疑，思想政治觉悟极高，有很强的责任心，退休时仍有较强烈的沟通需求和授业需求，因而其"老有所为"的内驱力很强，此时正需要创造外部条件来激发老教师再就业的行为，这种外部条件集中体现为社会支持与倡导，在当前外部条件不足的情况下，"老有所为"的先进理念仍需要继续提倡。

二、本文采用的研究方法

（一）文献资料法

笔者对以往相关研究报告进行了查阅，获取以下内容作为研究的基础。一是我国当前的人口老龄化总体状况以及其在养老、就业等方面带来的负面影响。二是我国当前高校退休教师再就业的基本情况、限制因素等。三是国内为促进老年人力资源开发的政策。四是高校退休教师参与社会活动的基本形式。同时，笔者还走访了物资学院离退休处、老干部处、关工委等部门，查阅了相关档案，了解了学校目前离退休人员的基本情况，查阅了近三年的离退休人员活动记录，通过离退休老教师文集了解老教师离退休后的工作生活及心态，并由此筛选出访谈对象。

笔者通过对文献资料的搜集了解到：截至 2016 年 12 月，物资学院现有退休教职工 403 人，离休教职工 6 人（年事已高）。退休教职工中党员 203 名，划分为 6 个党支部管理（6 位党建组织员均为返聘），其中 47 人因身体原因生活需要长期照顾；无党派及其他党派人士 200 人。在退休教职工中，能够参加学校组织的活动的人有 200 人左右，在退休之后有所作为的有 40 人左右。同时，项目组还了解到，学校离退休党委、离退休工作处、老教协、关工委四委一体共同负责离退休人员工作，每年定期组织春游和秋游，对部分需要照料的教师予以定期慰问，每年组织老教师参与合唱、器乐文艺

汇演（曾获得市级表彰），适逢学校重大会议、演出等邀请离退休老教师前
来参与，从多角度关怀离退休人员生活。

（二）访谈法

笔者以立意抽样的形式，在学校离退休教职工中抽取了12名老有所为
个人分别进行了30分钟以上结构化访谈。受访者的基本信息见表1。

表1 基本信息表

编号	性别	年龄	健康状况	退前职务类型	退前工作部门	退休后工作生活	再就业时间
1	男	86	良好	教学	外语学院	访教学者、古典文化研究、诗词创作、田径比赛	退休一年内
2	男	69	良好	职能	基建处	基建部任职	退休三年后
3	女	59	良好	行政	图书馆	研究生部组织员、党支部书记、班主任、舞蹈合唱团、旅游	退休后立刻
4	男	78	较好	行/教	物管系	任职院长、外校二级学院主任、咨询公司任职、会计事务所任职、老教协会长、运动健身、乐团	退休四年后
5	男	69	良好	行/教	物管系/党委	任教党课、教育部教材编写、书画协会、杂志编审、伦理协会任职、教育评估中心主任	退休后延续退休前工作
6	女	60	良好	行/职	财务处/老干部处	珠海物流学院学生管理	退休后延续退休前工作
7	男	70	较好	教学	信息学院/督导组	珠海分校任职、合唱团	退休后立刻
8	男	72	良好	职能	安保中心	料理家务、成立合唱团任指挥、散文诗歌创作	退休后立刻
9	女	58	较好	职能	财务处	财务工作、商学院学生工作、舞蹈、太极柔力球	退休后延续退休前工作
10	男	77	较好	教学	外校/我校督导组	教学督导	退休后延续退休前工作
11	女	70	一般	教学	外语学院	教授英语、教学督导	退休后延续退休前工作
12	男	81	较好	教学	劳人系	关工委任职	退休五年后

笔者还就 6 位退休后无再就业想法的老教师进行了电话访问，了解到他们未能再就业的原因，见表 2。

表 2　未能再就业原因

编号	性别	原因
A	男	身体状况较差，主要精力放在了疗养上
B	男	希望晚年能自由安排时间
C	女	身体状况一般，需要照看孙辈
D	女	需要照看孙辈，老伴需要照顾
E	女	身体状况一般，不希望再为工作奔波
F	女	精力有限，找不到合适的去向

三、物资学院离退休教职工老有所为现状

（一）离退休教职工分类

离退休教职工分类见图 1。

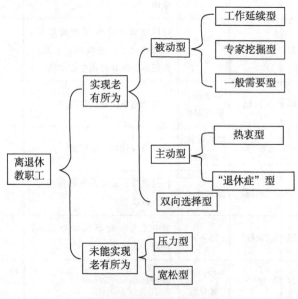

图 1　离退休教职工分类

工作延续型：指退休后自然地继续退休前工作的类型。

专家挖掘型：由于具有某方面的专业优势或经验，与特定岗位相适应，

因而被征召的类型。

一般需要型：因岗位空缺，同时考虑为离退休教职工创造工作条件而被征召的类型。

双向选择型：兼具被动型与主动型特点的类型。

压力型：退休后面临生理、家庭方面的压力而难以工作的类型。

宽松型：退休后主张放松休息而主动选择完全脱产的类型。

(二) 物资学院离退休人员老有所为的特点

1. 老有所为出自心理满足的需要

老有所为的实现与否，很大程度上取决于退休教职工的心理需要，而非利益需要、地位需要等。在实现老有所为的个案中，无论是被动接受工作，还是主动寻找工作，都源自对工作意义与自身能力的认同，或源自对教育、学校和岗位的热爱，无论是认同还是热爱，都能让退休教师在获得再次回到工作岗位的机会时，获得巨大的心理满足感，同时这种满足感也会不断激发他们的工作热情。此外，个案1与个案10表示，退休后继续工作，"能和年轻人一起交流，感觉自己变年轻了"，这种接触新思想、新观念的想法的实现带来的满足感同样是老有所为的动因之一。

2. 老有所为呈现出多领域、多样化特征

广义的老有所为不仅局限于回归学校再就业，而是指诸多形式的社会生产参与。项目组发现，很多受访老教师退休后的工作较退休前的工作更加丰富，涉及领域也更加广泛，个案4表示，"退出之后，走出学校的机会更多了，也就不局限在教育口内了"。类似个案3、个案4、个案5的情况，他们在退休之后除继续校内工作外，同时还在文学、艺术等领域内有所成就。可见，退休在一定程度上削减了体制的限制，为退休者多领域参与社会价值创造提供了契机。

3. 再就业向管理工作转变

大部分退休返聘教师，退休前无论是作为教师授课还是主抓行政管理，退休后都转向了管理工作。笔者认为，教学与管理相比，其课前的准备、实际的讲授过程和与学生的沟通交流都要耗费更大的脑力和体力，因而对于很多退休教师来说，在身体机能日渐退化的情况下继续按质按量完成教学课时任务太过困难，类似于个案7提到"精力不够用了，走下讲台就很难再走上去"。相对来说，教育管理岗位对时间和精力要求相对较低，更适合退休教师任职。

4. 老有所为是时代的产物

目前，我校退休之后老有所为的教职工在个人经历上具有一点共性：在三年自然灾害中饱尝生活艰辛。三年自然灾害，或是让正处于青少年期的他们懂得了物质资料得来不易，或是让正处于壮年期的他们深谙艰苦奋斗的道理。那段经历对他们的人生观价值观产生了很大影响，促使他们即使到了退休颐养天年的年纪，也仍然忘我地投入到社会生产中，带着感恩的心回报社会。正如个案 3 和个案 10 表示，"现在退休人员这一辈人，都能吃苦，能理解别人"，时代的影响对他们的老有所为产生了很大影响。

5. 平台建设决定老有所为的实践水平

平台，指的是让老年人在退休后有机会发挥余热的空间，平台建设主要是老年人准入机制的构建。个案 10 谈到，之所以能在教学督导这个职位上作出一些成就，与学校"考虑一部分退休教师的工作意愿，就专门设立了以退休教师为主的督导组"有很大关系，这给很多"走下讲台却难再走上去"的退休教师提供了施展身手的机会。再比如，很多老年人想要从事社区服务工作，或是想开办老年人艺术班，那么社区是否有这样的工作机会，能否提供合适的场地并提供相关的配套设施，将直接决定这些实践老有所为的想法能否实现。

四、高校退休教师老有所为优势条件及局限性分析

（一）老教师人力资源开发的成本优势为返聘创造条件

退休老教师人力资源开发的成本优势，体现在两个方面：

第一，相对于刚接触教学工作的年轻教师来说，老教师在知识积累的广度、知识理解的深度和授课经验的丰富程度上都要高出一等，这些优势决定了老教师提供的人力资源将会是"拿来即用"的，即"变现能力较强"，而年轻教师在逐渐达到从知识到教学水平的高效率转化的过程中，需要进一步的人力资源开发投入，如采取培训、进修、企业实践等形式，相比较而言，老教师人力资源开发成本较低廉。

第二，老教师对青年教师的人力资源开发具有促进作用，具体表现为，老教师可以在工作的同时成为新教师的教学范本，在教学方式方法、学术研究等方面提供指导，这种影响力的初步估算为，每 100 名返聘教师可以帮助培养 300 名青年教师（章姗姗、王标，2015），这种带动作用从侧面上是对青年教师人力资源开发成本的一种节省。

（二）工作性质本身带来的优势条件

首先，高等教育教学属于一种低强度的脑力工作，其对教师的身体素质要求较低，大量事实说明，高校许多老年人退休后的 10～15 年内，健康状

况完全允许他们为国家、为社会尤其为学校发展再做贡献，再立新功（倪志梅，2012）。大部分受访教师的共识是，现代社会对于老年期的界定应该随着健康水平的提高而不断后延，在身体没有大问题的情况下，"工作到70岁是完全没有问题的"。

其次，脑力工作的分工精细化程度要低于体力工作，专业化程度要高于体力工作，这就意味着从事脑力工作的劳动者更容易认识到自己所从事的工作对于企业进步、社会发展的意义所在，也就更容易产生成就感与责任感。教学工作是脑力工作中较为特殊的一种，它强调工作前后的一致性、整体性与系统性，在这种情况下，教师能很快地培养起对自身工作的认同感与责任感。同时由于学生课后反馈的存在，使得教学工作的验收更为迅速，成果也更容易显现，这能让教师在短时间内产生成就感。基于这几种心理的作用，教师对工作的热爱程度往往要高于其他职业，使他们在退休之后更愿意继续从事教学工作。

（三）观念影响有碍于老有所为的实现

观念对老有所为实践的负面影响主要体现在三个方面：

其一，我国目前主要的养老形式是居家养老与社区养老，这是因为在中国传统的养老观念中，退休代表着职业生涯的结束和老年福利的开始，在这种观念的作用下，很多老年人不愿在"操劳了大半辈子"之后继续参与社会的价值创造活动，这就阻碍了老有所为等积极养老形式的推广。

其二，目前，我国并未对返聘人员的编制做出较为完整的规定，因而很多老专家老教授在被高校返聘之后，往往会认为，"体制外就业，难以充分发挥自己的才能"（庄海茹、孙中宁，2012）。而结合个案研究中，许多退休教师在收到学校返聘邀请时，会在"感觉伸不开手脚"等观念的影响下产生对工作的抵触情绪，这对于老有所为的实践同样是一种阻碍。

其三，有部分高校的校领导认为老教师观念陈旧，会对青年教师教学工作的开展产生不利影响，因而在老教师的返聘、再开发上不抱有太多的热情，这在一定程度上减少了退休教师返校老有所为的机会。

（四）管理与制度缺陷带来局限性

再就业是老有所为的一种主要形式。再就业后，由于退休老人的年龄超出了劳动适龄人口的年龄上限，其与用人单位之间的劳动关系缺少相应的制度与法律约束，而这种制度上的缺陷往往会带来管理上的混乱。就高校退休教师来说，如果选择接受学校返聘，虽然编制问题可以顺利解决，但体制问题，即对其工作的具体内容、工作绩效等方面的安排与管理控制工作较难开展，这同样为老教师继续发挥能力带来不便。当然，在当前延迟退休政策的不断推行下，这种局限性将在一段时间之后有所缓解。

五、促进退休教师老有所为的措施建议

（一）政府应主导搭建"银色通道"

老年人力资源被称作当今社会的"银色资源"，在很多需要老专家指导的地方缺乏有经验的人才，同时又有很多富于经验想要继续工作的人找不到去处，这样的供求错位的产生很大程度上源自信息不对称。在这方面，政府有义务搭建一个连接用人方与退休专家的"银色通道"，提供类似老年人力资源信息交流的平台，给有知识、有经验且有意愿工作的退休老人提供更多的工作信息与工作机会。这种平台建设可以依托于现今高速发展的互联网实现，既能节约成本，又能保证信息的高效率传递。

（二）学校应为退休教师再就业提供便利

对于退休教师来说，学校是人力资源再开发的重要的人员输入地。学校应摒除观念上的偏见，为退休教师设立专门的岗位，鼓励他们进行教学督导、学科建设方面的工作，为行动不便的教师提供适当的交通服务等，以吸纳经验丰富、工作意愿强烈的老教师再就业。

（三）社会应加强对退休教师的关怀教育

由于教学工作的特殊性，老教师在退休前往往处于一种备受尊敬的氛围中，而退休后由于离开了教学工作，其心理上会产生很大落差，一时间可能因为难以适应退休在家的生活而出现各种心理波动和健康问题，因而加强对退休教师的关怀和关于新角色适应的指导是十分必要的，这同时也能为其正确规划晚年生活、实现老有所为做好铺垫。

（四）学校应注重对教师队伍的倡导与宣传

校方应将职业观、人生观宣传倡导纳入到日程中。比如，校方可以采取退休教师经验分享会的形式，将老教师的个人经历作为宣扬范本，以提升年轻教师对于老有所为的认识。

而对退休教师，校方应积极倡导"积极养老""事业养老"等养老新理念，改变"养儿防老""国家养老"等养老意识，使退休教师对"退休"有正确的认识，让老有所为的理念成为追求而非负担。

（五）给予退休教师更为灵活的延迟退休政策

一方面，教学工作与一般的脑力工作相比，其所需求的体力支持相对较高，而延迟退休全面落实后，教师的教学工作年限将比现行退休制度下增加五年，对于年龄处于 60～65 岁的老教师来说，继续保持年轻时的工作状态

存在一定难度，此时更适于实行逐步退休政策，即在 65 岁退休前的五年中开始逐年递减工作量，这样既能保证延迟退休在高校中顺利推行，又能使老教师留有相当高的工作热情。另一方面，延迟退休可以看作是对老教师继续从事原有工作的强制手段，这就在一定程度上滞后了老教师可自主择业的时间，其老有所为的自由度也会相应降低，因此在实行延迟退休政策的同时，可以同时考虑在退休前给予老人一定的换岗权，允许老人将工作重心转移至幕后，以给他们提供更多的实现老有所为的空间。

（作者单位：首都经济贸易大学劳动经济学院）

参 考 文 献

[1] 刘子君 . 高校离退休老教授老专家人力资源开发可行性研究 [J]. 黑龙江史志，2009 (22)：174－176.

[2] 庄海茹，孙中宁 . 高校离退休教师的社会支持研究——基于高校离退休教师再就业过程的考察 [J]. 前沿，2012 (14)：111－112.

[3] 倪志梅 . 高校应重视发挥退休教师的作用 [J]. 重庆科技学院学报（社会科学版），2012 (23)：156－167.

[4] 章珊珊，王标 . 在人力资源开发视野下高校返聘制度利弊研究 [J]. 佳木斯职业学院学报，2015 (7)：434－436.

[5] 高建国，（美）豪厄尔，梅陈玉蝉 . 老龄生产性参与：全球视野 [M]. 北京：中国社会出版社，2011.

[6] 李爱民 . 高校离退休工作与老干部人力资源的开发利用 [J]. 企业家天地（下旬刊），2011 (10)：108.

[7] 王毅 . 高校退休教师资源的开发与利用 [J]. 赤峰学院学报（哲学社会科学版），2013 (12)：244－245.

[8] 张之望，张嵋珥 . 论高校离退休教师的人力资源再开发 [J]. 管理观察，2012 (34)：107－108.

[9] 段汉民，陈岩 . 高校退休职工人力资源的开发 [J]. 才智，2009 (19).

人力资源管理技术

❖ 心理资本影响效应研究综述

❖ 中小民营企业员工个人—组织匹配对离职倾向的影响研究

❖ 互联网企业员工组织承诺与建言行为的关系研究

❖ 集团公司人力资源管控体系研究

心理资本影响效应研究综述

燕闪闪　李广义*

内容提要：心理资本一经出现后，国内外学者对其影响效应进行了大量研究。实证研究对象从普通的企业员工到警察、护士、教师，再到学生、儿童，实证研究结果表明心理资本的影响效应主要包括心理健康、工作态度、工作行为、工作绩效和幸福感五个方面。本文对心理资本的影响效应研究结果进行研究综述。

关键词：心理资本　影响效应

心理资本具有"可测量性"的特征，正是由于这个特征，学者们对心理资本的影响效应进行了大量的实证研究，关于国内外心理资本的影响效应研究不胜枚举，并且很多学者也都做过综述，如仲理峰（2007）、李颖玲和朱锦鸿（2011）、侯二秀（2013）、熊猛和叶一舵（2014）等。根据实证研究结果及相关研究综述，心理资本的影响效应可以从心理健康、工作态度、工作行为、工作绩效和幸福感五个方面来谈。

一、心理资本与心理健康

唐爱琼（2012）谈到心理资本概念的提出源于积极心理学与积极组织行为学的发展，包含自我效能感、乐观、希望、韧性四个要素，这四个要素都是新的健康模式中积极层面包含的内容。因此，我们可以认为心理资本是心理健康的重要组成部分。这一点也得到了杨秀玲（2014）的认同。另外，她指出关于心理资本对心理健康影响的研究报告还比较少，心理资本对心理健康的影响更多的是通过心理资本的四个维度——乐观、自我效能、希望与韧

---

* 作者简介：燕闪闪（1991—　），女，河南禹州人，硕士研究生，研究方向为人力资源管理；李广义（1962—　），男，陕西大荔人，教授，研究方向为人力资源管理与社会保障。

性表现出来的。

　　正如胡远哲（2016）所说，学者关于心理资本与心理健康状况直接关系的研究相对较少。在有关心理健康的研究中，个体特质一直是受人们关注的对象。Sumi（1997）早在 1997 年就提出了乐观性格的人不易忧郁和焦虑症的观点；Fazio 和 Palm（1998）通过研究认为个体性格和抑郁高度相关，而与焦虑关系不大。齐晓栋等人利用国内外 106 项研究进行的元分析结果显示，气质性乐观与积极指标中的自尊和消极指标中的抑郁相关水平最高。

　　就国内研究而言，在 CNKI 系列数据库的中国期刊全文数据库和中国优秀博硕论文库中，笔者以"主题"为检索项，以心理资本和心理健康为检索词进行检索，按照理论研究和实证研究划分，实证研究又按照不同研究对象来划分，相关文献结果如图 1 所示（截止到 2016 年 9 月 16 日）。

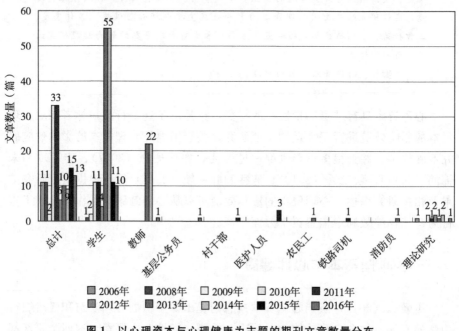

图 1　以心理资本与心理健康为主题的期刊文章数量分布

　　从图 1 看出，期刊文章总数为 63 篇。按年份来说，2015 年总计最高，为 15 篇，其中学生占了 11 篇；按研究对象来说，以学生为研究对象的文章数量最高，为 40 篇。从图 2 看出，博硕论文总数为 13 篇，其中以学生为研究对象的有 9 篇。不管是期刊文章还是博硕论文，以企业员工为研究对象直接验证心理资本与心理健康关系的实证研究还没有，但是，白晶、张西超（2009）以国内某通信运营企业的 479 名员工为研究对象调研，结果表明，员工的乐观、韧性及其由自我效能、乐观、韧性、希望合并而成的整体心理资本对他们的身心健康均有显著的积极影响，事实上，这个结论与以学生为研究对象的研究结果是一致的，即心理资本与心理健康呈显著正相关，与诸如自卑、抑郁等不健康的心理显著负相关（王洪礼、胡寒春，2005；葛明贵等，2006；杨彩霞，2008；谢巧玲等，2009；潘清泉、周宗奎，2009；徐强，2010；张阔等，2010；车丽萍等，2010；贺斌，2014；陈志伟，2016）。另外，有8篇理论研究探讨了企业员工心理资本与心理健康的关系，其中，唐爱琼（2012）详细论述了各个因素对心理健康的影响效应，李燕（2012）从心理资本的理论起源角度论述了心理资本有助于提高员工的心理健康水平，还有研究是探讨了如何对员工进行心理健康教育（曹鸣岐，2006；郑日昌，2010；周评，2011；杨世平，2013）。

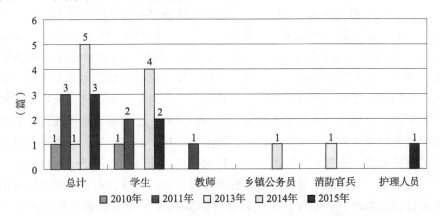

图 2 以心理资本与心理健康为主题的博硕论文数量分布

二、心理资本与工作态度

田喜洲和谢晋宇（2010）以363份样本进行实证研究，结果表明：社会资本、心理资本与员工工作态度正相关，且与社会资本相比，员工心理资本对工作态度具有更大的预测作用。归纳已有的研究成果可以发现，心理资本对工作态度的影响主要是通过工作满意度、组织承诺、敬业度、工作投入、工作压力、工作倦怠和离职意愿等态度体现出来的。

1. 心理资本与工作满意度、组织承诺、敬业度、工作投入

已有的关于心理资本与工作满意度的实证研究都表明：心理资本（田喜洲，2008；江玲，2010；徐爱萍等，2015；韩彤，2015；陈维政，2012；顾

鸣，2011；Youssef 等，2008）及其希望（陈维政，2012；滕少霞，2010；Petsrson 和 Luthans，2003；）、乐观（Wanberg，1997；Peterson，2000；Schulman，1999；陈维政，2012；滕少霞，2010）、坚韧性（滕少霞，2010）与员工工作满意度显著正相关，并且，整体的心理资本对工作满意度（Luthans 等，2007）的预测作用要大于单个维度的预测作用，另外，与人力资本和社会资本相比较，员工的心理资本与工作满意度的正向关系更强（陈维政，2012；Larson 和 Luthans，2006）。同时，柯江林和孙健敏（2014）构建了中国本土式的心理资本，实证结果表明事务型心理资本（自信勇敢、乐观希望、奋发进取、坚韧顽强）、人际型心理资本（谦虚沉稳、包容宽恕、尊敬礼让与感恩奉献）以及构成的总体心理资本对工作满意度有显著积极作用。

Stajkovic 和 Luthans（2001）通过对大量研究的元分析表明，员工的自信对提升工作绩效、增强组织承诺起到一定的激励作用。Larson 和 Luthans（2006）研究表明心理资本以及希望、乐观和坚韧性与组织承诺等受欢迎的态度结果变量显著正相关，庾叶芳（2013）以深圳某高科公司员工为研究对象，回归研究证实心理资本的自信、希望、乐观对组织承诺有显著的正向影响，而韧性对组织承诺有显著的负向影响。同时，也有学者具体探讨了心理资本对组织承诺的各个维度的影响。陈禹（2010）研究证实，心理资本对员工的感情承诺、规范承诺有着正向的影响作用。陈望成（2013）以销售人员为研究对象，实证结果表明，心理资本及其希望、韧性和乐观对员工感情承诺有显著正向影响，心理资本及自我效能感对员工持续承诺有显著正向影响。心理资本及希望和韧性对员工规范承诺有显著正向影响。周菲等人（2009）通过分析心理资本对知识员工组织承诺（感情承诺和持续承诺）影响的理论框架模型，得出心理资本的各变量与知识型员工感情承诺正相关，与其持续承诺负相关的结论，这一研究结论与孙阳（2014）的研究结论一致。

赵光利（2011）以企业员工为研究对象，研究表明，员工心理资本及其四维度正向显著影响员工敬业度，邱香华（2012）、李罗君（2013）也证实了此观点。吴威（2009）以陕鼓集团员工为研究对象，回归分析表明，员工心理资本对员工敬业度的提升具有非常重要的作用，并且，希望和乐观对员工的敬业度提升具有非常重要的作用，而自信和韧性对员工敬业度的影响力比较小。姜洋（2012）的研究表明心理资本及自我效能感、坚韧性对员工敬业度有积极正向影响。

May 等学者 2004 年的理论研究发现，于个体变量而言，员工的坚韧意志和乐观与员工的工作投入呈正向关系。孙梦哲（2012）以不同行业企业员工为研究对象，结果表明，企业员工心理资本与工作投入达到显著相关。柯江林等（2015）通过对 263 个样本的回归分析发现，事务型心理资本（自信勇敢、乐观希望、奋发进取与坚韧顽强）和人际型心理资本（包容宽恕、谦虚沉稳、尊敬礼让、感恩奉献）对工作投入有积极作用。

2. 心理资本与工作压力、工作倦怠、离职倾向

心理资本有利于员工产生积极的诸如工作满意度、组织承诺、敬业度、工作投入的工作态度，同时也有很多学者探讨了心理资本与员工诸如工作压力、工作倦怠和离职倾向的消极工作态度的关系。

Avey 发现，心理资本对降低员工工作压力感有积极影响，进而对离职意愿和工作搜寻行为产生显著的负向影响。王玉玫（2011）理论分析了心理资本各要素对缓解员工压力的作用。许颖（2013）以接受 MBA 教育的人群为调查对象进行研究，证明心理资本作为一种人格特征，其回复力维度对工作压力有较大的调节作用。郑红英（2014）以 IT 企业软件开发人员为样本进行研究，发现心理资本及其事务型心理资本与人际型心理资本都与工作压力显著负相关，且事务型心理资本的相关性更强。

研究结果表明，心理资本（张阔等，2014；谭琳，2013；荆全忠，2014；白璐，2011；李晓艳、周二华，2013；赵简、张西超，2010）及其各维度（张阔等，2014；谭琳，2013；王丁等，2013；）对企业员工的工作倦怠有显著的负向预测作用。这个结论与其他研究对象的结论是一致的，例如，葛操等（2012）以河南省滑县人民医院的 240 名医生为研究对象进行研究，结果表明，医生的工作倦怠水平普遍偏高，心理资本对工作倦怠程度有间接的预测作用；骆宏和赫中华（2010）以护士为研究对象进行研究，研究显示心理资本与工作倦怠呈显著负相关；周秋蓉（2011）以公务员为研究对象，结果显示心理资本的各维度水平以及总体水平越高，工作倦怠就会越低。除了实证研究，也有学者进行了理论研究。鲁虹和葛玉辉（2008）分析了企业员工工作状态现状和工作倦怠成因，认为心理资本能够显著影响工作倦怠，提出了在个人和组织层面开发心理资本的实践方法，从而有效防止和减少工作倦怠。雷星星（2014）的文章基于心理资本的角度，从个人、组织和社会三个维度探讨一线服务员工产生工作倦怠的原因，并通过干预员工心理资本的四个维度，即自我效能感、乐观、希望、韧性，得出员工工作倦怠问题的启示。

研究表明，心理资本与员工的离职意愿呈显著负相关（Avolio 等，2010；黄海艳，2009；杨阳，2011；高中华等人，2012；邵丹、黄小谷，

2013）。对于同一个问题的两个说法，有研究表明，心理资本（Seligman，1998；Luthans 和 Jensen，2005；田喜洲，2008；）及乐观（Wanberg，1997；Peterson，2000；Schulman，1999；Seligman，1998）与员工的留职意愿正相关。王玉洁等人（2010）基于心理资本的视角探讨离职的影响因素以及如何降低员工离职的管理措施。James 等（2009）与实践战略目标相结合，试图提升和开发员工的心理资本以帮助他们更好地应对工作场所的压力和离职问题。

三、心理资本与工作行为

心理资本对员工工作行为的影响主要表现在组织公民行为和缺勤行为方面。

1. 心理资本与组织公民行为

国内外针对企业员工的大量实证研究表明心理资本（Norman 等，2010；Avey 等，2010；田喜洲，2008；江玲，2010；Avey 和 Luthans，2008；）及其四要素（钟雪美、魏珍丽，2014；王哲，2010）与员工的组织公民行为正相关，并且王哲（2010）研究还发现员工的整体心理资本对组织公民行为的影响力要比其各个维度的单独影响力要大得多。仲理峰（2007）以 198 对中国企业直接领导和员工为研究对象进行研究，结果表明，员工的希望、乐观和坚韧性三种积极心理状态对组织公民行为有积极影响，且三者合并而成的心理资本的影响作用要大于各自因素的影响作用。刘婉玉（2014）以油田员工为研究对象进行研究，结果表明，除了心理资本的奋发进取维度外，其他维度对组织公民行为各维度有显著的正向影响。

此外，还有研究集中在领导的心理资本对下属的组织公民行为的影响上。朱瑜、周青（2013）在回顾前人研究的基础上，建构了领导心理资本对下属组织公民行为的整体框架模型，该模型注重由领导核心心理要素到组织变量，再到领导层面、交互层面，最后到个体态度影响行为的作用逻辑，论证严谨而有条理，但却未经过实证研究和数据的验证。Yammarino 等（2008）和 Walumbwa（2011）的研究都指出心理资本丰富的领导带领的工作团队，团队成员能够感受到领导的积极心理状态，从而促进员工心理资本的储备，为组织公民行为的产生和发展创造良好条件。任皓等人（2013）运用多层线性模型技术，在控制了样本的人口统计学变量、工作经验及教育程度之后，研究发现，团队领导心理资本对团队成员组织公民行为有积极的正向影响。

2. 心理资本与缺勤行为、反生产行为

关于心理资本与缺勤行为、反生产行为的研究并不多。Avey 等（2006）的研究表明，心理资本以及希望、乐观、韧性、自我效能与员工自愿和非自愿的缺勤行为显著负相关，并且整体的心理资本对员工资源和非资源缺勤行为的预测作用要大于单个维度的预测作用。田喜洲和谢晋宇（2010）以 721 份来自全国不同地区、不同行业的员工为样本进行实证研究，发现心理资本对员工工作行为产生直接或间接的影响，心理资本正向影响员工角色内行为和组织行为，负向影响员工的缺勤行为。

Avey 发现，状态类的心理资本与角色外组织公民行为积极相关，与员工离职倾向、犬儒主义行为和反生产行为显著负相关。牛凯云（2011）以 222 份有效样本为研究对象进行研究，结果表明，心理资本及希望、乐观与反生产行为发生频率负相关。郭小星（2013）以企业管理人员为研究对象，研究表明，企业管理人员的心理资本和坚韧性对反生产行为有显著的负向影响。另外，该论文中还引用了两项研究结论。第一，Wernsing 和 Luthans 研究发现，在控制了人口学变量后，心理资本能够负向预测反生产行为，阎巍在其研究中也验证了此项结论，并发现心理资本对人际指向反生产行为的预测作用稍小于对组织指向反生产行为的预测作用，指出心理资本能够解释反生产行为变异的 17%。第二，Martinko 和 Gardner 发现，悲观主义归因风格的人做出缺勤、冷漠以及酗酒等反生产行为的可能性更大，心理资本的乐观维度恰与悲观相对应，从而间接佐证了心理资本的乐观维度对反生产行为的负向作用。

四、心理资本与工作绩效

国内外大量实证研究表明企业员工的心理资本（Luthans 等，2005；荆全忠，2014；郭小星，2011；徐爱萍等，2015；张宏如，2010；梁博富、张焱，2012；Peterson 等，2011；Timothy，2010）及其自我效能感（郭小星，2011；Stajkovic 和 Luthans，1998；姜洋，2012;）、希望（Peterson 和 Luthans，2002；Youssef 等，2004）、乐观（Selgiman，1998）、坚韧性（郭小星，2011；姜洋，2012）与工作绩效之间存在正相关关系。Avey 等（2011）以包含12567 名被试的 51 个独立样本进行元分析，结果发现心理资本与不同方式测量的员工绩效水平（自我报告、上级评估和客观的绩效）均呈显著的正相关。国内学者仲理峰通过对 198 对直接领导和员工的实证研究表明，在控制了性别和年龄这两个人口统计学变量的回归效应之后，员工的心理资本对他们的工作绩效（$\beta=0.48$）具有积极影响作用。同时，研究表明，心理资本与工资之间存在显著正相关（Goldsmith 等，2002；Luthans 等，2005）。

如果按照工作绩效的结构来分析，可按照以下四种结构归类进行。

1. "任务绩效＋关系绩效"二维结构模型

柯江林、孙健敏（2009）以 335 名在职人员为研究对象，研究结果表明，事务型心理资本、人际型心理资本与任务绩效、关系绩效显著正相关。杨淑艳（2010）以合肥部分企业 138 名员工为主要研究对象，回归分析表明，员工心理资本的四个维度对工作绩效具有显著的正向影响，自我效能、希望、乐观三个心理资本的维度对于关系绩效具有显著的正向影响，韧性对关系绩效的影响不显著。刘旭红（2011）以有效的 213 份问卷为研究样本，心理资本的各维度与工作绩效及任务绩效、关系绩效具有正相关性。王淑祯（2013）研究表明，心理资本及其各维度对工作绩效具有正向作用，心理资本及自信、希望、乐观对任务绩效具有正向作用，心理资本及自信、乐观、韧性对任务绩效具有正向作用。周浩（2011）研究表明，心理资本对企业员工的关系绩效和任务绩效均有积极影响，并采用 Clogg 检验得出，心理资本对任务绩效的影响显著小于对关系绩效的影响。

2. "任务绩效＋关系绩效＋适应性绩效"结构模型

李解和孙养学（2011）采用了"任务绩效＋关系绩效＋适应性绩效"工作绩效结构，通过实证研究发现，国有企业管理人员的自我效能、希望和韧性维度均对任务绩效有显著的正向影响，希望维度对关系绩效和适应性绩效影响显著。

3. "任务绩效＋工作奉献＋人际促进"结构模型

随着绩效理论的发展，二维结构模型中的关系绩效被拆分为了"工作奉献＋人际促进"。丁成莉（2009）以 253 名企业员工为研究对象，研究结果表明，心理资本对任务绩效、工作奉献、人际促进的预测均达到显著性水平。贾燕燕（2010）以收取的 179 份有效问卷为研究样本，相关分析表明心理资本及其四维度与工作绩效总体及其三维度有显著的正相关关系；回归分析表明，心理资本对工作绩效有较强的预测作用。罗洪菊（2013）以 506 份有效问卷为研究样本，研究结果证明无论是事务型心理资本还是人际型心理资本都与工作绩效及其任务绩效、工作奉献和人际促进显著相关。

4. "任务绩效＋关系绩效＋学习绩效＋创新绩效"结构模型

高英、袁少锋（2009）把工作绩效分为任务绩效、关系绩效、学习绩效和创新绩效四个维度，主要对辽宁地区各行业的 386 名员工进行调查研究分析，得出"自我效能和复原力同工作绩效各维度显著正相关，但希望同工作绩效各维度显著负相关，乐观同创新绩效负相关，其对工作绩效的另外三个维度影响不显著。高英（2011）在其博士论文中研究发现，就知识型员工而言：第一，心理资本的八个变量均对创新绩效有不同程度的显著的正向影响，并且，事务型心理资本比人际型心理资本对创新绩效的影响更大；第二，人际型心理资本比事务型心理资本对关系绩效、学习绩效和任务绩效的影响大些。王维（2013）以 265 份有效问卷为研究样本，心理资本和工作绩效间是存在直接影响效应的。总的来说，事务型心理资本的各个维度对工作绩效各维度（四维度）的影响要大于人际型心理资本各维度对工作绩效各维度的影响。金丽娜（2013）以房地产企业员工为研究对象，研究证明，心理资本及自我效能感和乐观对关系绩效有正向的显著影响，心理资本及其四要素对任务绩效有正向的显著影响，心理资本及其自我效能感、希望和韧性对创新绩效有正向的显著影响，心理资本及其自我效能感、乐观和人心对学习绩效有正向的显著影响。

另外，张宏如（2013）的研究发现心理资本能够对创新过程和结果产生显著正向影响，心理资本不仅直接影响员工的创新绩效，还能够通过目标动机对创新绩效产生间接的影响。与此相似，吴庆松、游达明（2011）探讨了制造业企业员工的心理资本与组织技术创新绩效的关系，其通过跨层次分析认为，员工的积极心理状态对企业技术创新绩效能够产生正向影响。

关于心理资本的增益效应，研究表明组织团队领导的心理资本不仅对组织绩效具有积极影响（Hmieleski 和 Carr，2008），而且能够促进员工工作绩效的提升（Walumbwa 等，2010）。

上述论述的是心理资本直接对工作绩效产生的影响，另外也有学者研究表明，心理资本会通过影响中介变量或者调节变量间接影响工作绩效，相关研究结果总结如表 1、表 2 所示。

表 1　心理资本的中介效应研究成果总结表

时间	研究者	中介变量效应
2009	Rachel Clapp-Smith	心理资本—信任—工作绩效
2009	丁成莉	心理资本—工作卷入—工作绩效
2013	王淑祯	心理资本—组织认同—工作绩效
2013	孙裕如	心理资本—职业延迟满足—工作绩效（部分）
2013	宋兆岩	心理资本—工作不安全感—工作绩效（部分）
2014	郭小星	心理资本—反生产行为—工作绩效（负向）
2016	王嫣婷	心理资本—工作满意度—工作绩效（部分）
2016	张大鹏	心理资本—敬业度—工作绩效（部分）

表2　心理资本调节效应研究成果总结表

时间	研究者	调节变量
2010	Walumbwa	心理资本—组织气候—工作绩效（正向）
2011	高英	心理资本—组织承诺—工作绩效（正向）
2011	吴庆松、游达明	心理资本—组织创新氛围—创新绩效（正向）
2012	曲源美	心理资本—社会整合—工作绩效（正向）
2016	牟格格	心理资本—组织支持感—工作绩效（正向）

五、心理资本与幸福感

幸福感研究是积极心理学研究的一个重要方面，其科学心理学研究源自先哲们对幸福本质的思索与争论，有关幸福的哲学观点可以归纳为两类：快乐轮和实现论。基于以上两种哲学观点，现代科学心理学研究相应有两种不同的研究范式与取向，即主观幸福感（Subjective well-being）与心理幸福感（Psychology well-being），事实上，很多研究中直接使用的是主观幸福感、工作幸福感或职业幸福感的幸福感概念。

相比于心理资本的其他效应而言，国内外关于心理资本与幸福感的关系研究比较少，尤其是实证研究。

就国外的研究而言，研究表明员工的心理资本（Smith 等，2009；Culbertson，2010；Avey 和 Luthans，2010）及希望（Youssef，2004）、乐观（Youssef 和 Luthans，2008）与员工的幸福感显著相关。Lischetzke 发现，个体的情绪智力会影响个体对于压力事件的消极感和积极感，从而影响主观幸福感。也有研究证明，积极的心理资本可以减轻员工工作压力，从而提升工作幸福感（Bonanno，2004；Oi Ling Siu，2013；Baron，2013）。考虑到跨时间影响效应，Avey 等人（2010）研究表明心理资本不仅与员工两次跨实践测量的幸福感显著相关，而且随着时间的推移，心理资本对员工幸福感的影响越来越大。如此相同，Siu（2013）进行的一项交叉滞后分析表明，在第一次测量时，心理资本与被试的工作幸福感显著正相关，心理资本水平较高的被试拥有较高的工作满意度和身心幸福感；5 个月后的第二次测量表明，心理资本水平较高的被试也拥有更多的工作—生活平衡感。

就国内研究而言，在 CNKI 系列数据库的中国期刊全文数据库和中国优秀博硕论文库中，笔者以"主题"为检索项，以心理资本和幸福感为检索词进行检索，按照理论研究和实证研究划分，实证研究又按照研究对象不同来划分，相关文献结果如图 3 所示（截止到 2016 年 9 月 16 日）。

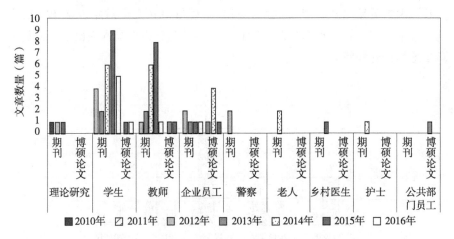

图 3　心理资本与幸福感为研究主题的期刊和博硕论文

从图 3 可以看出，以文章总数为标准，就年份而言，2015 年最高，达 23 篇，其中，以学生为研究对象的有 10 篇（9 篇期刊论文，1 篇硕士论文），以教师研究对象的有 9 篇（8 篇期刊论文，1 篇硕士论文）；就研究对象而言，以学生为研究对象的文章数量最多，为 28 篇，其中期刊为 26 篇，硕士论文为 2 篇。

如图 4 所示，以企业员工为研究对象的期刊文章和博硕论文一共有 11 篇，其中期刊 5 篇，博硕论文 6 篇。这 11 篇针对中国员工的实证研究有以下结果：心理资本对幸福感（王飞，2012；黄晓岚，2014）、主观幸福感（邵丹、黄小谷，2013；蔡梦怡，2014；王丹，2016）或者称之为工作幸福感（尹小龙等，2012；王贤哲，2013；强萌，2015）、职业幸福感（朱孟昀，2014）有显著正向影响，商婧（2014）以企业员工为研究对象，证明本土心理资本（事务型心理资本与人际型心理资本）及其两维度均对企业员工的职业幸福感有积极的影响和正向的预测作用；本土心理资本作为一种整体职业幸福感的解释力不如两个维度的联合解释力。柯江林等（2015）以中国人民大学上海在职硕士进修班以及北京市丰台科技园区管委会和丰台科技园区一家企业为研究对象，研究结果表明，心理资本对员工的主观幸福感有显著的正向效应，且事务型心理资本比人际型心理资本对主观幸福感的影响更强。另外，丁凤琴（2010）、董艳艳（2012）和仰慕菡（2013）对心理资本与幸福感进行了理论研究，丁凤琴（2010）对心理资本与主观幸福感的关系进行了梳理，具体介绍了心理资本与主观幸福感在理论基础、研究取向及对工作绩效影响方面的一致性，并且详细论述了心理资本与主观幸福感之间的相关关系、因果关系以及心理资本作为调节变量与中介变量对主观幸福感的影响。董艳艳（2012）和仰慕菡（2013）主要是基于心理资本提出了提升员工幸福感的措施和策略。

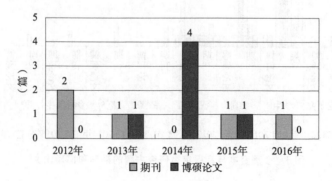

图4 以企业员工为研究对象的心理资本与幸福感为研究主题的期刊和博硕论文数量

（作者单位：北京物资学院劳动科学与法律学院）

参 考 文 献

[1] 唐爱琼. 心理资本与心理健康的关系综述 [J]. 学术论坛，2012（4）：185－188.

[2] Sumi K. Optimism, social support, stress and physcial and psychological well-being in Japanese woman [J]. Psychological Reports，1997（1）：299－306.

[3] Fazin N. M. , Plam L. J. . Attributional style, depression and grade point averages of college students [J]. Psychological Reports，1998（1）：159－162.

[4] 齐晓栋，张大均，邵景进，王佳宁，龚玲. 气质性乐观与心理健康关系的元分析 [J]. 心理发展与教育，2012.

[5] 白晶，张西超. 通信运营企业员工心理资本与身心健康关系的研究 [C]. 2009.

[6] Stajkovic A. D. . Luthans F. Differential Effects of Incentive Motivators on Work Performance [J]. The Academy of Management Journal，2001（3）：580－590.

[7] 周菲，高英，袁少锋. 心理资本与知识型员工组织承诺的关系探讨 [J]. 科技与管理，2009，11（4）：36－39.

[8] Avey J. B. , Luthans F. , Jenson S. M. . Psyrchological Capital：A Positive Resource for Combating Employee Stess and Turenover [J]. Human Resouce Managemengt，2009，48（5）：677－693.

[9] 高英. 心理资本对知识型员工工作绩效影响的实证研究 [D]. 辽宁大学，2012.

[10] 朱瑜，周青. 领导心理资本对组织公民行为作用机制与整合框架研究 [J]. 软科学，2013 (1)：86—90.

[11] Yammarino, F. J., Dionne, S. D., Schriesheim, C. A., et al. Authentic leadership and positive organizational: A meso, multi-level perspectibe [J]. The Leadership Quatuerly, 2008 (19)：693—707.

[12] Walumbwa, F. O., Luthans, F., Avey, J. B., et al. Authentically leading group: The mediating role of collective psychological and trust [J]. Journal of Organziational Behavior, 2011 (32)：4—24.

[13] Avey J B. Patera J. L., West B. J.. The Implications of Positive Psychological Captial on Employee Absentceism [J]. Journal of Leadership & Organizational Studies, 2006 (13)：42—60.

[14] Avey J. B., Luthans F., Youssef C. M.. The Additive Value of Positive Psychological Capital in Predicting Work Attitudes and Behaviors [J]. Journal of Management, 2010 (2)：430—452.

[15] 郭小星. 心理资本、反生产行为与企业管理人员工作绩效的关系研究 [D]. 重庆大学，2011.

[16] Avey J. B., Beichanl, R. J., Luthans, F., et al. Meta-analysis of the impact of positive paychological capital on employee attitudes, behaviors, and performance [J]. Human Resource Development Quarterly, 22：127—152.

[17] 熊猛，叶一舵. 心理资本：理论、测量、影响因素及作用 [J]. 华东师范大学学报（教育科学版），2014 (3)：84—92.

[18] 陈燕飞. 员工希望、幸福感与组织承诺的关系研究 [D]. 南昌大学，2011.

[19] 蔡燕怡. 知识型员工工作家庭冲突、心理资本与主观幸福感的关系研究 [D]. 湖南师范大学，2014.

[20] Avey J. B. M, Luthans, F, Smith, R. M., et al. Impact of positive psychological capital on employee well-being over time [J]. Journal of Occuptional Health Psychological, 2010 (1)：17—28.

[21] Siu, O. L.. Psychological captial, work well-being, and work-life balabce among Chinees employee: A cross-lagged analysis [J]. Journal of Personnel Psychology, 2013 (4)：170—181.

[22] 商婧. 企业员工职业幸福感与心理资本的关系研究 [D]. 陕西师范大学，2014.

[23] 丁凤琴. 心理资本与主观幸福感的关系研讨 [J]. 宁波大学学报（教育科学版），2010 (1)：64—69.

中小民营企业员工个人—组织匹配对离职倾向的影响研究

武　强　唐华茂[*]

内容提要：改革开放至今，我国中小民营企业发展迅速，它们对国家经济贡献和社会贡献每年都在提高。但是，居高不下的离职率是大多中小民营企业面临的一大难题。个人—组织匹配主要指个人和组织之间的相容性，包括三个维度：价值观匹配、需要—供给匹配和要求—能力匹配。本文通过问卷调查的方式进行实证研究，主要选取我国中小民营企业员工作为研究对象，通过 SPSS 对采集的数据进行统计分析，来探索个人—组织匹配、工作满意度和员工离职倾向三者之间的动态关系及其具体的作用机制，以期对我国中小民营企业人力资源管理实践有一定的指导价值。

关键词：中小民营企业　个人—组织匹配　离职倾向　工作满意度

一、文献综述与理论假设

（一）个人—组织匹配文献综述

个人—组织匹配是个人—环境匹配模型中的一种，这个概念最早由美国心理学家 Lewin（1951）提出，它强调的是个体和组织所处的环境的交互影响，即这类影响对个体和组织能够带来的正面效益（Chatman，1989）。他认为个人和组织之间的匹配度主要由价值观的相似度决定的，价值观是个人—组织匹配的核心要素。因为价值观是一个基础性和相对稳定性的因素，同时价值观也是企业文化的核心，它对员工的行为有着重要的指导作用。所以，Chatman（1991）指出，价值观的匹配是个人—组织匹配的重要方面。

＊ 作者简介：武强（1991—　），男，安徽蚌埠人，研究方向是企业人力资源管理；唐华茂（1971—　），男，湖南长沙人，教授，博士，研究方向是人力资源管理。

Kristof（1996）提出了比较完整的三维度个人—组织匹配模型。他将P—O匹配定义为三种情况下的员工与组织的相容性：①个人与组织至少有一方能够提供给另一方所需的资源；②个人与组织具有相似的基本特征；③以上两方面情况都具备。具体来说，Kristof（1996）将个人—组织匹配分为一致性匹配和互补性匹配，又将互补性匹配进一步分解为需要—供给匹配和要求—能力匹配，最终得到了P—O匹配的整合模型，如图1所示。

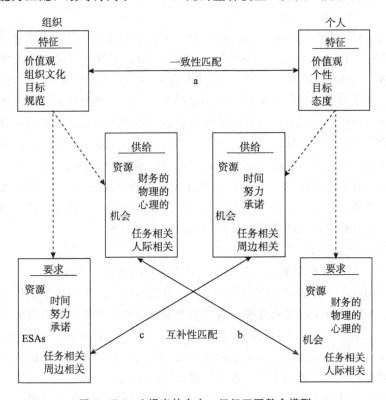

图1 Kristof 提出的个人—组织匹配整合模型

（二）工作满意度文献综述

Hoppock（1935）最早提出了工作满意度的概念，他认为，工作满意度是员工心理和生理上对工作环境和工作本身的满意感受，即员工对工作环境的主观反映。随着对工作满意度的不断研究，学者们从不同的角度对工作满意度进行了定义。罗宾斯（1997）研究后认为，工作满意度是员工对自己所从事工作的一种态度。我国学者黄培文（2004）综合现有研究，将工作满意度的定义主要分为以下三类。（1）综合型定义。这种定义将工作满意度作为一般性的解释，认为工作满意度是员工对工作本身及工作环境因素所感受到的一种态度。（2）期望型定义。美国心理学家 Smith 等（1969）研究指出，工作满意度是个体对自身预期应该得到的报酬和实际获得的报酬之间的差距的感受。（3）参考架构型定义。即个人根据参考架构，对工作的相关特性进行解释之后的结果。曾明、秦璐（2003）把工作满意度定义为员工个人根据其自身的参考框架，对于工作的特征加以解释后所得到的结果，参考架构型定义重点在于员工对其工作特性层面的情感性反应。

（三）离职倾向文献综述

离职倾向常被用作研究员工离职的一个重要的变量，是有效预测员工离职的指标。Porter（1973）研究认为，当员工遇到挫折时，会选择离职来进行逃避。Mobley（1979）指出，当员工对组织感到不满意的时候，会去尝试寻找其他就业机会，如果新的机会比现在的组织更加有吸引力，员工就会倾向于选择离职。Tett（1993）认为离职倾向是个体中的一种意识，员工经过慎重思考之后，从而选择离开组织。Tett 和 Meyer（1993）更进一步指出，离职倾向是员工实际离职行为发生之前的最后一个步骤，是员工关于想停职、另外寻找工作等一系列行为的最后一个阶段。同时，我国学者翁清雄、席酉民（2010）认为，离职倾向是个人在经历工作不满意、产生离职念头、寻找其他工作倾向等后到离职前的最后一个步骤。

（四）研究假设

1. 中小民营企业个人—组织匹配与离职倾向的关系假设

总结以往学者的研究结论可以看出，员工与组织之间匹配的程度能够正向显著地影响员工的结果变量。学者们的研究主要集中于工作态度、亲社会行为、工作绩效以及人力资源管理实践方面。在过去关于个人—组织匹配与离职倾向二者关系的研究中，虽然大多数学者的研究都关注在价值观匹配方面，但也有部分学者证实了，在不同维度下的个人—组织匹配与离职倾向之间是显著的负相关关系。Lee 研究指出，组织成员中，个人价值观与组织匹配程度较高的，会更倾向于留在组织。因此，提出本文的假设如下。

假设1：中小民营企业个人—组织匹配对离职倾向有着显著的负向影响关系。

假设1a：中小民营企业价值观匹配对离职倾向有着显著的负向影响关系；

假设1b：中小民营企业需求—供给匹配对离职倾向有着显著的负向影响关系；

假设1c：中小民营企业要求—能力匹配对离职倾向有着显著的负向影响关系。

2. 中小民营企业个人—组织匹配与工作满意度的关系假设

在个人—组织匹配与工作满意度二者关系上，学者们也做了大量的研究。Lauver（2002）的研究发现，个人与组织的匹配显著影响到工作满意度与离职倾向，与工作绩效也显著相关。Bright 认为，个体—组织的匹配程度可以从价值观、目标、需求—组织供给、能力—工作要求等四个不同角度来综合评价。同时，Johnson 等（2011）指出，个人—组织匹配对工作满意度有着重要的影响。庄瑗嘉等（2005）认为，个人—组织匹配程度越高，员工对组织越满意；反之，员工会对组织产生不满。王忠、张琳（2010）通过对深圳地区国有企业、外资企业等不同类型的 9 家组织进行研究指出，个人—组织匹配与工作满意度是显著的正相关关系。李欢欢、李立（2015）通过对北京高校教师的调研指出，当教师与学校的价值观相匹配时，可以提高教师工作满意度，降低工作压力。因此，提出本文的假设如下。

假设 2：中小民营企业个人—组织匹配对工作满意度有着显著正向影响关系。

假设 2a：中小民营企业价值观匹配对工作满意度有着显著正向影响关系；

假设 2b：中小民营企业需求—供给匹配对工作满意度有着显著正向影响关系；

假设 2c：中小民营企业要求—能力匹配对工作满意度有着显著正向影响关系。

3. 中小民营企业工作满意度与离职倾向的关系假设

国外研究者们建立的各种离职模型对工作满意度和离职倾向的关系做出了较为详细的阐述。March 和 Simon（1958）的离职模型认为，工作满意度和内部调迁的可能性决定着员工离职倾向的强烈程度。在 Mobley（1977）的离职模型中，工作满意度对离职倾向有着重要的影响。该模型认为，员工会对自己在企业中的工作进行自我评价，如果感到不满意，员工就会有离开组织的倾向。Price-Mueller 的研究表明家庭责任以及工作满意度对离职倾向有着正向影响，而与离职倾向有着负向影响。我国学者也就工作满意度和离职倾向之间的关系进行了大量的研究。如张勉（2001）认为，不仅总体工作满意度对员工的离职倾向有着重要影响，各工作要素满意度和离职倾向之间也都是呈现出显著的负相关关系。程骏骏等（2015）通过对国内多家单位员工的调研发现，当员工对工作的内在满意度较高时，会显著降低员工辞职的想法，同时当员工对工作环境中的人际关系满意度较高时，也会显著减少离职计划。因此，我们提出假设如下。

假设 3：中小民营企业工作满意度对离职意向起到显著负向影响。

4. 中小民营企业个人—组织匹配、工作满意度与离职倾向的关系假设

学者们对于员工个人—组织匹配与离职倾向的关系做了大量研究。Kristof 等调查发现，个人组织匹配对工作满意度有较强的预测力，同时我们也知道员工的工作满意度对离职倾向有比较强的影响。同时，学者王忠、张琳（2010）将工作满意度分为工作激励满意度、工作自主性满意度、工作压力满意度和管理因素满意度四个维度，来探究个人—组织匹配、工作满意度及其工作激励满意度、工作自主性满意度、工作压力满意度和管理因素满意度四个维度与离职倾向的关系。他们的研究指出工作压力满意度和管理因素满意度在个人—组织匹配对离职倾向的影响过程中起到中介作用。

根据上面的论述，虽然没有学者明确指出中小民营企业员工工作满意度个人—组织匹配对离职倾向的影响路径中起到中介作用，但我们可以试着提出以下假设：

假设 4：中小民营企业工作满意度在个人—组织匹配对离职倾向影响路径中起到中介作用。

假设 4a：中小民营企业工作满意度在价值观匹配对离职倾向的影响路径中起到中介作用；

假设 4b：中小民营企业工作满意度在需要—供给匹配对离职倾向影响路径中起到中介作用；

假设 4c：中小民营企业工作满意度在要求—能力匹配和离职倾向对离职倾向的影响路径中起到中介作用。

二、研究假设与数据分析

（一）个人—组织匹配研究假设

学术界对个人—组织匹配的测量进行了大量的研究（Cable 等，1996；Resick 等，2007）。通过文献梳理发现，Cable 和 Derue（2002）开发的三维度匹配量表被学者们广泛应用，并且量表的质量得到了学者们认可。本文将基于 Cable 和 Derue 开发的 P—O 匹配量表展开变量的测量研究，并采用五点里克特计分法，"1"代表完全不符合，"5"代表完全符合，"1"到"5"符合程度逐渐加大。同时，为了更符合国人的习惯，在与导师和同学进行讨论之后，对部分用词和语句略加修改，并且删除部分感情色彩强烈的副词。

（二）工作满意度研究假设

在整体工作满意度调查量表中，由 Brayfield 和 Rothe 编制的整体工作

满意度量表是最常用的。该量表后来由 18 个题项修改为 6 个题项。由于该量表具有较好的信度和效度，因此本文结合研究的实际情况，选用经修改后的 6 个题项的整体工作满意度量表，并采用五点里克特计分法，得分越高，表示工作满意度越高。同时，为了更符合国人的习惯，对部分用词和语句略加修改，并且删除部分修饰词语，使问题表述更加中性。

（三）离职倾向研究假设

离职倾向的测量多采用 Mobley 提出的量表，Mobley 通过测量员工寻找别的工作机会的动作以及员工对企业看法的转变等种种因素对员工的离职倾向进行预测。该量表共计 6 个题项，采用五点里克特计分法，得分越低，表示离职倾向越不明显，反之得分越低，表示离职倾向越明显。

（四）问卷设计

本研究的问卷的内容主要包括四个方面，分别是基本信息、工作满意度量表、离职倾向量表、个人—组织匹配量表。问卷的第一部分是收集受访者的基本信息；第二、三、四部分分别通过前文提出的量表的对中小民营企业员工的工作满意度、离职倾向和个人组织匹配进行测量。本研究以中小民营企业员工为调查对象。在调研之前，通过对企业的性质以及从业人数等信息的了解，在明确相关企业属于中小民营企业之后，针对性地选择了北京、天津以及河北地区不同规模的中小民营企业共 6 家，其中京津冀三个地区分别选择了 2 家企业。针对这 6 家企业发放问卷 400 份，回收有效问卷 322 分，回收率达到 80.50%。

（五）数据分析

1. 信度分析

表 1 中的分析数据显示，Alpha 信度系数都在 0.700 以上，其中离职倾向、个人—组织匹配、价值观匹配、需求—供给匹配的信度系数都达到了 0.800 以上，整体量表的信度系数也接近 0.800。这说明量表的各个维度的信度以及总量表的信度都达到了较好的水平，说明本问卷是可信的，可以继续进行下一步的研究。

表 1　量表信度分析

项目	研究使用的题目数量	Alpha 信度系数
整体	27	0.789
工作满意度	6	0.730
离职倾向	6	0.885

续表

项目	研究使用的题目数量	Alpha 信度系数
个人—组织匹配	9	0.898
价值观匹配	3	0.825
需求—供给匹配	3	0.822
要求—能力匹配	3	0.748

2. 相关分析

本研究首先通过采用 Pearson 相关分析法对变量间相关关系进行检验。Pearson 相关系数的绝对值越大，表示变量之间的相关性越强。一般来说相关系数绝对值在 0.8 和 1.0 之间时，变量之间极强相关；相关系数绝对值在 0.6 和 0.8 之间时，变量之间强相关；相关系数绝对值在 0.4 和 0.6 之间时，变量之间中等程度相关；相关系数绝对值在 0.2 和 0.4 之间时，变量之间弱相关；相关系数绝对值在 0.0 和 0.2 之间时，变量之间极弱相关或无相关。

如表 2 所示，可以得出以下结论。

个人—组织匹配与离职倾向相关系数为－0.310，同时显著程度为0.000，说明个人—组织匹配与离职倾向二者之间是显著的负相关关系；价值观匹配与离职倾向的相关系数为－0.245，同时显著程度为 0.000，说明价值观匹配与离职倾向二者之间是显著的负相关关系；需求—供给匹配与离职倾向的相关系数为－0.344，同时显著程度为 0.000，说明需求—供给匹配与离职倾向二者之间是显著的负相关关系；要求—能力匹配与离职倾向的相关系数为－0.214，同时显著程度为 0.000，说明要求—能力匹配与离职倾向二者之间是显著的负相关关系。

个人组织匹配与工作满意度的相关系数为 0.720，同时显著程度为0.000，说明个人—组织匹配与工作满意度二者之间是显著的正相关关系；价值观匹配与工作满意度的相关系数为 0.664，同时显著程度为 0.000，说明价值观匹配与工作满意度二者之间是显著的正相关关系；需求—供给匹配与工作满意度旳相关系数为 0.679，同时显著程度为 0.000，说明需求—供给匹配与工作满意度二者之间是呈显著的正相关关系；要求—能力匹配与工作满意度的相关系数为 0.545，同时显著程度为 0.000，说明要求—能力匹配与工作满意度二者之间是显著的正相关关系。

工作满意度与离职倾向的相关系数为－0.255，同时显著程度为 0.000，说明工作满意度与离职倾向二者之间是显著的负相关关系。

表 2　相关性分析

		工作满意度	离职倾向	个人组织匹配	价值观匹配	需要供给匹配	要求能力匹配
工作满意度	Pearson 相关性	1	−0.255	0.720	0.664	0.679	0.545
	显著性（双侧）	—	0.000	0.000	0.000	0.000	0.000
	N	322	322	322	322	322	322
离职倾向	Pearson 相关性	−0.255	1	−0.310	−0.245	−0.344	−0.214
	显著性（双侧）	0.000	—	0.000	0.000	0.000	0.000
	N	322	322	322	322	322	322
个人—组织匹配	Pearson 相关性	0.720	−0.310	1	0.913	0.918	0.793
	显著性（双侧）	0.000	0.000	—	0.000	0.000	0.000
	N	322	322	322	322	322	322
价值观匹配	Pearson 相关性	0.664	−0.245	0.913	1	0.788	0.577
	显著性（双侧）	0.000	0.000	0.000	—	0.000	0.000
	N	322	322	322	322	322	322
需要—供给匹配	Pearson 相关性	0.679	−0.344	0.918	0.788	1	0.590
	显著性（双侧）	0.000	0.000	0.000	0.000	—	0.000
	N	322	322	322	322	322	322
要求—能力匹配	Pearson 相关性	0.545	−0.214	0.793	0.577	0.590	1
	显著性（双侧）	0.000	0.000	0.000	0.000	0.000	—
	N	322	322	322	322	322	322

相关分析主要用来测试变量之间关系的密切程度，并不能确定变量之间的因果关系。回归分析是相关分析的继续和深入，主要用来研究自变量与因变量之间的一般关系值。本文将通过回归分析进一步的检验假设。

为了分析整体个人—组织匹配、价值观匹配、需求—供给匹配和要求—能力匹配对员工离职倾向的具体影响关系，本研究以整体个人—组织匹配以及其价值观匹配、需求—供给匹配和要求—能力匹配三个维度为自变量，以离职倾向为因变量进行 SPSS 统计分析。

3. 回归分析

从表 3 中可以看出，个人—组织匹配对员工离职倾向影响的显著系数为 0.000，小于 0.001，表明自变量可以有效预测因变量的变异。同时个人—组织匹配对员工离职倾向的回归系数 β 值为 −0.310，所以个人—组织匹配对员工离职倾向有着显著的负向影响，假设 1 成立。

表 3　个人—组织匹配与离职倾向的回归分析

模型		非标准化系数		标准系数	t	Sig.
		B	标准误差	试用版		
1	（常量）	−1.000E−013	0.053		0.000	1.000
	个人—组织匹配	−0.310	0.053	−0.310	−5.829	0.000

从表 4 中可以看出，价值观匹配对员工离职倾向影响的显著系数为 0.000，小于 0.001，表明自变量可以有效预测因变量的变异。同时价值观匹配对员工离职倾向的回归系数 β 值为 −0.245，所以个人—组织匹配对员工离职倾向有着显著的负向影响，假设 1a 成立。

表 4　价值观匹配与离职倾向的回归分析

模型		非标准化系数		标准系数	t	Sig.
		B	标准误差	试用版		
1	（常量）	1.000E−013	0.054		0.000	1.000
	价值观匹配	−0.245	0.054	−0.245	−4.530	0.000

从表 5 中可以看出，需要—供给匹配对员工离职倾向影响的显著系数为 0.000，小于 0.001，表明自变量可以有效预测因变量的变异。同时需要—供给匹配对员工离职倾向的回归系数 β 值为 −0.344，所以个人—组织匹配对员工离职倾向有着显著的负向影响，假设 1b 成立。

表 5　需要—供给匹配与离职倾向的回归分析

模型		非标准化系数		标准系数	t	Sig.
		B	标准误差	试用版		
1	（常量）	−1.001E−013	0.052		0.000	1.000
	需要供给匹配	−0.344	0.052	−0.344	−6.551	0.000

从表 6 中可以看出，要求—能力匹配对员工离职倾向影响的显著系数为 0.000，小于 0.001，表明自变量可以有效预测因变量的变异。同时要求—能力匹配对员工离职倾向的回归系数 β 值为 −0.214，所以要求—能力匹配对员工离职倾向有着显著的负向影响，假设 1c 成立。

表 6　要求—能力匹配与离职倾向的回归分析

模型		非标准化系数		标准系数	t	Sig.
		B	标准误差	试用版		
1	（常量）	$-1.000E-013$	0.055		0.000	1.000
	要求能力匹配	-0.214	0.055	-0.214	-3.920	0.000

　　为了检验整体个人—组织匹配以及其价值观匹配、需求—供给匹配和要求—能力匹配三个维度对员工工作满意度的影响关系，本文以整体个人—组织匹配以及其价值观匹配、需求—供给匹配和要求—能力匹配三个维度为自变量，以工作满意度为因变量进行 SPSS 统计分析。

　　从表 7 中可以看出，个人—组织匹配对员工工作满意度影响的显著系数为 0.000，小于 0.001，表明自变量可以有效预测因变量的变异。同时个人—组织匹配对员工工作满意度的回归系数 β 值为 0.720，所以个人—组织匹配对员工工作满意度有着显著的正向影响，假设 2 成立。

表 7　个人—组织匹配与工作满意度的回归分析

模型		非标准化系数		标准系数	t	Sig.
		B	标准误差	试用版		
1	（常量）	$1.000E-013$	0.039		0.000	1.000
	个人组织匹配	0.720	0.039	0.720	18.557	0.000

　　从表 8 中可以看出，价值观匹配对员工工作满意度影响的显著系数为 0.000，小于 0.001，表明自变量可以有效预测因变量的变异。同时价值观匹配对员工工作满意度的回归系数 β 值为 0.664，所以个人—组织匹配对员工工作满意度有着显著的正向影响，假设 2a 成立。

表 8　价值观匹配与工作满意度的回归分析

模型		非标准化系数		标准系数	t	Sig.
		B	标准误差	试用版		
1	（常量）	$-1.001E-013$	0.042		0.000	1.000
	价值观匹配	0.664	0.042	0.664	15.867	0.000

　　从表 9 中可以看出，需要—供给匹配对员工工作满意度影响的显著系数为 0.000，小于 0.001，表明自变量可以有效预测因变量的变异。同时需要—供给匹配对员工工作满意度的回归系数 β 值为 0.679，所以需要—供给匹

配对员工工作满意度有着显著的正向影响，假设 2b 成立。

表 9　需要—供给匹配与工作满意度的回归分析

模型		非标准化系数		标准系数	t	Sig.
		B	标准误差	试用版		
1	（常量）	1.002E−013	0.041		0.000	1.000
	需要供给匹配	0.679	0.041	0.679	16.546	0.000

从表 10 中可以看出，要求—能力匹配对员工工作满意度影响的显著系数为 0.000，小于 0.001，表明自变量可以有效预测因变量的变异。同时要求—能力匹配对员工工作满意度的回归系数 β 值为 −0.545，所以要求—能力匹配对员工工作满意度有着显著的负向影响，假设 2c 成立。

表 10　要求—能力匹配与工作满意度的回归分析

模型		非标准化系数		标准系数	t	Sig.
		B	标准误差	试用版		
1	（常量）	−1.000E−013	0.047		0.000	1.000
	要求能力匹配	0.545	0.047	0.545	11.628	0.000

为了检验整体员工工作满意度对离职倾向的影响关系，本文以整体工作满意度为自变量，以离职倾向为因变量进行 SPSS 统计分析。

从表 11 中可以看出，工作满意度对员工离职倾向影响的显著系数为 0.000，小于 0.001，表明自变量可以有效预测因变量的变异。同时，工作满意度对员工离职倾向的回归系数 β 值为 −0.255，所以工作满意度对员工离职倾向有着显著的负向影响，假设 3 成立。

表 11　工作满意度与离职倾向的回归分析

模型		非标准化系数		标准系数	t	Sig.
		B	标准误差	试用版		
1	（常量）	−1.000E−013	0.054		0.000	1.000
	工作满意度	−0.255	0.054	−0.255	−4.725	0.000

本文采用 3 步中介回归分析的方法来分析变量之间的关系。3 步中介回归分析方法的要点在于自变量的变化能够显著解释因变量和中介变量的变化，同时当控制了中介变量后，自变量对因变量的影响显著降低或者等于零。

（1）将个人—组织匹配对离职倾向进行回归分析，根据表 12 可知个人—组织匹配对离职倾向有着显著的负向影响关系。

（2）将个人—组织匹配对工作满意度进行回归分析，根据表 12 可知个人—组织匹配对工作满意度有着显著的正向影响关系。

（3）将个人—组织匹配和工作满意度同时对离职倾向进行回归分析，根据表 12 可知，个人—组织匹配对离职倾向影响的显著性降低，同时工作满意度对离职倾向有着显著的影响，因此，可以认为工作满意度在个人—组织匹配与离职意向之间具有部分中介作用。假设 4 部分成立。

表 12　个人—组织匹配、工作满意度与离职倾向回归分析

模型		非标准化系数		标准系数	t	Sig.
		B	标准误差	试用版		
因变量	（常量）	$-1.000E-013$	0.053		0.000	1.000
离职倾向	工作满意度	-0.067	0.077	-0.067	-0.877	0.001
	个人—组织匹配	-0.261	0.077	-0.261	-3.413	0.007
因变量	（常量）	$1.000E-013$	0.039		0.000	1.000
工作满意度	个人—组织匹配	0.720	0.039	0.720	18.557	0.000
因变量	（常量）	$-1.000E-013$	0.053		0.000	1.000
离职倾向	个人—组织匹配	-0.310	0.053	-0.310	-5.829	0.000

（1）将价值观匹配对离职倾向进行回归分析，根据表 13 可知个人—组织匹配对离职倾向有着显著的负向影响关系。

（2）将价值观匹配对工作满意度进行回归分析，根据表 13 可知价值观匹配对工作满意度有着显著的正向影响关系。

（3）将价值观匹配和工作满意度同时对离职倾向进行回归分析，根据表 13 可知，价值观匹配对离职意向仍然具有显著的影响，但是工作满意度对离职意向没有显著的影响，因此，可以认为工作满意度在价值观匹配与离职意向之间没有起中介作用。假设 4a 不成立。

表 13　价值观匹配、工作满意度与离职倾向回归分析

模型		非标准化系数		标准系数	t	Sig.
		B	标准误差	试用版		
因变量	（常量）	$1.000E-013$	0.054		0.000	1.000
离职倾向	工作满意度	-0.165	0.072	-0.165	-2.297	0.022
	价值观匹配	-0.136	0.072	-0.136	-1.887	0.000

续表

模型		非标准化系数		标准系数	t	Sig.
		B	标准误差	试用版		
因变量	（常量）	−1.001E−013	0.042		0.000	1.000
工作满意度	价值观匹配	0.664	0.042	0.664	15.867	0.000
因变量	（常量）	1.000E−013	0.054		0.000	1.000
离职倾向	价值观匹配	−0.245	0.054	−0.245	−4.530	0.000

（1）将需要—供给匹配对离职倾向进行回归分析，根据表14可知个人—组织匹配对离职倾向有着显著的负向影响关系。

（2）将需要—供给匹配对工作满意度进行回归分析，根据表14可知需要—供给匹配对工作满意度有着显著的正向影响关系。

（3）将需要—供给匹配和工作满意度同时对离职倾向进行回归分析，根据表14可知，需要—供给匹配对离职倾向有着显著的影响，同时工作满意度对离职意向没有影响，因此，可以认为工作满意度在需要—供给匹配与离职意向之间没有中介作用。假设4b不成立。

表14　需要—供给匹配、工作满意度与离职倾向回归分析

模型		非标准化系数		标准系数	t	Sig.
		B	标准误差	试用版		
因变量	（常量）	−1.001E−013	0.052		0.000	1.000
离职倾向	工作满意度	−0.041	0.072	−0.041	−0.568	0.571
	需要供给匹配	−0.316	0.072	−0.316	−4.419	0.000
因变量	（常量）	1.002E−013	0.041		0.000	1.000
工作满意度	需要供给匹配	0.679	0.041	0.679	16.546	0.000
因变量	（常量）	−1.001E−013	0.052		0.000	1.000
离职倾向	需要供给匹配	−0.344	0.052	−0.344	−6.551	0.000

（1）将要求—能力匹配对离职倾向进行回归分析，根据表15可知个人—组织匹配对离职倾向有着显著的负向影响关系。

（2）将要求—能力匹配对工作满意度进行回归分析，根据表15可知需要—供给匹配对工作满意度有着显著的正向影响关系。

（3）将要求—能力匹配和工作满意度同时对离职倾向进行回归分析，根据表15可知，要求—能力匹配对离职倾向影响为零，同时工作满意度对离职倾向具有显著的影响，因此，可以认为工作满意度在要求—能力匹配与离

职倾向之间有着完全中介作用。假设 4c 成立。

表 15　要求—能力匹配、工作满意度与离职倾向回归分析

模型		非标准化系数		标准系数	*t*	Sig.
		B	标准误差	试用版		
因变量	（常量）	−1.000E−013	0.054		0.000	1.000
离职倾向	工作满意度	−0.197	0.064	−0.197	−3.070	0.002
	要求能力匹配	−0.107	0.064	−0.107	−1.657	0.099
因变量	（常量）	−1.000E−013	0.047		0.000	1.000
工作满意度	要求能力匹配	0.545	0.047	0.545	11.628	0.000
因变量	（常量）	−1.000E−013	0.055		0.000	1.000
离职倾向	要求能力匹配	−.214	0.055	−0.214	−3.920	0.000

三、总结与展望

（一）研究总结

（1）中小民营企业员工个人—组织匹配对工作满意度有着显著的正向影响，对离职倾向有着显著的负向影响。这一结论与其他学者的研究结果基本一致（Lee，1992；Saks，1997；徐宇峰，2015）。这对中小民营企业管理者带来的启示是，无论整体面的个人—组织匹配还是三个维度层面匹配，只要是与企业匹配程度高的员工，其工作满意度都相对较高，离开企业的意愿都相对比较低。

（2）中小民营企业员工工作满意度对离职倾向有着显著的负向影响。这与我国学者王忠、张琳（2001），李欢欢、李立（2015）等的研究结论基本一致，即工作满意度越高的员工离职倾向越低。对中小民营企业管理者而言，想要降低员工的离职率，应该从环境、待遇和机会等多个角度去提高员工的工作满意度。

（3）中小民营企业员工工作满意度在个人—组织匹配对离职倾向的影响路径中承担部分中介作用。从维度层面来说，工作满意度在要求—能力匹配对离职倾向的影响中具有中介作用，在价值观匹配和需求—供给匹配对离职倾向的影响中不具有中介作用。这也进一步说明了，在其他条件相对一致的情况下，相对价值观匹配和需求—供给匹配来说，中小民营企业的家族制管理导致的任人唯亲能够显著影响到员工的满意度，进而影响员工离职倾向。

其实，关于家族制管理的问题一直是中小民营企业的主要问题，尤其是在信息高度发达的今天，个人的能力与岗位要求是否相符，员工很容易能够判断。所以，中小民营企业管理者应该注意人岗匹配，这样能够提高员工对工作的满意度，进而降低员工离开企业的意愿。

（二）研究局限性

本文通过对中小民营企业的员工个人—组织匹配、工作满意度和离职倾向三者关系的实证研究，对中小民营企业的人力资源管理实践提出了相关的建议，但是因为笔者在资源、能力等方面的局限，本研究还存在着一些不足的地方：

（1）测量方式。本研究对于中小民营企业个人—组织匹配的测量，采用的是员工自我报告的方式。这种方式操作起来比较容易，但是可能存在测量偏差。所以，最好采用自我报告和他人评述两者综合的方式来测量中小民营企业个人—组织匹配，这种方式能够减少误差。

（2）抽样方式。本文采用的是滚雪球抽样方式。事实上，随机抽样方式更加科学。但是因为操作有难度，本文没有采用。

（3）研究深度。本文在探讨个人—组织匹配、工作满意度和离职倾向三者之间的动态关系时，并未考虑其他变量的作用，比如在个人—组织匹配对离职倾向的影响路径上，是否存在其他变量。这都是之后需要进一步研究的问题。

（作者单位：北京物资学院劳动科学与法律学院）

参 考 文 献

[1] 陈金龙，尤美玲，林志臣，吴志新．个人—组织匹配与员工个体绩效关系的实证研究 [J]．南京审计学院学报，2016（1）．

[2] 范新，罗文豪．基于个体—组织匹配的央企中高层管理人员培训体系改进 [J]．中国人力资源开发，2015（18）．

[3] Lewin K. Field theory in social science: selected theoretical papers, cartwright [M]. Greenwood Press Publisher. 1951.

[4] Chatman J A. Improving interactional organizational research: a model of person-organizationfit [J]. Academy of Management Review, 1989, 14: 333—349.

[5] Chatman J A. Matching people and organizations: selection and socialization in public, accountingfirms [J]. Administrative Science Quarterly, 1991, 36: 459—484.

[6] Kristof A L. Person-Organization Fit: An integrative review of its conceptualizations,

measurement, and implications [J]. Personnel Psychology, 1996, 49 (1): 5—50.

[7] Tziner A. Congruency issue retested using Fineman's achievement climate notion [J]. Journal of Social Behavior and Personality, 1987, 2: 63—78.

[8] O'Reilly C A, Chatman J. Organization commitment and psychological attachment: The effects of compliance, identification andinternalization on prosocial behavior [J]. Journal of Applied Psychology, 1986, 71: 492—499.

[9] Hoppock R. Job Satisfaction [M]. New York: Harper & Brother Publisher, 1935.

[10] 罗宾斯. 组织行为学 [M]. 北京: 中国人民大学出版社, 1997.

[11] 黄培文. 工作适性的组织、群体及职务层次对工作满意、工作绩效与工作转换意图的同时效果——以台湾旅馆业餐饮部员工为例 [D]. 台湾中山大学人力资源管理研所, 2004.

[12] Tett R P, Meyer J P. Job satisfaction, organisational commitment, turnover intention and turnover: Path analyses based in meta-analytic findings [J]. Personnel Psychology, 1993, 46: 257—293.

[13] Mobley W H. Employee turnover: cause, consequences andcontrol [M]. Reading, Mass: Addison-Wesley, 1982.

[14] Mobley W H, Griffeth R W, Hand H, Meglino B M. Review and conceptual analysis of the employee turnover process [J]. Psychological Bulletin, 1979, 86: 493—522.

[15] 翁清雄, 席酉民. 职业成长与离职倾向: 职业承诺与感知机会的调节作用 [J]. 南开管理评论, 2010 (2).

[16] Mobley W H. Intermediate linkage in the relationship between job satisfaction and employee turnover [J]. Journal of Applied Psychology, 1977, 62 (2): 237—240.

[17] Lauver K J, Kristof B A. Distinguishing Between Employees Perceptions of Person-Job and Person-Organization Fit [J]. Journal of Vocational Behavior, 2002, 59 (3): 454—470.

[18] 王忠, 张琳. 个人—组织匹配、工作满意度与员工离职意向关系的实证研究 [J]. 管理学报, 2010 (3): 373—385.

[19] March J G, Simon H A. Organizations [M]. New York: Wiley, 1958.

[20] 张勉. 企业员工工作满意度决定因素实证研究 [J]. 统计研究, 2001 (8): 33—38.

互联网企业员工组织承诺与
建言行为的关系研究

闫海洋　任　吉[*]

内容提要： 随着我国经济的发展，互联网企业为了获得持续的竞争优势，开始着眼于组织制度与员工管理的关系。本文基于组织与员工管理的相关理论，通过问卷和访谈的调查方法，建立了组织承诺与员工建言行为的模型。本文同时使用计量统计工具，以实证研究的方法探讨了互联网企业员工组织承诺与建言行为的关系，得出了组织承诺会在婚姻、年龄、职位、工作年限、企业性质不同的情况下产生较大差异这一研究结论，最后本文根据这些特征提出了相应的管理建议。

关键词： 互联网企业员工　组织承诺　建言行为

一、引言

随着经济全球化进程不断加快，我国互联网企业面临的竞争对手日益强大，面临的内部和外部经营环境也更加具有动态性和不确定性。互联网企业只有通过不断创新、快速反应才能抢占市场先机，获得持续的竞争优势。这就要求企业具有快速的反应能力，需要管理者在充分听取员工意见和建议的基础上做出正确的决策。

组织承诺这一概念最早是由 Becker 在 1960 年提出来的。他将组织承诺看作是员工随着对组织的单方投入的增加而不得不继续留在该组织的一种心理现象，它反映了员工与组织之间的一种心理契约[1]。Hirschman（1970）认为建言行为就是指相比于忽略组织中令人不快的行为，员工愿意试图改善

　　* 作者简介：闫海洋（1992— ），男，河南驻马店人，硕士研究生，研究方向是人力资源管理；任吉（1975— ），女，北京人，劳动经济学方向博士后，副教授，硕士研究生导师，研究方向为劳动经济学、人力资源管理。

这些问题而发生的行为[2]。

　　员工是组织变革与创新的动力源泉，是一个组织持续发展并且取得成功的关键因素。员工积极建言所提供的创新的思想和建议，有利于企业绩效的改善和效能的提高。但在现实生活中，很多人不愿意积极、主动地建言，他们信奉传统的以和为贵、墨守成规的封建思想，认为祸从口出等，结果致使员工由于害怕得罪领导而不愿主动指出企业发展过程中可能存在的问题和不足。对于互联网企业而言，团队之间的密切合作是非常重要的，可是团队成员的"知而不言"可能会给团队和企业带来严重的后果。因此，员工积极主动的建言行为对推动互联网企业的创新和良性发展具有重要的意义。

二、组织承诺与建言行为的理论模型及研究假设

（一）研究模型

　　本文的主要目的是进行我国互联网企业员工组织承诺及其各个维度与建言行为及其各个维度的关系研究，同时进一步分析不同员工人口统计学变量在组织承诺和建言行为上所体现的差异性，然后进行相关与回归分析，得出本文结论。本文以组织承诺为自变量，建言行为为因变量，加入了人口统计学变量作为控制变量，构建了本文的理论模型。如图1所示。

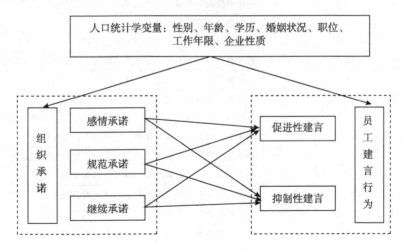

图1　本文研究理论模型

（二）变量界定及测量

1. 员工的基本统计变量

因为人口统计学变量对组织承诺和建言行为具有较大的影响作用，所以

本文在研究中加入了人口统计学变量作为控制变量。本文的人口统计学变量主要包括性别、年龄、婚姻状况、现任职位、工作年限、学历、企业性质。

2. 组织承诺变量

1990 年，Meyer 和 Allen 纳入了社会学家 Wiener 重视内在规范对组织承诺维度的概念，在二维结构的基础上加入内在规范这一要素，使得组织承诺的内涵进一步扩大，研究更加深入，继而形成了组织承诺的三维结构，包括感情承诺、规范承诺和继续承诺。

本文组织承诺量表（见表 1）选用的是 Meyer 和 Allen1997 年编制的感情承诺、规范承诺与继续承诺三维组织承诺量表，该量表目前得到了广泛的应用。吴小云（2010）对其进行翻译的中文量表水平较高，所以对其加以借鉴使用[3]。

表 1　本文组织承诺量表

构念	分量表	维度	测量项目
组织承诺	OC1	感情承诺	我很高兴能够在目前的企业继续工作
	OC2		我把企业的问题看成是我自己的问题
	OC3		企业给我像家庭一样的感觉
	OC4		我对企业有很深的感情依恋
	OC5		企业能给我带来很大的个人意义
	OC6		我对企业有强烈的归属感
	OC7	规范承诺	我认为应该理所当然地为我的企业工作
	OC8		即使有更好的企业愿意接纳我，我也不愿意离开目前的企业
	OC9		如果离开企业，我心里会感到内疚
	OC10		我应该对企业保持忠诚
	OC11		我感到对企业里面的人有一种责任感，使我不想离开企业
	OC12		我感觉对于企业里面的事情自己有很多做得不够好
	OC13	持续承诺	即使我愿意，若是让我现在就离开企业也是非常困难的
	OC14		如果我现在决定离开企业，我的生活就会陷入混乱
	OC15		因为我需要企业提供的福利所以才继续留在企业
	OC16		我没有机会选择其他企业，所以继续留在本企业
	OC17		离开企业的不利方面是缺少其他的工作选择
	OC18		别的企业不会提供现在水平的薪酬，所以我继续留在企业工作

3. 员工建言行为变量

Liang 和 Farch（2008）研究了中国情景下建言行为的结构维度，从而将建言行为划分为促进性建言和抑制性建言。促进性建言是指员工主动提出创新性的理念与想法,希望能够解决问题,提高组织绩效。抑制性建言指的是员工主动指出工作中的问题,使组织意识到问题的存在和严重性,从而解决这一问题,促进组织发展[4]。促进性建言和抑制性建言的不同之处在于前者强调创新,鼓励新的思维和举措;后者则强调对于问题本身的感知与关注。

本文建言行为量表(见表 2)采用 Liang 和 Farch(2008)开发出的中国情境下的建言行为量表,其将建言行为分为两个维度,即促进性建言和抑制性建言。量表共包括 11 条测量题项,员工的促进性建言行为用 5 个题项来进行测量,抑制性建言用 6 个题项进行测量。量表采用李克特 5 点计分,得分从 1 到 5,表示从"非常不同意"到"非常同意"。

表 2　建言行为量表

构念	分量表	维度	测量项目
建言行为	VB1	抑制性建言	即使我愿意,若是让我现在就离开企业也是非常困难的
	VB2		如果我现在决定离开企业,我的生活就会陷入混乱
	VB3		我没有机会选择其他企业,所以继续留在本企业
	VB4		离开企业的不利方面是缺少其他的工作选择
	VB5		当企业内的工作出现问题时,我敢于指出,即使会得罪人
	VB6		对于会给企业带来损失的问题,我实话实说,即使其他人有不同意见
	VB7	促进性建言	我敢于指出企业中过时的、有碍效率的规章制度
	VB8		我积极向企业管理者反映工作场所中出现的不协调问题
	VB9		我敢于对企业中影响工作效率的不好现象发表自己的意见
	VB10		我及时劝阻企业里其他员工影响工作绩效的不良行为
	VB11		我积极地提出了会使企业获益的新项目方案

(三) 研究假设

根据对前人研究结果的总结以及对互联网企业小部分员工的访谈和交流,笔者认为在互联网企业中,组织承诺与员工建言行为两者之间必然存在着一定程度的相关性。因此在进行实证研究之前,提出以下研究假设:

假设 H1:组织承诺与建言行为显著正相关

假设 H2:组织承诺各维度对建言行为两个维度均有预测和解释作用

由于企业员工不同的性别、年龄、学历、婚姻状况、职位、工作年限、企业性质是影响员工组织承诺和建言行为的重要因素,所以本文认为,员工之间会因性别不同、年龄差异、学历高低、婚姻状况、职位高低、工作年限、企业性质的不同，在组织承诺认知、员工建言行为的表达方面会有着显著的差异。因此，本文提出以下假设：

假设 H3：不同人口统计学变量对组织承诺的影响有显著差异

假设 H4：不同人口统计学变量对员工建言行为的影响有显著差异

三、互联网企业员工组织承诺与建言行为关系的实证分析

（一）数据分析

1. 数据收集与样本描述性统计分析

问卷调查过程包括计划与实施，总共历时 1 个半月完成。一共发放了 500 份调查问卷，剔除掉无效问卷以后总共得到 421 份有效问卷，问卷有效率为 84.2%。问卷剔除的原则是对那些空题较多以及所选答案具有明显规律性者剔除。问卷具体情况见表 3。

表 3 正式调查样本描述性统计（N＝421）

调查内容	类别	频率	百分比（%）	累积百分比（%）
性别	男	210	49.9	49.9
	女	211	50.1	100.0
年龄	20 岁以下	3	0.7	0.7
	20～30 岁	270	64.1	64.8
	31～40 岁	96	22.8	87.6
	41～50 岁	48	11.4	99.0
	50 岁以上	4	1.0	100.0
学历	高中（中专）及以下	27	6.4	6.4
	大专	192	45.6	52.0
	本科	172	40.9	92.9
	硕士及以上	30	7.1	100.0
婚姻	未婚	159	37.8	37.8
	已婚	262	62.2	100.0
职位	一般工作人员	187	44.4	44.4
	低层管理人员	170	40.4	84.8
	中高层管理人员	64	15.2	100.0

续表

调查内容	类别	频率	百分比（%）	累积百分比（%）
工作年限	一年以下	43	10.2	10.2
	1~3 年	213	50.6	60.8
	4~10 年	101	24.0	84.8
	10 年以上	64	15.2	100.0
企业性质	国有	136	32.3	32.3
	民营	228	54.2	86.5
	合资	32	7.6	94.1
	其他	25	5.9	100.0

从表 3 可以看出，在本次的调查对象中，男性员工的人数和女性员工的人数基本上是一样的，男性员工占到调查总数的 49.9%，女性员工占到 50.1%。从员工的年龄上看，调查对象的年龄阶段主要是在 20~30 岁和 31~40 岁，这两个年龄段的员工人数占到了样本总数的 86.9%。从学历上看，大专学历占到 45.6%，本科学历占到 40.9%，硕士及以上学历占 7.1%，而高中及以下学历的仅占到 6.4%。样本中有 62.2% 的员工处于已婚状态，未婚的占 37.8%。从现任职位上看，一般工作人员占 44.4%，低层管理人员占 40.4%，中高层管理人员占 15.2%，符合我们对于样本的要求。从工作年限上来看，工作时间不足一年的员工占调查总数的 10.2%，工作时间在 1~3 年的员工占 50.6%，工作时间在 4~10 年的员工占 24%，工作时间在 10 年以上的员工占 15.2%，基本上符合正态分布。从企业性质来看，有 32.3% 的调查对象来自国有企业，来自民营企业的占到 54.2%，7.6% 的调查对象来自合资企业，5.9% 的调查对象来自其他类型的企业。从正式调查的调查对象描述性统计来看，基本符合本研究对研究对象的要求，具有很好的代表性。

（二）组织承诺和建言行为的信度与效度分析

信度是指测量问卷的可靠性以及测量所得结果的内部一致性程度。一般信度系数达到了 0.80 以上，就可以认为信度相当高，信度系数达到 0.70 以上，即为较好的测验，在 0.60 以上为可接受的信度[5]。本次问卷的信度见表 4 和表 5。

表 4　组织承诺量表的信度分析结果

	Cronbach's Alpha	整体 Cronbach's Alpha 值
感情承诺	0.913	
规范承诺	0.865	0.919
继续承诺	0.745	

由表 4 可知，组织承诺量表的 α 系数值是 0.919，从各维度上来看，感情承诺的 α 系数值是 0.913，规范承诺的 α 系数值是 0.865，继续承诺的 α 系数值是 0.745，说明具有较高的内部一致性，信度较高。

表 5　建言行为量表的信度分析结果

	Cronbach's Alpha	整体 Cronbach's Alpha 值
促进性建言	0.891	
抑制性建言	0.897	0.937

对建言行为量表进行信度分析，发现建言行为量表的 Cronbach's α 值为 0.937，从各维度上来看，抑制性建言 α 系数是 0.897，促进性建言 α 系数值是 0.891，也具有较高的信度。

效度是反映测试的一个重要指标，指的是所使用的测量量表能够正确测量出所想要测量的心理或者行为特质的程度[6]。效度一般主要分为内容效度和结构效度，内容效度指的是量表题目的适切性和代表性。因为本文使用的量表都是国内外公认的比较成熟的量表，基本上能够保证量表的内容效度，所以本研究不再测量所使用量表的内容效度，主要通过因子分析来测量问卷的结构效度。其效度情况见表 6 和表 7。

表 6　组织承诺量表的 KMO 和 Bartlett 的检验

取样足够度的 Kaiser-Meyer-Olkin 度量		0.919
Bartlett 的球形度检验	近似卡方	1710.651
	df	153
	Sig.	0.000

对组织承诺量表利用主成分法提取因子，因子旋转采用最大方差法，得到 KMO 系数为 0.919，显著性水平达到 0.000，非常适合进行因子分析，提取特征值大于 1 的因子 3 个，组织承诺量表的 3 个因子可以解释总变异量的 65.2%，说明所提取的因子在结构上较好地反映了所要测量的内容，根

据情况分别命名为感情承诺、规范承诺、继续承诺。

表 7　建言行为量表 KMO 和 Bartlett 的检验

取样足够度的 Kaiser-Meyer-Olkin 度量		0.928
Bartlett 的球形度检验	近似卡方	1142.288
	df	55
	Sig.	0.000

　　如表 7 所示，建言行为量表的 KMO 值是 0.928，显著性水平达到 0.000，也同样适合做因子分析，在进行因子分析时采用主成分分析法萃取 因子，因子旋转采用最大方差法，抽取特征值大于 1 的因子 2 个，2 个因子 可以解释总变异量的 69.1%，分别命名为抑制性建言和促进性建言。

　　上述探索性因子分析的结果说明了本文的组织承诺和建言行为量表具有 较好的结构效度，满足研究要求。

　　（三）人口统计学变量在组织承诺和建言行为上的差异性分析

　　本文运用单因素方差分析和独立样本 t 检验方法对组织承诺和建言行为 变量进行差异性分析，对存在显著差异的变量进一步运用 LSD 多重比较分 析法进行深入分析，结果表明组织承诺各维度除了在性别上不存在显著差异 之外，在年龄、职位、工作年限、企业性质上均存在显著差异。在学历上只 有继续承诺表现出显著差异，感情承诺和规范承诺在婚姻状况上存在显著差 异。建言行为各维度除了在性别上不存在显著差异之外，在年龄、学历、婚 姻状况、职位、工作年限、企业性质上均存在显著差异。

　　（四）互联网企业员工组织承诺与建言行为的相关分析

　　本文利用 SPSS21.0 对组织承诺及其三个维度以及建言行为及其两个维 度进行相关性分析，Pearson 相关系数的结果如表 8 所示。

表 8　组织承诺与建言行为的相关性分析表

		组织承诺	建言行为	感情承诺	规范承诺	继续承诺	抑制性建言	促进性建言
组织承诺	Pearson 相关性	1	0.461**	0.800**	0.886**	0.653**	0.414**	0.443**
	显著性（双侧）	—	0.000	0.000	0.000	0.000	0.000	0.000
	N	421	421	421	421	421	421	421
建言行为	Pearson 相关性	0.461**	1	0.559**	0.440**	0.061	0.930**	0.928**
	显著性（双侧）	0.000	—	0.000	0.000	0.213	0.000	0.000
	N	421	421	421	421	421	421	421

		组织承诺	建言行为	感情承诺	规范承诺	继续承诺	抑制性建言	促进性建言
感情承诺	Pearson 相关性	0.800 **	0.559 **	1	0.641 **	0.236 **	0.501 **	0.539 **
	显著性（双侧）	0.000	0.000	—	0.000	0.000	0.000	0.000
	N	421	421	421	421	421	421	421
规范承诺	Pearson 相关性	0.886 **	0.440 **	0.641 **	1	0.370 **	0.395 **	0.423 **
	显著性（双侧）	0.000	0.000	0.000	—	0.000	0.000	0.000
	N	421	421	421	421	421	421	421
继续承诺	Pearson 相关性	0.653 **	0.061	0.236 **	0.370 **	1	0.057	0.056
	显著性（双侧）	0.000	0.213	0.000	0.000	—	0.247	0.248
	N	421	421	421	421	421	421	421
抑制性建言	Pearson 相关性	0.414 **	0.930 **	0.501 **	0.395 **	0.057	1	0.726 **
	显著性（双侧）	0.000	0.000	0.000	0.000	0.256	—	0.000
	N	421	421	421	421	421	421	421
促进性建言	Pearson 相关性	0.443 **	0.928 **	0.539 **	0.423 **	0.056	0.726 **	1
	显著性（双侧）	0.000	0.000	0.000	0.000	0.248	0.000	—
	N	421	421	421	421	421	421	421

注：** 在 0.01 水平（双侧）上显著相关。

（五）互联网企业员工组织承诺与建言行为的回归分析

通过上述相关分析，我们发现组织承诺的整体及各维度与建言行为的整体及各维度之间存在较强的相关性，但是并没有说明它们之间的因果关系。因此，本文通过将组织承诺的各个维度与建言行为的各维度之间进行回归分析来探索它们之间的因果关系，采用逐步回归分析的方法。

1. 抑制性建言对组织承诺各维度的回归分析

回归分析情况见表 9、表 10、表 11。

表 9　组织承诺与抑制性建言的模型汇总

模型	R	R^2	调整 R^2	标准估计的误差
1	0.501[a]	0.251	0.249	0.866
2	0.510[b]	0.260	0.256	0.862
3	0.519[c]	0.269	0.264	0.857

注：a. 预测变量：（常量），感情承诺。

　　b. 预测变量：（常量），感情承诺，规范承诺。

　　c. 预测变量：（常量），感情承诺，规范承诺，继续承诺。

表 10　组织承诺与抑制性建言的回归方程 Anova[a]

模型		平方和	df	均方	F	Sig.
1	回归	105.321	1	105.321	140.237	0.000[b]
	残差	314.679	419	0.751	—	—
	总计	420.000	420	—	—	—
2	回归	109.187	2	54.594	73.421	0.000[c]
	残差	310.813	418	0.744	—	—
	总计	420.000	420	—	—	—
3	回归	113.028	3	37.676	51.180	0.000[d]
	残差	306.972	417	0.736	—	—
	总计	420.000	420	—	—	—

注：a. 因变量：抑制性建言。

　　b. 预测变量：（常量），感情承诺。

　　c. 预测变量：（常量），感情承诺，规范承诺。

　　d. 预测变量：（常量），感情承诺，规范承诺，继续承诺。

表 11　组织承诺与抑制性建言的回归分析系数[a]

模型		非标准化系数		标准系数	t	Sig.
		B	标准误差	试用版		
1	（常量）	−1.001E−013	0.042	—	0.000	1.000
	感情承诺	0.501	0.042	0.501	11.842	0.000
2	（常量）	−1.001E−013	0.042	—	0.000	1.000
	感情承诺	0.421	0.055	0.421	7.674	0.000
	规范承诺	0.125	0.055	0.125	2.280	0.023
3	（常量）	−1.001E−013	0.042	—	0.000	1.000
	感情承诺	0.420	0.055	0.420	7.710	0.000
	规范承诺	0.163	0.057	0.163	2.860	0.004
	继续承诺	−0.103	0.045	−0.103	−2.284	0.023

注：a. 因变量：抑制性建言。

　　进行逐步回归分析发现，R^2 的值是 0.269，说明感情承诺、继续承诺和规范承诺总共可以解释抑制性建言行为 26.9％的差异，并且 F 值在 0.01 的水平是显著的。因此，可以建立标准化的回归方程为：

　　　　抑制性建言＝0.42×感情承诺＋0.163×规范承诺−0.103 继续承诺

　　根据回归方程式可知感情承诺对抑制性建言的影响最大，其次是规范承诺和继续承诺。

2. 促进性建言对组织承诺各维度的回归分析

促进性建言与组织承诺各维度的关系见表 12、表 13、表 14。

表 12　组织承诺与促进性建言的模型汇总

模型	R	R^2	调整 R^2	标准估计的误差
1	0.539[a]	0.290	0.289	0.843
2	0.548[b]	0.301	0.297	0.838
3	0.559[c]	0.312	0.307	0.832

注：a. 预测变量：（常量），感情承诺。

b. 预测变量：（常量），感情承诺，规范承诺。

c. 预测变量：（常量），感情承诺，规范承诺，继续承诺。

表 13　组织承诺与促进性建言的回归方程 Anova[a]

模型		平方和	df	均方	F	Sig.
1	回归	121.905	1	121.905	171.348	0.000[b]
	残差	298.095	419	0.711	—	—
	总计	420.000	420	—	—	—
2	回归	126.242	2	63.121	89.818	0.000[c]
	残差	293.758	418	0.703	—	—
	总计	420.000	420	—	—	—
3	回归	131.068	3	43.689	63.054	0.000[d]
	残差	288.932	417	0.693	—	—
	总计	420.000	420	—	—	—

注：a. 因变量：促进性建言。

b. 预测变量：（常量），感情承诺。

c. 预测变量：（常量），感情承诺，规范承诺。

d. 预测变量：（常量），感情承诺，规范承诺，继续承诺。

表 14　组织承诺与促进性建言的回归分析系数[a]

模型		非标准化系数		标准系数	t	Sig.
		B	标准误差	试用版		
1	（常量）	$-1.001E-013$	0.041	—	0.000	1.000
	感情承诺	0.539	0.041	0.539	13.090	0.000

续表

模型		非标准化系数		标准系数	t	Sig.
		B	标准误差	试用版		
2	（常量）	$-1.001E-013$	0.041	—	0.000	1.000
	感情承诺	0.454	0.053	0.454	8.517	0.000
	规范承诺	0.132	0.053	0.132	2.484	0.013
3	（常量）	$-1.001E-013$	0.041	—	0.000	1.000
	感情承诺	0.454	0.053	0.454	8.574	0.000
	规范承诺	0.175	0.055	0.175	3.165	0.002
	继续承诺	-0.115	0.044	-0.115	-2.639	0.009

注：a. 因变量：促进性建言。

利用回归分析发现，R^2 的值是 0.312，说明感情承诺、继续承诺和规范承诺总共可以解释促进性建言行为 31.2% 的差异，并且 F 值在 0.01 的水平下显著。因此，可以建立标准化的回归方程为：

促进性建言 $=0.454\times$ 感情承诺 $+0.175\times$ 规范承诺 $-0.115\times$ 继续承诺

根据回归方程可知，感情承诺对促进性建言的影响最大，其次是规范承诺和继续承诺。

四、研究结论与启示

（一）研究结论

员工差异性分析结果表明不同性别的员工在组织承诺各个维度以及建言行为各个维度上均不存在差异，已婚和未婚的员工除了在继续承诺上没有显著差异外，在其他变量上均有显著差异，组织承诺在年龄、职位、工作年限、企业性质上均存在显著差异，在学历上只有继续承诺表现出显著差异；建言行为各维度除了在性别上不存在显著差异之外，在年龄、学历、职位、工作年限、企业性质上均存在显著差异，从而验证了假设 3 和假设 4 大部分是成立的。

SPSS 相关分析的结果表明互联网企业员工组织承诺与建言行为具有较强的相关性，组织承诺和建言行为的相关系数为 0.461，属于中等程度的相关，因此证明假设 1 是成立的。通过对组织承诺各维度与建言行为各维度进行逐步回归分析，结果表明组织承诺各维度对建言行为两个维度均有预测和解释作用。感情承诺对建言行为的影响最大，其次是规范承诺和继续承诺，因此证明假设 2 是成立的。回归方程如下：

抑制性建言＝0.42×感情承诺＋0.163×规范承诺－0.103×继续承诺

促进性建言＝0.454×感情承诺＋0.175×规范承诺－0.115×继续承诺

（二）管理启示

本次研究主要是为了在明确我国互联网企业员工组织承诺与建言行为的构成因素和相关关系的基础上，充分利用研究结果提出管理建议来提高员工的组织承诺，进而促进员工积极主动建言，促进我国互联网企业良性发展。根据研究结论结合互联网企业实际，提出以下管理建议。

1. 重视与员工的沟通和交流，培养员工对企业的感情

本文研究表明，在组织承诺的三个维度中感情承诺与建言行为的相关性最强，具有较好的预测作用。因此，企业应该积极地培养员工对企业的感情，让员工在心里热爱企业，愿意为企业的发展奉献自己的力量。可以采取以下措施：首先，建立有效的信息传输途径，提高员工的工作满意度和组织承诺；其次，对组织结构进行重新设计以使其扁平化；最后，积极建立员工广泛交流的人际平台，提升员工人际公平感。企业应该经常开展形式多样、内容丰富的文化娱乐活动，增强管理者与普通员工之间的交流和沟通，进一步增进了解和融洽关系，使员工切实感受到管理者的尊重与认可，提升员工的人际公平感，形成良好、和谐的工作氛围，促进员工主动建言。

2. 拓宽员工建言渠道，建立完善的建言体系

企业建立健全的建言体系，拓宽建言渠道，可以大大增加员工提出建议的可能性。首先，应该采用多种手段拓宽员工建言渠道，比如可以在企业内部网络上设立一种专门收集建议的平台，设专人负责接受、处理有关意见和投诉。其次，企业管理者要善于积极聆听，尊重员工表达意见的权利，用广阔的胸怀接受不同的意见，并作适当的询问，充分理解员工所要表达的思想。最后，企业要形成一套及时有效的反馈机制。不管员工的建言是否被采纳，管理者都要对员工提出的问题和意见进行及时和公正的反馈，特别是那些对企业发展有利的建言更应该给予奖励和支持，以便使员工能够感觉到自己的建言得到了领导的重视，增强员工在企业里的主人翁意识，从而可以达到激励员工主动建言的效果。

3. 加强企业制度建设，培育良好的建言氛围

企业在制定制度的时候一定要鼓励员工积极提出自己的观点和看法，鼓励员工积极建言。员工积极地参与到制度建设中来，一方面有利于企业形成良好的建言氛围，另一方面有利于企业及时了解员工的实际需求，从而使制度的制定更加科学和规范。同时在制度推行以后，仍然要建立一个畅通的建

言渠道和意见反馈机制，以汇总员工的意见从而对制度进行不断完善和修改[7]。

企业制度也是企业文化的一个载体，本文研究表明不同性质的企业类型其员工建言水平存在显著的差异，由于不同性质的企业其文化氛围迥异，所以不同类型企业之间应该互相加强学习与交流，加强制度建设，以建立一个积极向上、有利于企业发展的企业文化。此外，在组织中也应该营造一种相互信任和相互信赖的组织氛围，一个开放与包容的建言氛围不仅可以激发员工的工作积极性和创造性，还可以减少敌意和误解行为，消除人际隔阂。

（作者单位：北京物资学院劳动科学与法律学院）

参 考 文 献

[1] Becker S. Notes on the concept of commitment [J]. American Journal of Sociology, 1960, 66 (1).

[2] Hirschman A O. Exit, voice, and loyalty: responses to decline in firm, organizations, and states. Cambridge, [J]. MA: Harvard University Press, 1970.

[3] 吴小云. 变革型领导影响下属满意度和组织承诺的路径研究 [D]. 上海：复旦大学，2010.

[4] Liang J, Farh J L. Promotive and prohibitive voice behavior in organizations: a two-wave longitudinal examination [J]. Academy of Management Journal , 2003, 40 (6): 1359-1392.

[5] 张虎，田茂峰. 信度分析在调查问卷设计中的应用 [J]. 统计与决策，2007.

[6] 吴明隆. 问卷统计分析实务——SPSS 操作与应用 [M]. 重庆：重庆大学出版社，2010.

[7] 杨世忠. 问题与对策：我国现代企业制度建设中的再思考 [J]. 经济与管理研究，1998 (3).

集团公司人力资源管控体系研究

王丽云[*]

内容提要： 随着公司的不断发展与扩张，集团公司日渐形成，并逐渐发展成为最重要的企业组织形式，受到了各界人士的高度重视，因此集团公司的管理与控制问题也越来越重要。而我国理论界对集团公司管控的研究起步较晚，研究体系不够全面，尤其对集团公司人力资源管控的研究则更少，尚没有形成完整的人力资源管控体系，因此无论是从现实意义考虑还是从理论意义考虑，都需要对集团公司人力资源管控进一步研究和完善。本文在对国外有关集团公司管控研究收集归纳以及我国集团公司管控现状分析的基础上，以集团公司的三种人力资源管控模式即"顾问型、监管型、直管型"为基础进行分析，重点研究了集团公司人力资源管控体系的构建与完善。

关键词： 集团公司　人力资源　管控

一、引言

集团公司是一种综合程度较高的经济组织，它最初的起源形态是财务垄断方式，出现于 19 世纪末时的西方国家。对于我国而言，集团公司的引入发展在 20 世纪 80 年代。由于我国单体企业生产需求的层次越来越高，市场规模和业务数量也不断扩大，因此不得不建立一种协同运作的经济组织。这是一种各部门高度分工下产生的模式。就目前来看，业内对集团公司的理解分为两种。第一种是从广义上看，集团公司是在同一区域内进行的企业之间的互相联合；第二种是狭义上的理解，认为企业之间的产权有所相似，因此形成结盟，是一种企业联合体[1]。笔者认为，集团公司的运营基础是强大的管理和技术，并依托人才和市场的支撑形成的强力纽带，再利用全资等经济

　* 作者简介：王丽云（1989— ），女，河南林州人，硕士研究生，研究方向是企业人力资源管理。

控制方式形成的具有主体和分部门的经济联合体。其结构见图 1。

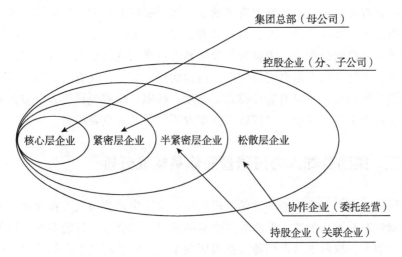

图 1　集团公司组织结构

（一）集团公司管控

在人们传统的思维中，通常会将控制视为管理职能的一部分，但随着企业的发展以及实际工作中的管理活动，控制的重要性日益凸显，与管理同时应用在公司的日常活动中，慢慢成为集团公司必不可少的一种管理新模式，我们称为管控。管控是与企业内外部环境息息相关的，并伴随其变化而变化，通过这样的调节去调整或消除系统存在的不确定因素，纠正和调整与组织目标偏离的行为，从而维持和保证系统达到某种预期的工作目标，着重强调的是对管理活动的控制，因此就产生了集权与分权。集权可以使集团公司协同一致，分权可以提高集团公司的运作效率，合理集权与分权，可以使整个集团公司发挥协作效应，实现经济效益最大化。

本文在研究前人著作的基础上，提出自己的思想，认为集团公司管控应当是总公司根据子公司特有的组织架构、管理控制流程等内容和公司的各项规章制度来对子公司人力、物力、财力等方面进行管理和指导的过程，从而确保子公司的运营符合集团公司的要求，确保公司能够顺利运营。我们可以看到，集团公司对各个子公司的管理控制主要集中在总体目标、财力、人力几个重要环节，而影响管控能够成功与否的重要因素便是其能不能有明确的战略发展规划、权利和责任的划分机制及对信息的掌握程度等。

（二）集团公司人力资源管控

人力资源管理逐渐被越来越多的企业关注，而对人力资源的管控也日渐被提上日程，公司高层为有效地规避有些领导层人员出现道德问题，采取了一些行之有效的方法，如制定合理的员工晋升机制及采用科学的绩效考核方法，以此来实现对子公司及成员的管控，从而保障了集团公司的主导地位。笔者通过对集团公司的人力资源管控体系进行详细的分析和解读，制定合理的人力资源管理制度来合理规划企业内部的权责划分，具有战略性、系统性和动态性等特点，主要有管控模式、制度、权限、流程设计等多个方面的内容。在这些重要因素中，管控模式占据着不可替代的重要位置。

二、集团公司人力资源管控体系构成分析

研究发现，在我国当前的学术研究中，关于集团公司人力资源管控方面的文献资料并不在少数，然而各位学者的着眼点却有着明显的差别，比如廖英美更加关注权限划分，而蒋演则更倾向于人力资源信息平台的构建。通过对这些不同研究点的分析总结，笔者得出构建集团人力资源管控体系应关注的几个重要影响因素，如图 2 所示。

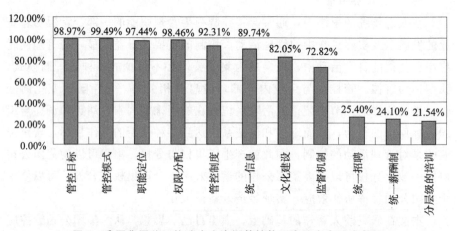

图 2　我国集团公司构建人力资源管控体系主要考虑因素归纳

通过对将近 200 个集团公司的人力资源管控案例进行数据收集和分析研究，笔者发现，这些集团在制定管控体系的时候普遍考虑了几点重要因素。首先是管控目标，而超过 99％的企业重点关注了人力资源管控模式的选择，另外还有职能定位、权限分配两大因素也是关注程度最高的。笔者在本节中，将详细分析集团公司人力资源管控体系构建应遵循的原则及目标，并深入分析集团公司在构建人力资源管控体系应重点考虑的因素。

（一）集团公司人力资源管控体系构建原则和目标

1. 构建原则

（1）目标性原则

集团公司人力资源管控体系的构建对集团公司发展战略目标的实现具有重要作用，要达到有效的集团公司人力资源管控目的，首先应该明确集团公司的发展方向和目标，让集团公司所有成员都清楚地认识集团公司的发展方向，有了明确的战略方向指引，集团公司人力资源管控体系才能真正有效地运作起来。根据 SMART 原则对集团公司发展战略进行具体化、可实现化、可视化，从而保障所构建的人力资源管控体系框架是以集团公司发展战略为出发点，可执行，不偏向。在构建人力资源管控体系时注意和集团公司战略目标相链接，以确保战略目标和公司资源的协调配置，从而保证人力资源管控体系构建的准确性和有效性。

（2）动态性原则

集团公司的人力资源管控体系的有效构建并不是一蹴而就的，需要考虑多方面的因素，必须紧密联系集团公司企业规模、集团管控模式、组织结构、发展战略及外部环境等诸多因素，以稳妥为前提，缓缓推进。例如，华为集团当前已逐渐实现人力资源管控体系的转变，由相对集权的模式转为集分权相结合，可见，集团人力资源管控体系是可以随着企业发展而不断进行改进调整的，首要考虑的因素便是集团公司发展所处的内外部环境及总体战略规划。

（3）集分权相结合原则

集团公司要想在快速发展变化的社会环境中稳步前进，必须建立能够灵活反应的高弹性组织结构。构建集团公司人力资源管控体系时应重点处理集权与分权的关系，集权和分权的处理与整个集团公司的控制力和灵活性密切相关。集权可以发挥集团公司的控制力，但是过于集权的话，容易丧失下属企业的自主性；分权可以提高企业的灵活性，但是过于分权的话，容易使集团公司和下属企业目标不一致，无法实现集团公司的整体优势。只有有效地运用好这两者之间的关系，才可确保集团公司对子公司实现有效管控。美的集团便是一个很好的例子，其正是因为将集权与分权很好地组合利用，从而既能确保总公司权力合理下放，又能够确保子公司的人力资源状况掌握在总公司发展体系中，实现快而不乱的发展节奏。

2. 构建目标

根据管理大师彼得·德鲁克提出的目标管理，集团总部的高层管理者应首先确定集团公司的战略目标，然后各组织部门根据战略目标确定自己的分目标，以确保企业内部平衡、稳定发展。集团公司应在总体发展目标的基础上去制定人力资源管控目标。只有合理、科学的集团公司人力资源管控体系目标，才能够有效确保总部与子公司、子公司和子公司之间实现各项资源合理协调分配[2]。集团公司的人力资源管控目标并不是一成不变的，而应当随着企业的发展而不断调整和改进，以实现企业的良性发展。中化集团便是这样做的。从 20 世纪末开始确定了"人力资源一体化"的人力资源管控目标，随着集团公司的发展壮大、经营业务的变化，中化在 2003 年重新组织定位，确定了"战略性人力资源"人力资源管控目标，确保集团公司制定出的目标是符合集团总体战略发展所需的，也就是说人力资源管控体系必须符合企业发展的需求，在制定过程中，既要确保集团人力资源整体价值得到充分发挥，又要兼顾总公司人力资源部门的领导地位，唯有如此，才能保证整体资源的平衡与协调。

（二）集团公司人力管控体系设计影响因素

人力资源管控体系是根据公司整体发展战略目标而制定的，之后其具体内容的创建则要考虑到许多相关环节，每个部分都会对其制定产生不同程度的影响，应从不同角度加以考虑。

1. 外部环境

外部环境所包含的内容较为广泛，有政治、经济、文化、社会等多方面因素，而在构建人力资源管控体系时要对这些要素进行综合考虑。根据 Duncan 对外部环境的划分可知，当集团公司所处外部环境的复杂性和动态性较强时，其下属公司为了适应环境的变化应具备更多的自主性和创造性。例如，宝钢集团公司在多元化发展阶段，外部环境复杂多样，集团公司通过给予下属公司更多的权力，下属公司根据情况动态调整，以使集团公司在快速变化的外部环境中保持稳步前进；若外部环境相对平稳，则集团公司应考虑相对集权的管控模式，以实现集团公司上下一致性。如复兴集团公司在初创阶段，经营业务单一，外部环境变化相对平稳，通过选择相对集权的管控模式，来实现集团公司的统一管理。

2. 内部环境

（1）集团公司管控模式

这是确保企业人力资源管控体系有效运营的重要因素。管控模式总体说来有多种划分方法，这里根据总公司对子公司的集权程度将其分为财务管控型、战略管控型、操作管控型[3]。以分权为主的集团公司，人力资源管控会更加倾向于分权，下属企业拥有更多的自主权，也就是说如果集团公司采用财务管控模式，那么在人力资源管控方面则会更多地采取顾问型模式来实现有效管理，美的公司便是一个很好的例证；而如果总公司注重集权，通过操作管控实现对子公司的管理，那么相关的人力资源管控则更倾向于直接管理模式。当前，无论是集团公司总体的管控模式还是人力资源管控体系的建立，都应当顺应时代发展和企业发展所处的生命周期而不断变化，否则便会被社会淘汰，人力资源管控体系的建立应当符合企业发展总体目标的战略需求，唯有如此才能确保企业实现长久的稳定发展。

（2）下属公司战略地位

总公司与子公司所在领域是否一致将对人力资源管控体系的构建起到重要影响作用。子公司与总公司的经营范畴、所属领域相一致，那么总公司在对子公司展开的监管工作中，能够采取直接监管的方式，如宝钢集团对子公司八一钢铁公司采用直管型人力资源管控模式，因为其与宝钢公司的经营业务相一致；然而，若子公司与总公司并不属于统一经营范畴甚至所经营领域差异较大，那么总公司对于子公司的经营行业了解不足，无法直接管辖子公司的工作，要求总公司给予子公司更多的自主权，子公司能够自主决定人才的分配和管理，在人力资源管理上使用的便是间接管理方式。比如宝钢集团对子公司宝钢化工便是采取相对分权的顾问型管理方式，这是由于总公司与子公司的经营领域不尽相同。

（三）集团公司人力资源管控模式

集团首先考虑的是总公司的人力资源管控模式。故要想构建行之有效、高效率的人力资源管控体系，首先要选出适合公司发展、与公司实际情况相匹配的人力资源管控模式。伴随公司的发展扩大，人力资源管控模式的概念也逐渐完善。目前，根据总公司对下属公司集权程度分为直管型、监管型以及顾问型三种管控模式[4]。

1. 人力资源管控模式分类

（1）直管型人力资源管控模式

其中，直管型管控模式属于三种管理模式中集权程度最高的模式。也就是说，集团对子公司有着绝对的控股权，左右着分公司的决策。主要由集团统一制定集团公司的管理发展战略、管理制度和关键体系及相关流程，总公司对分公司有着绝对的控股权，各下属子公司受集团公司的严格约束，只负责具体的组织实施并接受集团公司的监控[5]。在直管型的管控模式下，总集团能够实现整体公司的人力资源有效调整，保证人力资源战略的高效性，充分发挥人才优势，在保证公司战略目标如期完成的条件下节省公司成本。

（2）监管型人力资源管控模式

所谓监管型模式，便是指集分权相结合的管理模式，是处于直管型和顾问型间的一种管理模式。通常来说，极少的集团采取绝对集权和全部分权的管理模式，最为普遍的便是采取集分权相结合，总公司对子公司有关键的控股权，但子公司同样也有一定的自主权。监管型管控模式，往往是集团负责监管和管理分公司的人力资源管理业务，分公司能够在自主权利范围内结合实际，制定适合自身发展的人力资源管理制度并及时向总集团申报。总集团通过分工管理、职权划分等方式来达到对分公司的管理和监管职能。另外，总公司也能够通过信息共享平台对分公司的人事管理工作提出可行性建议和给予指导，在保证分公司与总公司在战略目标上保持一致的基础上发挥分公司自主权[6]。

（3）顾问型人力资源管控模式

顾问型管控模式属于分权最广泛的方式。在该种管控背景下，总公司对于分公司的人事管理无法做到很好的政策一致，总公司仅仅负责在框架内制定相关的政策和进行监督，而分公司能够按照上级制定的政策来制定适合自身发展的人事管理战略、制度和体系及管理流程等。通常来说，总公司并不另设独立的人力资源行政中心，不对下级公司的人事业务进行干预，而仅仅给分公司提供必要的资金支持和技术支持。在这种模式下，各下属公司可以根据市场的变化迅速做出反应，保证决策的准确性和及时性，并能充分调动下属企业的积极性和主动性并同时减少集团公司的工作任务量。

2. 三种管控模式的对比与分析

以上三种人力资源管控模式各有特点，经过对前人研究的总结和分析归纳出表1。

表1 集团公司人力资源管控模式对照表

管控模式 比较因素	直管型	监管型	顾问型
集团管控模式	操作管控型	战略管控型	财务管控型
集分权程度	集权	集分权	分权
集团 HR 定位	全面管理中心	政策监管中心	顾问服务中心
环境适应性	弱	中	强
资源投入量	大	中	小
管理层次	多	适中	少
下属公司个性化程度	低	适中	高
主要管控对象	下属公司全体员工	下属公司董事、高管、关键岗位人员	下属公司董事、财务总监等

比较因素 \ 管控模式	直管型	监管型	顾问型
发展战略	制定下属公司的发展战略	审批下属公司的发展战略	提供下属公司发展战略咨询服务
管理体系	制定下属公司的管理体系	审批下属公司的管理体系	提供下属公司管理体系咨询服务
规章制度	制定下属公司的规章制度并监督实施	审批下属公司的规章制度并监督实施	提供下属公司规章制度咨询服务
管理流程	控制下属公司管理流程的贯彻实施	监督下属公司管理流程的贯彻实施	基本不参与下属公司管理流程的贯彻实施
关注点	侧重于全体单位的统一规范管理，以及全员的实时监控	集团公司关注内容的规范执行，以及下属公司的体系控制	侧重于下属公司的经营战略管理
优势	保持人力资源政策的一致性，并完全贯彻执行，有利于内部资源整合	集团公司人力资源管理政策基本保持一致，对下属公司控制力较强	下属公司自主性强，反应速度快，集团公司人力资源管理工作相对简单
劣势	集团公司灵活性差，管理难度大	集团公司和下属公司权责划分不清	集团公司人力资源管理政策差异较大，内部员工流动受阻
适用范围	规模相对较小，发展初期，经营业务单一	规模相对适中，下属公司较多，经营业务相对集中	规模较大，经营业务多元化

从表1能够发现，集分权程度不同，直管型、监管型及顾问型三种人力资源管控模式侧重点也各有不同，但这些管控模式并没有绝对的好坏之分，仅存在是否适合之分。从整理的195个集团公司人力资源管控案例中发现，若子公司从事总公司的主营业务，常常会选择直管型人力资源管控模式；若子公司进行多元化经营，那么常常会选择监管型或者顾问型人力资源管控模式。集团在选择管控模式过程中，要从集团规模、发展程度、经营业务等方面来进行全面考虑，不能仅限于某种方式，要根据实际情况而适当地调整策略。

（四）集团公司人力资源管控职能定位

总公司在构建人力资源管控体系过程中常常会优先考虑人力资源管控职能的定位。不难看出人力资源管控职能定位属于构建集团公司人力资源管控体系的重要内容。对集团的整体人力资源管理部门进行定位，能够保证总公司对子公司的有效管控，充分体现并发挥集团公司整体的效益及协作效应。按照总公司对子公司的集分权程度分成直管型、顾问型和监管型三种模式。故在不同管控模式下，人力资源职能定位也不尽相同，分别侧重于管理、服务和政策，也就是平常所说的全面管理中心、顾问服务中心及政策监管中心[4]。

人力资源管控的职能定位常常是保证下级公司间的人力资源职能和集团公司人力资源部门的职能相协调、相配合，从而实现对全体分公司的人力资源有效管控。在直管型模式下，集团提倡以全面管控为重点内容，负责制定统一的管理制度及人力资源政策，有着绝对的管理权限，分公司的人事管理常常受到集团总部的管理限制，按照集团公司的规章制度严格执行。顾问型管控模式中，提倡以顾问服务为重点，总公司主要的工作内容便是制定合理的人事管理政策，给予分公司更多的管理权限，下属公司可以根据自身发展特点制定并实施政策与制度，拥有更多的自主权。监管型管控模式，提倡以政策监控为重点内容，总公司保留着关键的决策权，如高层领导派遣、薪酬管理等。在实现分公司自主化管理，提高公司效率的条件下，也保证了总公司的控股权和决策权。下面介绍各种人力资源管控职能的核心职能，如图3所示。

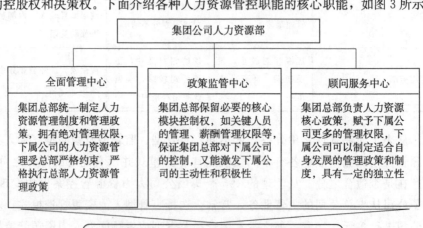

图3 人力资源管控职能定位核心内容

　　由图 3 能够看出，集团公司人力资源职能定位不同，对子公司的影响力也不尽相同。若子公司属于总公司的核心控股公司时，总公司提倡全面管理，借助制定统一的人力资源管控政策来实现对子公司的绝对控股，影响子公司的决策和执行；当子公司属于集团公司参股或持股的公司时，集团公司以政策监管为中心，集团公司保留核心权力，通过给予子公司一定的自主管理权来实现对子公司的管理和控制；当子公司属于集团公司的协作企业时，集团公司以顾问服务为中心，下属公司拥有较多的权力，可以在权力范围内制定人力资源管理政策和制度。集团公司应根据下属公司的发展阶段、经营规模等特点来调整集团公司人力资源部的职能定位，以达到集团公司上下协调发展的目的。

（五）集团公司人力资源管控体系

　　在总结前人研究的基础上，归纳出集团公司人力资源管控体系应包括的主要因素，并在分析各个因素的基础上归纳出以下集团公司人力资源管控体系。详见图 4。

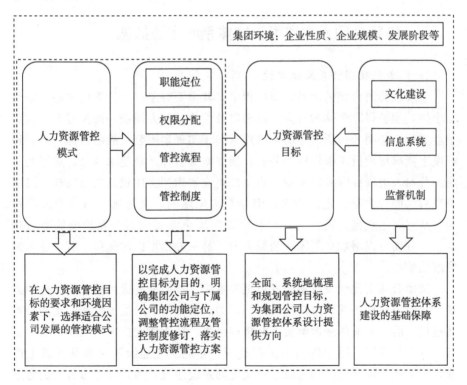

图 4　人力资源管控体系模型

集团公司应根据公司发展战略目标确定其人力资源管控体系目标，使所构建的人力资源管控体系与集团公司发展方向相一致。为了有效地实现集团公司人力资源管控目标，应根据集团公司自身发展特点及外部环境（如政治环境、经济环境、公司规模等）来选择适合集团公司发展的人力资源管控模式。在集团公司集分权程度不同的情况下应慎重选择相应的人力资源管控模式（监管型、顾问型、直管型），不同的人力资源管控模式影响集团公司人力资源职能定位、权限划分、管控流程、管控制度，还要通过不断完善信息系统、加强监督机制、构建集团文化来保障集团公司人力资源管控体系良好运行。

在集团公司的实际发展进程中，构建人力资源管控体系的最终目标就是保障企业战略目标可以圆满完成。由此，为了能够充分发挥人力资源管控体系的主要功能，应该根据集团公司的发展目标制定与之相符合的管控机制，同时还要将企业文化建设以及人力资源信息系统纳入实际考量的范畴中，以此保障集团公司人力资源管控体系能够稳定地运作。

三、集团公司人力资源管控体系的保障措施

（一）加强集团公司文化建设

在现代集团公司的运营管理过程中，其主要对象以及管理的核心就是员工个体，能够保障个体的行为、思想以及价值观等方面统一的关键工具就是企业文化，集团公司所倡导的价值观有利于实现集团公司战略目标，在某种程度上能够帮助员工根据集团公司发展战略的目标严格要求自己，这有利于集团公司人力资源管控的实现。集团公司应意识到文化建设的重要性，制度可以对人的行为有一定的约束，但是是有限度的，文化则可以引导人的行为，从思想上规范人的行为，并且可以实现企业文化与企业价值的紧密相连，一方面可以增加员工团队的凝聚力，另一方面可以增强员工对企业未来发展的信心。

集团公司文化建设对集团发展至关重要，我们需要通过精神和文化的力量，从管理层次的深度来规范员工的行为，发挥员工的最大潜能。集团公司通过优秀的企业文化来影响员工的精神世界，从而激发员工的工作激情，创造一种团结进取、勇于创新的工作氛围。企业文化建设不仅要从思想上改变，还要从实际出发，加强对企业文化的系统建设，为人力资源管控的有效实施提供强有力的精神保证。把集团公司有鲜明特色的文化特点融汇到企业产品、服务、管理等思想意识中，从而使集团公司处于强有力的竞争地位。

（二）构建人力资源信息平台

在大数据时代，人们对数据信息的要求越来越高，对信息的速达性要求也越来越高，而集团公司各下属公司遍布全国各地甚至可能在海外，如果缺少有效的信息系统，集团很难及时实现对相关信息以及数据的精准掌控，做出适合集团公司发展的决策。由此，在集团中构建人力资源信息平台非常必要，它实现了人力资源的跨区域以及跨层面管理，各级管理人员可以在同一平台上相互交流以及沟通，相互学习以及借鉴，也可以相互弥补不足，从而逐步推动集团人力资源的优化，充分发挥其应有的功能。所以，在集团公司中，为了保障对人力资源管控机制科学、合理地构建，保障集团公司上下齐心、协调一致，保障管控机制能够健康正常运作，首先就是需要选择和企业发展相符合的人力资源管控模式，同时还要合理划分实际的管控权限，还应保持集团公司和各下属公司的信息共享。集团公司人力资源管控体系是动态的、发展的，只有适时、准确地获取集团公司人力资源总况信息，才能做出适合集团公司发展的战略决策。

在制定人力资源管控机制的过程中，首先要明确集团公司的主要价值观以及战略发展目标，以此将机制的创建提升到战略层面。根据企业现有的信息技术构建人力资源信息平台，主要用于相关信息的收集、整理以及甄别和处理，由此保障信息获取的及时性以及准确性。通过构建人力资源信息平台，可以实现集团公司内部招聘信息、培训内容等多方面的信息共享。集团公司通过将有需求的各下属公司招聘信息统一发布、统一招聘，可以在降低成本的同时吸引更多的人才。集团公司可以将各下属公司、部门间优秀的培训技术、知识转化为课程资料、光盘等信息，以用于各下属公司间交流分享、知识共享等。集团公司的各下属公司分布区域广泛，经营行业各有不同，通过建立有效的人力资源信息平台，可以在集团公司内部实现快速的信息共享，达到统一的人力资源战略目标。

（三）集团公司人力资源监督机制建设

在完成机制的初步建立之后，应考察下属公司的具体落实情况，并开展监督以及指导，这样才能够获取更精准的人力资源信息，以此大幅降低集团公司在具体人力资源决策方面的失误。下属公司应定期向集团公司汇报本公司人力资源现状及计划工作执行情况，集团公司人力资源部应对下属公司的人力资源信息报告进行详细分析，并针对下属公司的人力资源开展动态跟踪，这样在制定相关人力资源规划的时候，能够做出完善的部署，保障决策制定过程中的信息支持。

集团总部要定期对下属公司进行人力资源审核，主要审核下属公司是否执行国家劳动法规，是否执行集团公司人力资源管理制度，是否执行集团公司用人标准，根据下属公司的具体情况不同，集团公司对下属集团审核的侧重点也有所不同，人力资源审核主要是为了核查下属公司的发展是否和集团公司的发展战略相匹配。除此之外，定期的人力资源年会必不可少。在年会上，探讨的主要内容就是集团以及下属公司相关的人力资源管控机制的具体运营，总结经验，探究不足，并提出有针对性的解决举措。在集团公司中，相关监督机制的构建同样不可缺少，在监督机制的帮助之下，可以增强人力资源管控机制的科学性以及有效性，并使之不断完善与优化，为集团公司创造更强大的竞争力。

（作者单位：北京物资学院劳动科学与法律学院）

参 考 文 献

[1] 赵曙明. 中国企业集团人力资源管理战略研究 [M]. 南京：南京大学出版社，2003：36—40.

[2] 王晶. 集团公司人力资源管控研究 [D]. 天津大学，2014.

[3] 张艳. 国有大型企业集团人力资源管控模式设计初探讨 [J]. 产业与科技论坛，2007 (6)：57.

[4] 白万纲. 集团管控大趋势 [M]. 北京：科学出版社，2008.

[5] 张焕艳. 基于管理模式的母子公司人力资源管理控制研究 [D]. 山东大学，2008.

[6] 东丽. 集团公司人力资源管控模式研究 [D]. 北京物资学院，2014.

薪酬与绩效管理研究

❖ 绩效薪酬对员工激励的博弈分析

❖ 企业薪酬管理风险识别及控制

❖ 北京教育培训企业非教师岗薪酬管理的问题
与对策研究

❖ 当前我国中小企业薪酬管理现状及存在的问
题和对策

绩效薪酬对员工激励的博弈分析

丁帅文 *

内容提要： 作为企业人力资源管理中最核心的内容之一，企业薪酬关乎企业长远发展。科学合理的薪酬管理制度，有助于企业实现最佳的人才激励效果，能够充分调动员工的工作积极性与主动性。在现有的薪酬体系中，绩效薪酬占据了不可或缺的地位。本文将从博弈论的角度出发，对企业是否实行绩效薪酬制度和员工是否努力工作构建博弈模型，对企业和员工的效用进行分析，探究绩效薪酬如何对员工实现激励作用。

关键词： 绩效薪酬　激励　博弈论

一、引言

在当今市场竞争如此激烈的环境下，企业的核心竞争力就是员工，企业间的竞争也是人才之间的竞争。企业能否充分调动起员工的工作积极性进而使员工能够持续有效地工作，对于企业的绩效和竞争力而言，有着十分重要的影响，而这在很大程度上取决于企业是否有一套合理的薪酬制度。薪酬管理已成为人力资源管理中的一个重要组成部分，它很好地将员工目标与组织目标有机地结合起来，富有竞争力的薪酬制度能够有效提高企业员工队伍的稳定性，并且吸引优秀人才，对提高企业的人才竞争力起到至关重要的作用。在薪酬管理体系中，绩效薪酬涉及了企业的经济效益与员工的切身利益，不仅有效地提高了员工的积极性，更能极大地促进企业的自身发展。

绩效薪酬来源于"科学管理之父"泰勒所创造的计件工资报酬制度，常用来将薪酬和绩效联系起来，以工作绩效作为员工报酬的基础，目的在于激

---

* 作者简介：丁帅文（1992—　），男，吉林辽源人，硕士研究生，研究方向为企业人力资源管理。

励员工更好地工作。绩效薪酬从广义上理解是个人、团队或公司的业绩与薪酬的明确联系，薪酬依据个人、团队和企业业绩的变化而具有灵活的弹性；其狭义的理解是员工个人的行为和业绩与薪酬的联系，薪酬根据员工的行为表现和业绩进行相应的变化，由于员工本身的业绩和行为在较大程度能受到自己控制，因此，员工可以控制他们自己薪酬总量水平的高低，从而达到薪酬对员工绩效调控的目的。

本文将在此前学者们对绩效薪酬相关理论的研究基础上，从博弈论的角度出发，构建企业与员工的博弈模型，探究绩效薪酬对员工的激励机制。

二、绩效薪酬的研究

杨礼晓（2010）系统地阐述了绩效薪酬制度的发展过程，综合分析各种绩效薪酬制度的特征并客观地指出其存在的优缺点，从整体上了解绩效薪酬制度的发展历程和未来的发展方向，指出绩效薪酬制度将呈现出团队化、长期化、个性化和战略化的发展趋势。

莫勇波（2009）对绩效薪酬制度的两种模式进行了分析，追述了个体绩效薪酬与群体绩效薪酬的变革与发展，并且从激励性、公平性、竞争性和合作性四个方面探究了其二者之间的差异和适用范围的不同，提出了企业应从个体绩效薪酬与群体绩效薪酬两个角度出发，实现二者的有机结合，使得企业员工在工作的过程中不仅要关心个体的工作绩效，同时也必须注重与群体其他成员的合作，实现群体绩效的提高，进而共同促进组织整体绩效的改进。

在薪酬制度实施过程中，薪酬的程序公平、分配公平、信息公平和交互公平均能够对员工起到积极的影响（武晓奕、汪纯孝，2006），基于此，谢建斌（2014）对绩效薪酬、员工薪酬满意与薪酬公平三者之间的关系进行了研究，指出绩效薪酬能显著正向影响员工薪酬的公平感，而这公平感又对员工的薪酬满意度存在正向的促进作用，进而能够提高员工的工作积极性，促进企业整体绩效的提高。

李晶（2015）通过定量分析企业绩效薪酬与企业经营绩效之间的关系，发现企业实施绩效薪酬制度对企业经营绩效的提升起到正向强化的作用，并且企业经营绩效受到薪酬成本的制约，保证绩效薪酬的有效实施，推动企业经营绩效可持续增长，关键在于消除薪酬成本制约上限。

陈玲（2015）指出，实施绩效薪酬管理制度有效地将员工工资与员工工作业绩相关联，变革企业激励机制，将其融合于实现企业目标状况与个人工作业绩之中；使薪酬激励向业绩优秀的员工倾斜，激发员工工作积极性，在提高企业工作效率的同时，大量节省工资成本；有利于强化员工团队意识，注重企业形象，增强员工的凝聚力。同时他也指出实行绩效薪酬管理制度存在监管困难和容易造成谎报业绩的行为。因此，绩效薪酬实施的关键是实现对员工工作绩效的准确评估和有效监督。

马良英（2007）指出实施绩效薪酬制度可极大地增强企业的激励效果，将薪酬与个人绩效、组织绩效相结合，对激励员工努力工作、调动员工积极性、发掘员工潜力、提升组织业绩起到至关重要的作用，同时有助于吸引和留住优秀员工，有助于给员工带来强烈的公平感、个人成就感和上进心，员工通过自己的工作业绩获得相应的回报，这既是企业对自己员工所付出劳动的尊重，同时也给员工精神上带来了满足。

三、企业与员工之间的静态单次博弈

（一）模型假设

模型的博弈方为企业与员工，假设企业与员工都是理性的。理性的员工总是从自我的角度出发，追求个人效用和收益的最大化；理性的企业总是从企业的利润角度出发，追求企业投资收益的最大化和企业资源的充分有效配置。

在薪酬决策过程中，企业为员工提供的底薪为 A，企业可选择实行绩效薪酬制度，也可以选择不实行绩效薪酬制度。员工同样可以选择努力工作和不努力工作两种工作态度。

假设当企业实行绩效薪酬制度时，努力工作的员工完成了既定的工作任务甚至超额完成，不仅可以获得固定的底薪 A，还可以获得相对应的绩效薪酬 B，而工作不积极、不努力的员工无法完成既定的工作任务，所以无法获得绩效薪酬，只能获得固定的底薪 A。当企业不实行绩效薪酬制度时，无论员工的工作努力与否，都只能获得固定的底薪 A。假设当员工努力工作时，为企业带来的效益为 C；当员工的工作不积极时，企业从员工的工作中能够获得的收益为 D（C>D）。

根据上述假设构建博弈模型，表1呈现了企业与员工之间的静态单次博弈矩阵，每个方格内前面的数代表的是员工所获得的收入，后面的数代表了公司所获的收益。

表1　企业与员工的静态单次博弈

企业行为 员工行为	实行绩效薪酬制度	不实行绩效薪酬制度
努力工作	A+B, C−A−B	A, C−A
不努力工作	A, D−A	A, D−A

（二）博弈分析

如表1所示，如果C−B＞D时，即企业为了鼓励员工努力工作进而为其提供绩效薪酬所获得的净收益大于员工不努力工作为企业带来的利润时，在企业实行绩效薪酬的情况下，员工选择努力工作；在企业不实行绩效薪酬制度的情况下，员工选择努力工作和不努力工作都可以，将获得同样的效用；在员工努力工作的情况下，企业选择不实行绩效薪酬制度，而此时员工并不会获得相应的绩效薪酬，所以其工作也会转变为不努力；在员工选择不努力工作的情况下，企业既可以实行绩效薪酬制度，也可以不实行。所以，此博弈中的纳什均衡为"实行绩效薪酬制度，努力工作"和"不实行绩效薪酬制度，不努力工作"。

在此次博弈中出现了两种纳什均衡，而这两种均衡状态都未能达到企业与员工效用的最优，这体现了绩效薪酬的激励效应，企业为员工提供绩效薪酬时，员工会选择努力工作，当不提供绩效薪酬时，员工的工作积极性就会下降，不努力工作。在单次博弈中，企业不实行绩效薪酬制度，主要是由于企业不愿意付出更多的成本，然而在企业的长期运作中，企业与员工之间便会呈现出一个新的博弈状态。

四、企业与员工之间的动态重复博弈

（一）模型假设

在上述静态单次博弈中，信息是由企业向员工单向流动的。然而在现实社会中，信息并不总是单向地从企业流向员工。当信息在企业与员工间双向流动时，企业了解员工的内心动态和努力工作的意愿以及员工的得失，并且对企业自身的得失有很好的掌控，此时企业与员工之间形成了一个新的博弈状态。

假设当员工长期处于努力工作的工作状态时，员工的工作负荷加大、工作压力增加、闲暇时间减少等，造成员工身心上的疲累，此时员工的损失为E。而当企业的绩效因为员工的努力工作有所增长时，企业就会对员工有一个良好的评估，记为 F_1（$F_1>0$，且随着努力程度不断增大），有利于员工职位和薪酬的上升，即 A 的不断上升（A 是随着努力程度不断上升的）。相反，如果员工长期处于工作不积极的状态，始终不能努力完成工作任务，企业对于员工的客观评估也会较差，记为 $-F_1$。当企业长期实行绩效薪酬制度时，会为企业营造出良好的声誉，导致企业内部和外部对企业产生良好的评价，记为 F_2（$F_2>0$），有利于降低员工的流失率和吸引优秀员工，同样 F_2 是随着时间的累积而增加的。相反，如果企业长期不采取绩效薪酬政策，企业内部和外部就会对企业产生 $-F_2$ 的评价。

根据上述假设构建企业与员工之间的动态重复博弈模型，如表 2 所示：

表 2　企业与员工的动态重复博弈

企业行为 员工行为	实行绩效薪酬制度	不实行绩效薪酬制度
努力工作	$A+B-E+F_1$，$C-A-B+F_2$	$A-E+F_1$，$C-A-F_2$
不努力工作	$A-F_1$，$D-A+F_2$	$A-F_1$，$D-A-F_2$

（二）博弈分析

如表 2 所示，当员工选择不努力工作时，企业毋庸置疑会选择实行绩效薪酬制度；而当员工选择努力工作时，博弈存在两种情况，第一种情况为当 $F_2-B>-F_2$，即 $2F_2-B>0$ 时，$C-A+（F_2-B）>C-A-F_2$，即当企业综合实行绩效薪酬制度所获得的良好声誉和支付员工绩效薪酬后的综合效益大于企业不采取绩效薪酬制度所获得的负面评价效益时，企业的薪酬策略是实行绩效薪酬策略；第二种情况是当 $F_2-B<-F_2$，即 $2F_2-B<0$ 时，$C-A+（F_2-B）<C-A-F_2$，即当企业综合实行绩效薪酬制度所获得的良好声誉和支付员工绩效薪酬后的综合效益不足以弥补企业不采取绩效薪酬制度所获得的负面评价效益时，企业的薪酬策略是不实行绩效薪酬。然而从长远的经营角度来看，企业长期实行绩效薪酬制度所获得的良好声誉 F_2 是随时间递增的，有助于强化雇主品牌的持续建设，所以最终都会得到 $2F_2-B>0$ 的结果，所以当员工努力工作时，企业更倾向于实行绩效薪酬制度。

当企业为员工提供绩效薪酬时，博弈存在两种情况，可由亚当斯的公平理论进行解释。第一种情况为当 $B-2F_1>E$ 时，即当企业为员工提供的绩效薪酬和正向评价在员工内心的评估高于员工内心中对于其付出劳动的辛劳程度的评估时，员工会选择努力工作进而获取更大的效用；第二种情况为当 $B-2F_1<E$ 时，即当企业为员工提供的绩效薪酬和正向评价在员工内心的

评估低于员工内心中对于其付出劳动的辛劳程度的评估时，员工工作的努力程度就会降低。

此时该博弈模型的占优策略则取决于 $B-2F_1$ 的值与 E 值的大小关系，而这两个的比较大多取决于员工内心的感知。如果员工感知到企业支付给自己的报酬与评价足以补偿自己的投入，员工就会产生一种公平感，而这种公平感也会给予员工以激励效果，促使员工努力工作。在博弈中，企业需要做的就是有效把控 $B-2F_1$ 的值与 E 值在员工心里的效用值，给员工以公平感。

在该动态重复博弈中，"实行绩效薪酬制度，努力工作"无疑是最优策略，但这一博弈结果是需要企业来争取的。企业需要制定合理的绩效薪酬计划，以人为本，尽量让工切身参与到绩效薪酬的制定与审核中，做到公开透明，注重薪酬公平，充分调动员工的工作积极性，进而努力持续有效地工作。

五、结语

根据弗鲁姆的期望理论，可以很有效地解释将员工薪酬与其工作绩效相结合所产生的激励效果。期望理论可以表达为如下公式：工作动力＝效价×期望值。它认为，一种行为倾向的强度取决于个体对某种行为带来的结果的期望强度以及该结果对行为者的吸引。当员工明确收获与付出成正比例关系，认为努力工作能获得好的绩效评价结果，而好的绩效评价结果又能带来满足需要的回报时，他就会倾向于多付出努力。

合理运用绩效薪酬，将极大地促进企业的持续、稳定发展，将激励机制与实现目标和主管认可的业绩质量相联系，将员工薪酬与可量化的业绩指标相关联，能够更好地体现公平，对员工的工作状态形成正向引导，并且有利于吸引和留住优秀员工。制定合理的绩效薪酬制度能够使企业在一定程度上有效控制薪酬支出，量化员工工作业绩，使员工获取与工作业绩相对应的报酬，有效激发员工进一步努力，企业支付员工薪酬向业绩优秀者倾斜，从而使企业降低薪酬支出。

绩效薪酬制度为企业发展提供强大动力，使员工的工作状态由"要我做"向"我要做"转变。绩效薪酬制度巧妙地将员工的工作报酬与工作绩效直接、紧密地联系起来，对员工积极主动工作起到有效的激励作用，员工提高了收入，挖掘了潜能，实现自我价值，企业获取更高的效益，提高了综合竞争力、促进了可持续长远良性发展，实现了企业和个人的"双赢"。

（作者单位：北京物资学院劳动科学与法律学院）

参 考 文 献

[1] 陈玲. 论绩效薪酬管理制度 [J]. 现代经济信息, 2015 (1): 98.

[2] 李建. 基于激励机制的绩效薪酬制度分析 [J]. 商场现代化, 2012 (8): 45.

[3] 马良英, 关博. 浅议绩效薪酬制度的激励作用 [J]. 水利经济, 2007 (3): 65—66, 80—84.

[4] 莫勇波. 绩效薪酬制度的两种模式及其适用 [J]. 江苏商论, 2009 (1): 105—107.

[5] 谢建斌. 绩效薪酬、薪酬公平和员工薪酬满意度关系研究 [J]. 工业工程与管理, 2014 (2): 35—39, 46.

[6] 杨礼晓. 绩效薪酬制度发展综述及趋势分析 [J]. 阜阳师范学院学报 (社会科学版), 2010 (5): 100—103.

[7] 朱虹. 浅议确立绩效薪酬体系 [J]. 甘肃科技纵横, 2005 (6): 79.

企业薪酬管理风险识别及控制

张睿成[*]

内容提要： 随着市场经济的深化，劳动力的结构、企业员工的需求、员工薪酬满意度都发生了变化，以往只强调货币薪酬的万能性并不能有效解决当今社会薪酬需求多样性的要求，其企业薪酬体系的设计、制度的制定、薪酬计划的实施包含了很多风险因素，本文对薪酬管理过程进行研究，并对可能出现的风险进行识别，并且提出了相应的管理控制重点，为企业降低薪酬风险提升效率提供相关参考，并对本文的优缺点做出了简述，希望能够对企业薪酬管理的风险指标体系的完善做出贡献，提升薪酬管理的效率，改善企业人力资源管理效率。

关键词： 薪酬　薪酬管理　薪酬管理风险

从改革开放至今，伴随着经济和社会的发展，人力资源管理从理论和实践等方面都取得了累累硕果。在人力资源管理中薪酬管理占据重要的地位是企业招揽和争夺人才并在市场经济环境下企业保持竞争优势的重要手段。但是在当前的薪酬管理中企业在制定和执行薪酬政策时普遍存在着较多的问题，导致了企业员工流动率较高，企业关键人才流失严重，企业蒙受了人力资本损失，对企业的经营和发展产生了严重影响。因此，如何识别企业薪酬管理存在的风险以及对风险的管控就成为本文研究的重点。

一、概念界定

薪酬是指劳动者向其所服务的企业提供劳动或劳务所获得的相应酬劳。狭义的薪酬仅指货币报酬，广义的薪酬不仅包含了货币报酬，还包含

＊ 作者简介：张睿成（1981—　），男，黑龙江佳木斯人，硕士研究生，研究方向为人力资源开发与管理。

了非货币报酬。本文中所指的薪酬为广义的薪酬，包含货币报酬和非货币报酬。

薪酬管理风险是指企业在进行薪酬管理的过程中，由于各种因素的影响而使得薪酬管理预期效果的不确定性。薪酬管理风险通过企业的薪酬制度作用于员工，对企业员工的稳定性形成威胁，进而对企业的稳定发展形成威胁。

二、薪酬风险的识别

引发薪酬风险的原因多种多样，但从薪酬风险的来源上可以将薪酬风险分为三个层面：外部环境层面的风险、企业层面的风险、个人层面的风险。

（一）外部环境层面的风险

1. 国家政策和法律

在法治社会中，企业活动的基本准则是国家政策和法律。因此，当国家政策和法律法规对有关薪酬管理的部分进行调整时，意味着企业活动的基本准则发生了变化。为此企业需要按照法律法规的最新规定做相关调整。企业没有按照国家最新的政策和法律法规对员工的社会保险、最低工资标准指导线、特定职业等方面进行及时调整，就会引发相应的违法或违规行为而遭到国家法律法规制裁的风险，情节较轻者则使企业遭受经济损失，情节重者导致企业无法运行。

2. 市场经济环境

市场经济的运行状况会引起整体生活物价水平变动和通货膨胀率的变动，从经济学的理论可知，以上因素的变化会引起实际购买力的变化进而导致员工实际薪酬水平发生变化。例如，如果总体生活物价水平提高以及相应的通货膨胀率上升，那么在薪酬水平未做调整或调整程度低于总体生活物价变化水平的情况下，员工薪酬收入的实际购买力将变小，就会出现企业员工薪酬不能满足其消费，或薪酬竞争力降低而造成公司的人才流失的风险。反之，如果企业薪酬调整的幅度高于总体生活物价水平和通货膨胀率的变化幅度，又会使企业的人工成本上升，使企业利润和相关收益降低。

3. 竞争风险

企业为了发展就需要引进和留住人才，在争夺人才的过程中薪酬的竞争力是企业能否得到人才的重要手段，因此，薪酬因素成为企业人才流失的一个潜在风险。同行业的薪酬水平的变化是企业密切关注的重点，企业制订或调整薪酬水平来保持自身薪酬竞争优势，降低企业人才流失风险。

4. 社会文化风险

企业员工作为社会人，其心理、行为都是社会的产物，其思想、意识及行为均受到社会文化的影响，如果员工受到消极社会文化的影响，就会产生消极社会文化的影响，导致薪酬管理风险。

（二）企业层面的风险

1. 薪酬管理理念

薪酬管理理念是指对薪酬管理政策及制度体系所持的根本看法，企业对于薪酬管理理念的认识将对薪酬管理的效果产生影响。企业在薪酬管理中容易存在以下误区：薪酬的本质就是货币，高薪酬能够解决一切问题！薪酬的提高会解决员工的忠诚问题和提高工作积极性；薪酬计入人工成本，降低薪酬成本则代表着企业人工成本下降，所以压缩薪酬是企业增加收益的手段等，这些对薪酬管理不正确的认识和理念将会引发人力资源管理的风险。[1]

2. 薪酬体系风险

薪酬体系的风险是指企业薪酬管理中的薪酬体系本身所蕴含的风险。薪酬公平风险在企业中普遍存在，按照不同的维度划分为薪酬内部公平性、薪酬外部公平性及自我公平性所带来的风险，薪酬公平与否主要体现在同岗位异酬、薪酬水平同外部竞争者的比较以及员工个人不公平感增强等。企业薪酬制度风险表现在薪酬改革频率、非货币薪酬调节效果、员工分类的薪酬结构。薪酬结构风险是指企业的薪酬制度、薪酬设计以及薪酬计划的实践等方面存在着结构方面的风险。福利政策风险指除薪酬（货币工资）以外的激励形式所带来的不确定性，如福利待遇差、劳动保障缺失、劳动力保护不力、带薪休假缺乏等。

3. 沟通管理风险

沟通管理风险主要包括沟通渠道是否畅通、沟通频率是否合适、沟通方式是否多样等方面。如果事先没有和管理人员及员工进行有效的沟通，那么企业在制定和执行薪酬方案过程中，就会存在风险，并且这种风险会贯穿于薪酬管理的整个进程之中。

（三）个人层面的风险

1. 管理者能力风险

薪酬管理人员由于个体差异的存在而体现出个人道德品质、沟通能力、吸收知识的能力、风险管理意识、竞争意识等方面的素质水平的不同，进而在实践薪酬管理的过程中出现由于管理者能力不足而导致的薪酬管理的风险。

2. 需求风险

根据职业生涯发展理论，将员工个体的职业发展需求划分为探索期、立业期、维持期和消退期四个阶段；根据需求的不同层次又可以将员工需求按照由低到高的顺序划分为生理需求、安全需求、爱和归属感需求、尊重和自我实现需求。由于企业员工需求的多样性和复杂性，而导致员工对薪酬需求同样呈现出多样性，从而容易致使企业薪酬管理效果存在着不确定性。

3. 道德风险

由于企业管理中广泛存在着不完备性契约和非对称性信息，从而容易诱发员工的机会主义行为即员工会产生尽可能地付出较少的努力或劳动以得到较多的收入或报酬。一个完备的契约可以有效地抑制道德风险的发生，它以劳动合同的形式规定了上下班的时间、月收入水平、工作任务的总量，以及企业为员工提供的工作场所和相应的保护措施等。此外还要对产出与薪酬的对应关系做出规定及在不同的产出水平下员工分别对应的薪酬数额。[2]

三、企业薪酬风险管控

（一）企业薪酬风险管控的目标

企业薪酬风险管控的目标是一个过程，是基于本企业的实际情况结合外部环境而作出的判定。企业薪酬风险的控制目标应该要同企业发展战略目标相匹配，通过对薪酬管理的风险控制，判定和辨别企业薪酬管理中所存在的潜在风险，及时采取相应的措施消除风险，保持企业稳定发展。[3]

（二）企业薪酬风险管控的原则

企业在控制薪酬风险过程中需要建立风险识别系统对风险进行鉴别，并且采取风险监控与防范手段对所识别的风险进行处理，因此企业的薪酬管理风险控制必须要遵守一定原则，具体如下。

1. 合法性原则

企业薪酬风险的管理措施要符合国家政策和法规的要求，要在法律许可的范围内进行管理，不能触犯法律法规。

2. 经济性原则

经济效益的比较在企业薪酬管理风险管控中显得非常重要。对于企业来说可能面临的风险不止一种，即使是面对某一种风险时，可选择的处理手段也多种多样，每一种处理手段都有其经济成本和效益，在风险管控的过程中要权衡风险的成本与效益，使企业利益最大化。

3. 系统性原则

企业薪酬风险管理贯穿于企业经营管理活动的始终，是一个有机整体。在此过程中各风险因素处于系统之中而非独立存在，它们相互联系、相互作用。在风险控制的过程中要综合运用各种方法和手段对风险系统进行有效的防控和管理。

4. 发展性原则

企业整体的战略目标是企业进行所有生产经营活动的出发点和归宿，企业的薪酬风险管理活动作为企业生产经营活动的一部分，是为企业的战略目标服务的，同时也是为了企业的短期目标和长远目标服务的，因此薪酬风险管理要随着企业的战略而调整。

5. 针对性原则

针对企业薪酬管理方面的薄弱环节、容易出错的细节，制定符合企业需求的有效控制措施，关注各个环节和细节，并重点关注风险发生概率较大、可能对企业产生较大影响的事项，逐步降低企业的薪酬风险。

（三）企业薪酬风险的控制

1. 企业外部影响因素的控制

企业必须建立起有效的薪酬风险预警体系以应对政府法律法规的调整、劳动力市场需求和行业薪酬竞争状况等外部环境风险因素。以政府颁布的最新政策、法律法规作为薪酬调整的法律依据，定期开展市场调查，调整薪酬制度，确保企业自身的合法权益。为了保持薪酬的竞争力，需要收集劳动力市场上薪酬数据并做出判断，通过对薪酬数据进行剖析，得到真实的薪酬现状。企业将自身薪酬状况与市场状况对照，得到企业现行薪酬制度在行业或地区的薪酬竞争力情况，然后再通过薪酬分析工具进行分析，得到岗位薪酬的偏离度与企业员工的离职意向的阈值，及时调整薪酬策略以保持企业在薪酬竞争中的优势。

2. 企业内部影响因素的控制

激励制度机制。根据双因素理论，员工的工作动机包含了基本薪酬和福利的保障因素和激励因素。因此，仅仅将薪酬和福利作为激励手段是不正确的，企业要想降低薪酬风险，提高员工的积极性和忠诚度，首先要从薪酬模式着手，结合有效的激励形式，设计合理的激励机制。例如，合理地配置绩效与奖励的比例；针对员工的工作状况进行岗位轮换、职位提升、股票期权等激励形式，使员工的满意度提高，防止人才流失。总之，企业要立足于员工需求并运用科学的薪酬管理方法激励员工。

风险责任机制。薪酬的风险也相应产生风险责任问题，包括薪酬管理者的实践风险和人力资本所有者同企业"不完备性"的契约执行所带来的责任风险。目前，风险责任主要由企业非人力资本的所有者或成员来承担，而人力资本的所有者损失很小，这在市场经济运行中是不公平的。因此，要建立风险责任机制，以避免由于人力资本所有者和薪酬管理者责任心不强或徇私舞弊所带来的风险。

委托—代理风险控制机制。通过建立代理人的激励机制和约束机制对委托—代理风险进行合理控制。其中，激励应从物质激励和精神激励两方面入手。物质激励包括主要以奖金和福利等形式的短期激励和使代理人拥有部分剩余索取权、年薪制、股票期权、分享制等形式的长期激励；非物质激励包括像办公环境、专用车、旅游度假等与职位相关的特权激励。精神激励对代理人也同样重要，是满足其社会地位、个人尊重和自我成就感等方面的需求。通过以上激励方式能够有效降低代理人的道德风险和逆向选择风险，激发代理人的工作热情，并以企业利益为先。从公司治理结构看，对代理人的约束来自经营决策制度、财务控制制度和内部监督制度对代理人的内部约束和产品市场、资本市场和职业经理人市场对代理人的考核的外部约束两个方面。实行公司内外部约束机制也可以有效降低薪酬管理过程中产生的委托—代理风险。

沟通控制机制。企业在制订薪酬计划时，首先要进行内部薪酬调查，广泛地征集员工的意见进行整理并合理采纳，并公开表彰以增强员工沟通的主动性和积极性。在薪酬计划实施过程中，也要及时注意相关的反馈意见，以及时对不合理之处进行调整。[4]

福利控制机制。货币提供给员工物质薪酬，而福利则提供给员工精神薪酬，相对于物质薪酬表现形式的单一性，福利薪酬有其更广泛的表现形式，除了法定的福利外，企业可以根据自身特点和员工的实际需求提供丰富多样的福利项目，除了满足员工个人的需求外，还可以扩展到与员工密切相关的家庭成员或其他亲属，突出企业的特色，保持人才的稳定性。因此，福利的多元化管理以及弹性制度将更好地满足员工多元化需求，降低由于福利而导致的风险。[5]

四、结语

本文从概念入手对企业在薪酬管理中存在的风险加以识别，并针对风险建立了相应的控制机制，为降低薪酬管理风险，提高企业人力资源管理效率提供参考。但是本文未对薪酬管理的风险指标体系进行量化和重要等级进行排序，未通过调查对薪酬风险指标体系进行检验，在日后的研究中需要对风险指标体系的信度、效度进行检验，完善薪酬风险指标体系。

（作者单位：北京物资学院劳动科学与法律学院）

参 考 文 献

[1] 熊通成. 企业薪酬管理理念的八大误区［J］. 中国劳动，2014（3）.

[2] 曹婷. 薪酬管理过程中的风险归类及控制［J］. 科技创业月刊，2005（8）.

[3] 诸燕萍. 企业薪酬计划中的风险研究［J］. 财经界（学术版），2014（8）.

[4] 蒋董洪. 企业薪酬管理风险评价及控制研究［J］. 中国知网，2015（6）.

[5] 陈明亮. 人力资源管理中的薪酬福利管理［J］. 现代商业，2013：32.

北京教育培训企业非教师岗薪酬管理的问题与对策研究

史晓华*

内容提要：通过对北京地区教育培训行业薪酬管理制度的研究，笔者了解到北京地区教育培训行业中一个比较集中的问题是非教师岗位的员工的薪酬比例中，绩效薪酬占很小的一部分，而且绩效薪酬的衡量标准不明确等问题广泛存在。因此，笔者对此进行了深入调查与研究，以发现北京地区教育培训企业中非教师岗位的薪酬管理的现状以及其中存在的问题，并进行分析，得出相应的解决方案。本文从薪酬管理的概念出发，探讨北京地区教育培训企业非教师岗位薪酬管理存在的问题及对策，为企业进一步做好薪酬管理工作提供借鉴。

关键词：教育培训行业　薪酬管理　人力资源　激励机制

随着现代企业的发展，员工薪酬对员工的激励作用越来越大。薪酬管理是现代企业人力资源管理的重中之重，与员工的切身利益息息相关，一个科学合理的薪酬体系不仅可以有效激发员工的工作热情，调动工作者的积极性，而且对企业的人力成本控制、管理制度的公平评价以及核心竞争力的提高都有积极的作用。薪酬体系一旦出现问题，不仅是留不住人的问题，有可能使整个企业的运转失灵。激励是构成企业物质激励的重要方式，在实践中起到了提高工作绩效的目的。但将视角聚焦在北京地区教育培训企业的非教师岗位则会发现，由于现代企业薪酬激励通常与绩效挂钩，而又因为传统企业薪酬结构的相似性，这就可能产生在非教师岗位成员工资中绩效奖金所占比例小，结果使得不同员工之间的工资差异，具体来说即绩效工资差异小，

---

* 作者简介：史晓华（1993— ），女，山东烟台人，硕士研究生，主要从事人力资源管理研究。

从而起不到相应的绩效对于员工所应该有的激励作用。绩效工资没有办法起到鞭策员工进步的作用，那也就失去了绩效工资的意义，更严重的情况下可能会影响到员工的积极性。这就联系到双因素理论，这需要关注此时的绩效对于员工来说是保障因素还是激励因素，从而明确绩效会对员工产生不同的影响。那是不是说我们就要对员工实施绩效工资差异明显的工资战略呢？这个问题需要我们进一步进行研究。笔者的观点是我们要具体问题具体分析，完善企业的薪酬制度不应该只有绩效激励一种方法，我们要用更广阔的视角来看待问题，如果我们一味地追求用绩效来完成对员工的激励，那会对于现有的薪酬制度产生一定的冲击，而且会在无形中提高企业的用人成本。出于以上种种原因，以及对于现实问题的思考，本文将对教育培训企业的非教师岗员工的薪酬管理问题进行进一步的研究。

一、概述

（一）薪酬的概念

随着研究者们知识水平的提高，他们对于薪酬的概念定义的研究也越来越精确。

目前，对于总体薪酬的定义，大致有广义和狭义之分：广义定义可以拓展到老板因为员工为其工作而回报员工的事情，有时候整体薪酬的概念可以用来和整体价值等概念进行互换；狭义定义的概念是指总薪酬或总报酬，实际上包括了薪酬和福利，有时还包括一些有形的因素，如发展机会等（文跃然，2014）。

（二）薪酬管理的概念

薪酬管理就是公司管理者对职工薪酬的支付总额、形式、要素构成等管理工作进行计划、组织、领导、控制的过程（李光，2010）。薪酬管理的主要内容包括薪酬体系、形式、水平、结构、政策与制度（葛玉辉，2014）。

（三）薪酬制度

薪酬制度又通常被称作工资制度，具体是指一家公司用来划分职工的薪酬标准以及规定其薪酬分配方式的基本准则，它不仅是公司内部薪酬分配的基础，同时也是确定和调整公司各种人员薪酬的依据。它包含了不同员工的薪酬是由哪几部分构成以及每个部分所占总体的多少，还包含了职工的薪酬是依据工作时间的长短还是依据销售量或生产量来计算进行支付的（葛玉辉，2014）。

（四）薪酬体系

薪酬体系是指一个员工的工资是如何构成的。一般而言，员工的薪酬主要包括四大内容，分别为基本薪酬（本薪）、奖金、福利以及津贴。

二、薪酬管理存在的问题

通过对北京地区教育培训类企业非教师岗位的调查，笔者发现存在以下问题。

（一）企业没有明确的薪酬制度

企业的薪酬制度很重要，一个好的薪酬制度可以使工资的发放更有依据，让员工获得公平感，还可以更好地激励员工，让员工为公司更好地效力。

通过调查发现，有些企业并没有明确的、书面的薪酬制度，员工对企业薪酬制度不太了解。它们工资标准的制定、工资的发放，都是通过长年积累的经验来决定的。有些企业的上级单位每年会给它们确定一个工资发放总额，只要这一年实际发放的工资不超过既定的工资总额，就算达到了标准。工资怎么发，每个人发多少钱，上级单位并不干预，由企业自己决定。

由于没有书面的薪酬制度，刚来人事部门不久的员工就需要花一些时间来理解，好在有些企业规模不大，人数不多，薪酬结构单一，薪酬的计算不算太复杂。有些企业人事部门的人员认为平时自己所需要处理的日常事务比较多，难以抽出时间进行薪酬制度的制定，不过一个明确的、规范的薪酬制度对于一个企业来说还是很有必要的。

（二）公司的薪酬制度不能很好地应用

有很多教育培训企业具有完善的薪酬制度，但是管理者以及人力资源部因为将工作重心放在教师的培训以及对教师的激励方面，所以，往往会忽略非教师岗位员工的薪酬激励。因此，纵然公司对于非教师岗位的员工具有明确的薪酬制度，但是因为实施的疏漏，也会产生薪酬发放不合理等问题。

（三）薪酬激励效果不明显

有些企业每年年前会给员工发放奖金。奖金包括基础奖金和一般奖金，基础奖金就是人人都有的，一般奖金是发放给表现好的员工的。正是因为基础奖金人人都有，因此有些企业的员工认为企业薪酬制度对员工的激励性比较强。奖金的发放是根据企业的净盈利水平来计算的。

（1）普通员工基础奖金。基础奖金的设立，虽然有一定的激励作用，但是人人都有奖励，就不能完全发挥出奖金的意义。不管干得多、干得少，员工所发基础奖金的金额是一样的，这样可能会给那些干得好的员工带来不公平感，不利于调动优秀员工的积极性，而且会使那些偷懒的员工认为自己干得少也会有奖金，会出现贡献度与工资不成比例的现象。

（2）普通员工一般奖金。一般奖金的金额为 500～1000 元，与基础奖金相比，所占份额并不是很大。因此一些员工会认为这些钱得不到也无所谓，并不能达到调动员工工作积极性、激励普通员工的效果。

（四）未形成合理的薪酬体系

由于没有专业的薪酬管理人员，企业又缺乏明确的绩效考核标准和薪酬制度，因此薪酬的激励作用并不明显。虽然工资从一定程度上能够体现员工的价值，但是考核的标准并不明确，并且每个月普通员工、一线管理者的绩效工资差距也不明显。从这些方面来看，有些企业的薪酬体系相对来说是不太合理的。

（1）学历、职称在工资中得不到体现。员工学历、职称的高低一般应该是能在薪酬结构中有所体现的。比如，专科学历的基本工资应该比本科学历低一些，高级技术工程师的基本工资应该比普通工人的起点要高，这样才更加合理。

（2）福利不具有弹性。有些企业的薪酬福利总体来说算是比较不错的，80％的员工认为企业福利待遇比较好。有些企业除了有国家规定的五险一金以外，还有企业年金，每月有饭补、房补、节日补助、保健费、通信费、独生子女费、医疗补助等，但是有些福利是一些员工不需要的，有些福利是有限制的。比如房补只是对北京户口的居民户进行发放，外地户口的人员则享受不到这项福利。除此之外，企业还为员工提供培训机会，有 53.33％的员工在过去一年中受到过 1～2 次培训，有 26.67％的员工受到了 3～4 次培训，有 13.33％的员工受到了 5 次及 5 次以上培训。

（五）薪酬管理缺乏激励性

站在企业管理者的角度上，通常会有这样一种最基本的本能，那就是用最少的钱让员工做更多的工作，也就是我们通常所说的既让马儿跑，又让马儿不吃草。但是现实是不可能有这样的马儿来为企业无偿劳动的。所以，在企业管理者和员工之间就形成一种博弈，怎样才能找到工作付出与回报之间的平衡点，让员工和企业管理者都能够开心地接纳，这一点是非常重要的。如果作为企业的管理人员，只是想要从成本出发，控制人工成本，那对于薪酬管理的运用就会有一定的局限性，而且，暂且不说薪酬管理对于员工的激励作用，恐怕有时候因为薪酬低，不光是员工会有不积极工作的状态，更有甚者，可能会产生因为薪酬问题而跳槽的员工。所以，作为企业的所有者或者管理者，不能够把薪酬管理观念停留在传统的思想中，只是以人员成本来做考量，作为企业的领导者，要更多地看到薪酬管理方式的不同对于企业的生产力和员工积极性的作用，然后均衡薪酬的激励作用为企业带来的效益和增加的人工成本，在两者之间找到一个最有利于企业长远发展的平衡点。充分地调动员工的积极性，灵活运用薪酬管理的激励作用，增加员工满意度，从而带来企业绩效的大幅提升。总的来说，管理者一定要做好两者之间的均衡，找到平衡点。

三、出现问题的原因

（一）企业原因

企业原因也可以说是历史原因，很多企业的薪酬制度是延续了许多年的，从开始实施薪酬制度就用这一套方案，到现在就一直没有改变过。负责人事的管理人员可能不会注意到薪酬问题对企业的影响，而且通常来说就算认识到薪酬问题对于企业的影响，也可能会觉得这么多年都没有出问题，说明这个制度可能是适合企业的，所以也就不求改变了。另一方面，可能想要追求改变，但是企业中别的部门的压力以及领导的压力，以及手中权力的限制，可能会导致有心改变但无权实施的结果。

（二）管理层原因

管理层无创新意识。有些企业的管理者在企业工作了几十年，已经形成了固定的管理思维和管理模式，他们缺乏一种创新性思维去改变现状，倘若没有强大的变革动力，管理者很难在薪酬方面进行创新。特别是人事部门并没有察觉到企业在薪酬管理方面有问题，因此上层的管理者更没有时间在薪酬管理方面进行深入的创新性思考。

（三）员工原因

（1）大多数员工不会在薪酬制度方面提建议。调查显示，60％的员工都不会向企业管理者反映薪酬问题，更不会提意见或建议。他们认为即使提了意见或建议，管理者也不一定会采纳，自己的工资也不会有怎样的变化。

（2）任何人对于自己所处的环境都有一个适应的过程，一旦适应了这个环境就会有一种安全感。员工具有惰性心理，不愿改变现状。一直以来自己的工资都是按照一定的标准发放，如果突然间换了一种方式发放，员工的安全感就会消失，这种安全感的消失，甚至会给他们带来恐惧。他们不知道如果改变了工资发放的标准，自己的工资会比原来的多还是少，他们不知道工资发放标准的改变对于自己或者对于公司来说是有利还是有弊，所以，出于安全心理的考虑，他们并不愿意单位在薪酬制度方面进行改进。

四、优化薪酬管理的策略

（一）加强企业文化的激励作用，深化内在激励

企业文化是提高员工团结协作和企业认同感的有效内在途径。一些教育培训企业具有良好的企业文化，但是一些企业并没有形成自己的强劲的企业文化。在调查中，B公司虽然确立了内在激励和外在激励相结合的方案，但在具体执行的过程中，公司管理层长久以来主要依靠外在的货币激励和物质给予，对员工的培训学习、工作满意度、工作环境改善等的内在需求缺乏足够的重视。而长时间的实践表明，企业员工内在动力的提高，十分有效的途径就是为员工塑造一个优秀的、员工乐于接受的企业文化氛围。

一个符合公司发展的企业文化可以在潜移默化中改变员工的工作氛围，还可以在不知不觉间促进员工间的感情，提高员工对企业的认同感和归属感，凝聚员工动力，激发员工的团结协作精神，进而提高员工的工作积极性，使员工为企业的发展和自己的目标而努力奋斗。在这一点上，B公司可以结合马斯洛需求理论，通过与员工进行面对面的交流探讨，深度挖掘员工对工作的内在需求，从而推断出员工真正想要的企业文化氛围和内在的工作环境，并积极实施。

（二）薪酬战略要适应企业的发展

薪酬战略对于企业的发展至关重要，为了使企业能够更快地达到目标，企业的薪酬战略要随着企业的发展而变化。管理者应根据企业内外部环境的变化及时调整薪酬战略，依据企业战略、人力资源战略以及企业的核心能力对企业的薪酬制度进行设计。

（三）建立适合有些企业的绩效考核制度

有些企业缺乏明确的、标准的、书面的绩效考核制度，这就给工资的合理发放带来了困难。有些企业对于优秀员工的绩效考核带有很强的主观因素，对于一线管理者、中高层管理者的考核又没有依据，不成体系，人们很难看出员工对工作的努力程度是否和工资的发放成比例，也很难比较不同车间员工的工资是否具有公平性。管理者和人事部门的人员应该对普通员工、优秀员工、一线管理者、中高层管理者建立客观、公平、全面、可量化、具有差异性的绩效考核标准，在考核过程中要做到有理有据，要使考核制度科学合理，减少企业员工的不公平感。

（四）管理者应重视与企业员工间的薪酬沟通

良好的薪酬沟通能够有效地对员工进行激励，提高组织的利润率（刘爱军，2013）。企业管理者对员工进行及时的薪酬沟通，不仅可以向员工传达企业的价值观、企业文化、薪酬战略、政策等方面的信息，同时也可以通过与员工的面对面交流，得到员工的反馈意见，及时调整各种关系，消除员工不满的情绪，使员工受到重视，产生归属感，从而为企业更好地效力。

针对目前薪酬管理存在的问题，企业管理者应当采取积极、有效的管理策略，对现有的薪酬管理进行优化和改革，使薪酬管理更好地服务于企业的发展。

（1）企业要制定与自身发展相一致的薪酬战略。薪酬管理的整个体系都要为公司的整体发展来服务，薪酬的管理体系是企业人力资源管理系统的必不可少的组成部分，它一方面要服务于公司，以公司发展战略为根基，另一方面要与公司的发展相适应，相得益彰。在制定薪酬体系的时候，我们都知道有两大原则——内部公平性和外部竞争性。具体实施起来就是说，我们既要参考当前市场上的工资水平，做到对外具有竞争力，又要做到公司内部有明确的工资制度，保证公平性。外部的竞争性对于吸引员工尤为重要，薪酬偏低的情况下不利于人才的引进，但同时，工资也不能过高，过高则会影响公司的成本。因此，薪酬体系的制定对于公司有着极其重要的作用，既要能够吸引优秀人才，又要有一定的限度，保证公司的成本，所以，找到两者之间的平衡点才更有利于公司长远地、和谐稳定地发展。

（2）公司内部必须建立完整、完善而且科学有效的绩效考核制度。对于大多数企业来说，薪酬发放的重要前提就是基本工资和绩效工资，基本工资基本是由学历、工龄、岗位等因素决定，而且通常相差不大，而相同岗位的人员薪酬的差异主要就是来自绩效工资的不同。绩效工资又是由绩效考核决定的。科学、完善的绩效考核是薪酬管理公平合理的保证。每个企业都会根据自己企业的自身情况，建立符合自身条件的绩效考核制度，对各部门业绩进行准确的评估，以实现薪酬和考核的公平公正。对于教育培训企业的非教师岗位人员来说，每个人的基本工资基本持平，绩效工资浮动较小。正如我们所知道的，每个公司在具体的薪酬设计上，对于不同部门不同岗位，都要对绩效考核的内容进行细化和量化，不同级别的岗位工资要拉开适当的差距。同时，对于各个岗位工作量的多少，是属于脑力劳动还是体力劳动，劳动强度大还是小，都要有明确的界定，要做好细致的分类，从而体现薪酬考核的公平性。但是对于教育培训企业的非教师岗位员工来说，工作内容有限，在进行岗位细分以及对于岗位测评时可能有一定的难度，并不是像销售或市场的员工可能通过数据直接体现，这就需要企业更好地来把握绩效在整体薪酬中所占的比重，以及所占比重中如何来划分绩效的优劣差等问题。

（3）企业应该通过薪酬管理来提高员工工作积极性。要通过对于薪酬制度的制定，更好地培养员工的积极进取、努力工作的态度。要培养员工的主人翁精神，把企业看作自己的东西，能够时时刻刻完成自己的任务，并且能够及时发现企业的问题并试图解决。培养员工的共担风险以及利益共享的理念，让员工能够知道自己对于企业的重要性，并且知道企业对于自己的重要性，让薪酬管理成为员工工作积极性的助推剂。企业要对薪酬管理实施公开化、透明化，对员工的付出给予充分的肯定，激励员工更加积极地工作。另外，企业应该对于即将实施的新的薪酬政策和制度，积极地征求员工的意见，并且能够及时地对员工的建议或者意见进行反馈和改进，企业在制定制度、规章或者业绩指标的时候，要注意制定的结果的可控性以及可测量性，要符合 SMART 原则，即具体、可测量、可实施、符合实际。要理论联系实际，对于考核指标，一边执行一边反馈，不断改进，最终发展出一套适应本企业的薪酬制度，保证薪酬和绩效考核的统一。

五、结论

在当今社会中，人力资源已经成为企业中重要的一部分，而人力资源中薪酬管理又是重要的一部分。做好薪酬管理工作是非常重要而且必要的。对外，一方面可以树立一个良好的企业形象，另一方面能够为企业赢得更大的发展空间；对内，激发员工的工作热情，为企业留住优秀的人才。因此，企业想要有长远的发展，必须要解决好薪酬管理问题。薪酬制度的发展是随着现代企业制度的发展而逐步完善的，伴随着经济社会的发展，企业发展的内外部条件也随之改变。事实说明，传统的将薪酬视为成本中心的方案只看到了企业的短期利益，只是一味地在减少企业的用人成本，未能看到由于薪酬激励所带来的公司效益的增长和外部竞争力的提高等长远利益。当今社会，企业在规划自己的薪酬体系时首先要确定自身的薪酬发展战略，而薪酬战略的确定要与企业自身长远的发展战略、经营战略、企业文化相结合。唯有如此，企业才能充分发挥薪酬的内部公平性和外部竞争性，也只有这样，才能在激烈的竞争中占据有利地位，获得长足的发展。

（作者单位：北京物资学院劳动科学与法律学院）

参 考 文 献

[1] 谢德仁，林乐，陈运森. 薪酬委员会独立性与更高的经理人报酬—业绩敏感度——基于薪酬辩护假说的分析和检验 [J]. 管理世界，2012.

[2] 郑志刚，孙娟娟，Rui Oliver. 任人唯亲的董事会文化和经理人超额薪酬问题 [J]. 经济研究，2012.

[3] 方军雄. 高管超额薪酬与公司治理决策 [J]. 管理世界，2012.

[4] 罗宏，黄敏，周大伟，等. 政府补助、超额薪酬与薪酬辩护 [J]. 会计研究，2014.

[5] 步丹璐，王晓艳. 政府补助、软约束与薪酬差距 [J]. 南开管理评论，2014.

[6] 唐松，孙铮. 政治关联、高管薪酬与企业未来经营绩效 [J]. 管理世界，2014.

[7] 夏宁，董艳. 高管薪酬、员工薪酬与公司的成长性——基于中国中小上市公司的经验数据 [J]. 会计研究，2014.

[8] 张勇，龙立荣. 绩效薪酬对雇员创造力的影响：个人—工作匹配和创造力自我效能的作用 [J]. 心理学报，2013.

[9] 方军雄. 高管权力与企业薪酬变动的非对称性 [J]. 经济研究，2011.

[10] 李华，杨国梁. 高校干部教育培训现状及对策研究 [J]. 重庆大学学报（社会科学版），2011.

[11] 何潭潭. 中国教育培训市场现状分析与发展对策研究 [D]. 大连理工大学，2010.

[12] 孙知礼. 我国教育培训机构现状与发展对策研究 [D]. 淮北师范大学，2015.

[13] 梁常勇. 我国非学历教育培训机构竞争与发展战略研究 [D]. 长沙理工大学，2005.

[14] 董兵. 关于我国教育培训市场形成和发展的研究 [D]. 华中师范大学，2004.

[15] 张剑双. 浅析企业薪酬激励制度的构建 [J]. 企业改革与管理，2016.

[16] 张婷婷. 企业薪酬管理的问题与对策研究 [J]. 企业改革与管理，2016.

[17] 李卫民. 用创新思维推进基层党支部思想政治工作 [J]. 中小企业管理与科技（下旬刊），2015.

[18] 肖丽. 企业绩效薪酬管理制度探析及应用 [J]. 经营管理者，2015.

[19] 孙丹. 企业薪酬管理现状分析与对策研究 [J]. 中国市场，2010.

当前我国中小企业薪酬管理现状及存在的问题和对策

闫少君*

内容提要： 薪酬管理对于中小企业有着重大意义。本文论述了当前我国中小企业薪酬管理中存在的薪酬结构的失衡、薪酬战略与企业成长战略导向不一致、管理者薪酬管理意识薄弱、轻忽对于员工的非经济性报酬的问题，针对性地提出了完善薪酬结构、薪酬管理要与企业成长战略相匹配、管理者要提高对薪酬管理的重视度、充分发挥非经济性报酬等具体对策。

关键词： 中小企业　现状　薪酬管理　问题　对策

一、我国中小企业薪酬管理现状

在企业的科学化管理中，人力资源管理发挥着重要的作用。有效的人力资源管理体系可以为企业增强凝聚力，留住人才。薪酬管理是企业人力资源管理的一项非常重要的内容，在企业的成长中发挥着举足轻重的作用。恰当而高效的薪酬管理能科学、高效地调整企业内部的劳动关系，激发企业职工的工作积极性、主动性与创造性，还能使人力资源管理中以及企业本身管理中的一些问题迎刃而解。而不合理的薪酬管理会导致企业员工的不合理流动和人才流失，对企业形象造成不良影响，也会加剧内部矛盾。随着中国经济体制的市场化改革，我国中小企业的规模也越来越庞大，现在我国中小企业已经达到 4200 万户（其中包括个体工商户），约占我国企业总数量的99.8％，不仅促进了中国经济的快速发展，还提供了大约 75％ 的就业机会，很大程度上缓解了中国的就业压力。❶ 除了国家对于中小企业的大力支持

---

* 作者简介：闫少君，女，北京物资学院 2016 级法律经济学研究生。

❶ 孙立华.浅谈我国中小企业的现状与发展［J］.企业导报，2013（1）.

外，这些成果也得益于中小企业管理水平的提高。中小企业的领导者对于薪酬管理的重视程度也有所提高。例如，许多中小企业会借鉴大型企业的薪酬管理体系来规范自己的企业，优化其薪酬结构，对于中小企业能够留住人才起到了非常巨大的作用。虽然中小企业对于薪酬管理的重视程度有所提高，也取得了一些成就，但是相对于许多大型企业，这些企业的薪酬管理体系仍然存在着许多问题，例如科学化程度不够、照搬其他企业薪酬体系、没有一套针对本企业的独特的薪酬管理体系等。

二、我国中小企业薪酬管理中普遍存在的问题

我国中小企业在薪酬管理中普遍存在着许多问题。何丽霞认为许多中小企业存在员工福利保障不完善的问题，如该公司只为员工建立了"三险一金"，缴费也选择的是最低标准（60％下限），使员工自身权益难以保障。[1] 孙维维等调查认为有些中小企业存在着薪酬结构比较单一，员工的薪酬晋升渠道不明确等问题，如有些企业采用了统一的固定工资以及浮动工资比例，没有按照岗位价值设定工资结构比例，企业内部工资晋升机制也不明确。[2] 蔡乐发现有些中小企业薪酬分配与绩效考核不符。绩效越好薪酬越高才能体现薪酬管理的公平性原则，但是许多中小企业没有科学合理的绩效考核办法，造成中小企业薪酬分配与绩效考核不符。[3] 白艳等发现目前许多中小企业不清楚应该为什么样的行为、什么样的价值支付薪酬，缺乏薪酬理念，不能制定出科学合理的企业薪酬战略。[4] 孙维维等认为大部分中小企业的薪酬水平定位没有体现出企业的长期发展战略，而且薪酬水平的制定随意性很大，对企业的持续发展非常不利。何丽霞发现随着中小企业规模的扩大，企业领导人要面对的事务纷繁复杂，遇到一个问题才解决一个问题，薪酬管理体系跟不上企业的发展。韦柳发现许多中小企业都没有建立薪酬管理部门，因为企业领导者认为中小企业内员工人数较少，建立薪酬管理部门是一种浪费。[5] 谈士芹发现许多中小企业的管理层对于薪酬管理对企业的重要性不是

[1] 何丽霞. 中小企业薪酬管理中存在的问题及对策[J]. 企业改革与管理, 2016（23）.

[2] 孙维维, 廖向楠. 中小企业薪酬管理现状分析及对策研究——基于T公司的薪酬调研[J]. 人力资源管理, 2011（5）.

[3] 蔡乐. 中小企业薪酬管理的问题与对策研究 [J]. 现代商业, 2016（29）.

[4] 白艳, 李蕾. 中小企业薪酬管理现状的分析研究 [J]. 中国商贸, 2012（12）.

[5] 韦柳. 中小企业薪酬管理存在问题及思考 [J]. 轻工科技, 2012（3）.

十分清楚，对于如何对员工的薪酬进行管理不感兴趣，甚至有反感。❶ 梁蔚
发现中小企业员工对于自身薪酬存在许多不满，诸如等待加薪、抱怨、消极
应付工作等，而企业管理者对此并没有采取积极的解决方法。❷ 殷方银认为
许多中小企业的薪酬管理制度缺乏公平性和激励性，员工付出了劳动却没有
得到除了工资以外应该有的回报，以至对工作丧失积极性。❸ 林博瑜发现许
多中小企业只重视物质报酬，不重视精神报酬，有些员工虽然工资水平不
低，但如果缺乏精神报酬，仍会出现消极应付工作的现象。❹ 李建梅认为许
多中小企业忽视了对于员工的参与决策、学习机会、工作的保障以及工作的
挑战性等非物质回报，导致员工缺乏工作热情。❺

综上所述，本文将中小企业的薪酬管理中的问题归纳为如下几个方面。

（一）薪酬结构的失衡

通常，薪酬结构包含了以下三方面的内容：组织内部以岗位区分的薪酬
等第的数目；相同薪酬等第内的薪酬变化的范围；相邻薪酬等第之间的重叠
关系。薪酬结构的设计需要遵守必要的规则，囊括了战略导向性、内部一致
性、外部竞争性、经济性、激励性等。大多数的中小企业都是私营企业，
"家族式"管理的随意性以及不科学性，导致薪酬管理水平普遍较低，没有
严格遵循薪酬结构的设计内容和原则，对于各项薪酬结构没有一个科学合理
的安排，也缺乏一定的灵活性。例如某企业，同级且同职的职工在工资上竟
相差了 2000～3000 元，而研发部门的经理与主管之间的工资却相差不到
1000 元。这样不科学的薪酬管理现状，使许多职工心理失衡，对工作没有
了热情，从而工作效率急剧下降。另有些企业不停地扩大绩效工资的比例，
可这样的做法不一定能有效提高职工工作的积极性，有时也可能正相反。通
常绩效工资的积极效果，更多地依赖于绩效考核工作的公正性。所以，一旦
考核不公正，绩效考核比例的加大就会对员工工作的积极性产生严重的负面
影响，使员工更加丧失安全感，违背了薪酬结构的激励性原则。薪酬结构的
失衡也会导致企业在日常管理和运作过程中其薪酬管理体系不能起到应有的
效果。因此，薪酬结构的失衡使得员工在薪酬方面的需求无法得到满足，进
而致使员工的工作积极性降低，对于提高企业效益及增强企业在市场中的核
心竞争力产生不利因素。

❶ 谈士芹．中小企业薪酬管理存在的问题及对策研究［J］．中小企业管理与科技，2016（9）.
❷ 梁蔚．我国中小企业薪酬管理的现状及对策建议［J］．产业与科技论坛，2014（10）.
❸ 殷方银．我国中小企业薪酬管理中存在的问题及对策［J］．经营管理者，2014（30）.
❹ 林博瑜．中小企业薪酬管理存在的问题及对策研究［J］．北方经贸，2014（4）.
❺ 李建梅．中小企业薪酬管理现状的分析探究［J］．中国外资，2012（17）.

（二）薪酬战略与企业长期成长战略导向不一致

薪酬战略基于企业战略又支撑着企业战略，其目标是作出一系列的战略性薪酬决策，从而实现吸引员工，加强企业核心竞争力，实现企业与员工双赢的目的。无论是大型企业还是中小企业都有本身的长期发展战略，其制订的薪酬管理战略应该与本企业的长期发展战略相一致。但是目前部分中小型企业在设计企业薪酬管理体系时没有合理地按照企业发展战略要求进行设计规划，只是简单地有针对性地对薪酬体系进行主观性的设计，导致两者匹配度较差，只为达到企业公平、公正、合理的目的，而没有将薪酬管理体系按照企业长远发展战略的角度出发，通常中小企业的薪酬战略是临时形成的，不是通过专业技术人员预先制定好的，属于感觉加经验型的薪酬战略，制定和实施过程都具有很大的随意性，使得薪酬战略与企业的发展战略导向无法达到一致。例如，薪酬战略与企业的各个发展阶段不匹配等，严重影响企业市场核心竞争力的提升。

（三）管理者薪酬管理意识薄弱

虽然薪酬管理对于一个企业的长期发展有着不可替代的作用，可是我国大部分中小企业并没有设立专门的部门来负责薪酬管理的工作。很多中小企业的领导者认为中小企业职工较少，不必建立专有的部门或者人员来负责薪酬管理工作，否则会导致企业成本上升，不利于企业利润的提高。这种错误的观念导致企业薪酬体系存在严重缺陷，严重影响着企业的发展及其管理水平的提高。这些中小企业的管理者只是粗略地根据当地工资水平和企业的效益来制定工资，并没有将薪酬管理与企业战略目标同步匹配，不利于企业长足发展。管理者没有站在员工的角度科学细致地考虑员工的薪酬需要，使得企业薪酬对内不具有公平性，对外没有竞争力，员工对于薪酬的满意度不足，非常容易使得人才流失。

（四）轻视对员工的非经济性报酬

企业员工除了需要合理的物质报酬外，如果企业能为员工提供充足的精神报酬，一定会增强员工的工作积极性，提高员工的工作效率。有些企业能为员工提供精神报酬，如技能培训、外派学习的机会、定期外出旅游等，而大多数的中小企业，往往忽略了对于员工的精神回报。物质报酬只是满足了职工最基本的生活需求，但是人除了这些基本的物质需求外，精神方面的需求也非常重要。但是中小企业的大多数管理者，并没有把员工的精神需求看成是一项重要的工作，没有认识到精神报酬对于提高职工对本企业的满意程度和认可程度的重要性，精神报酬会给企业职工提供源源不断的内在动力，提高其对于企业的信任度。这是单一的高工资所不能发挥的作用。而大多数中小企业经常忽视了这一点，使得员工的精神需要没有被满足。

三、针对我国中小企业薪酬管理中存在的问题提出对策

（一）完善薪酬结构

薪酬结构是对企业内部的不同职位或等级之间的工资率所做的安排。它所突出的是职位或等级的数目、不同职位或等级之间的工资差距和用来确定这一差距的标准是什么。薪酬结构的决策是在外部竞争以及内部一致这两种薪酬有效性标准之间进行均衡的一个结果。应当对薪酬结构进行科学的设计。如图1所示为薪酬结构设计流程图。只有对薪酬结构进行科学的决策才能使其更加适应企业的发展。

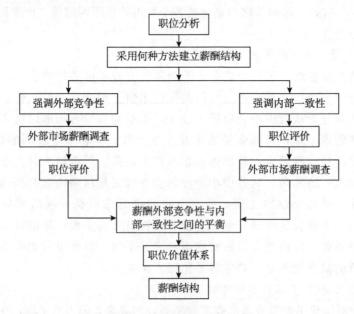

图 1❶　薪酬结构设计流程图

（二）薪酬管理要与企业长期发展战略相匹配

薪酬管理系统的设计不是一项单纯技术层面的工作，而是一项持久的促进企业向战略目标发展的系统工程。该项工作的实施应该从三个层面进行：从公司长期战略上来考察薪酬与战略的关系；从整个薪酬分配架构来思考薪酬分配制度之间的特有关系和相互关系；从技术上看，科学地制定各项薪酬

---

❶　张雪飞，杜立夫，张润子，缪春光．薪酬管理[M]．北京：机械工业出版社，2014：157.

分配制度，让这些制度能够有效地运用。换言之，战略、技术以及制度是不可拆分的整体，基于战略的薪酬系统设计必须在这三个层面上体现。薪酬管理的战略工作就是要不停地使企业的管理层、经营层和企业员工适应改革或者去主动改革，在思想上认同企业的长期发展战略，与企业达成一致的价值观，提高职工的执行能力，使薪酬战略与企业的发展战略相互匹配，对职工形成长久而有效的激励，从而推动企业长期发展。在企业的成长阶段，薪酬战略应该更具激励性；在企业比较成熟的阶段，薪酬战略应该倾向于市场开发和新技术、管理技能等；在企业衰退期，要以注重成本控制为主。这样薪酬管理战略就与企业发展战略更加吻合，更加适合企业成长的各个时期。

（三）管理者要提高对薪酬管理的重视程度

中小企业的领导者应该提高薪酬管理的重视度，认识到薪酬管理是人力资源管理中非常必要的、不可缺少的一部分。领导者应该认识到，薪酬管理会对企业的成长产生重大的影响，科学、有效的薪酬管理，会发挥其积极的效果，激发员工的工作热情，为企业制造更多的价值。而不合理的薪酬管理会严重打击企业职工的积极性，工作效率下降，长此以往，导致人才流失，企业的效益必然下降。要想增强企业自身的竞争力，就必须重视企业的薪酬管理，薪酬管理是塑造企业形象、增强企业凝聚力的重要手段，没有科学的薪酬管理就没有良好的人才储备。管理者要设立专门的薪酬管理部门和人员对企业的薪酬进行科学化的管理，制定出适合本企业的一整套薪酬管理体系，让薪酬管理为企业的发展制造更大的价值。

（四）充分发挥非经济性报酬的作用

中小企业的领导者应该充分重视对职工的非经济性报酬，职工的需求是多样的，不是只局限于物质报酬，他们除了渴望能够得到令人满意的薪酬外，还需要获得精神上的报酬，例如工作中的成就感、有挑战性的任务、接受专业技能培训的机会、外出学习的机会以及企业的关怀和股利等，这些非经济性的报酬往往能够起到意想不到的作用，它能激发职工的斗志，提高其工作的积极性，进而提高工作效率，在为企业创造了收益的同时，还增加了企业职工的幸福感。这样才能吸收更多的优秀人才，确保员工不外流，增强了企业的竞争力。

四、结语

薪酬管理在人力资源管理中是极其重要的一部分，对企业的长期发展发挥着举足轻重的作用。但是，我国许多中小企业的薪酬管理体系不科学，许多领导者也不够重视，所以这些中小企业的薪酬管理还存在许多问题，如上文提到的薪酬结构失衡、管理者不够重视、薪酬战略与企业战略不相适应、忽视非经济性报酬等，这些问题的存在必然会对企业的效益和发展造成影响。所以，中小企业应该完善薪酬结构，使薪酬战略与企业战略相适应，加强管理者对于薪酬管理的重视程度，积极发挥非经济性报酬的功能，为企业扩大人才储备，进而增强企业在市场上的竞争力。

（作者单位：北京物资学院劳动科学与法律学院）

社会保障问题研究

❖ 农村最低生活保障制度实施问题及对策分析
❖ 北京社区养老问题研究
❖ 专业社会工作嵌入式发展研究
❖ 我国城市居民消费结构差异比较分析

农村最低生活保障制度实施问题及对策分析

李晓晖[*]

内容提要：我国处于经济快速发展和社会转型的新时期，农村最低生活保障制度问题日益被社会所重视。本文针对我国农村最低生活保障制度实施中存在的法律法规不完善问题、保障资金的筹措问题、低保对象的准确定位问题、配套措施不完备问题、基层组织力量薄弱问题等进行分析。基于最低生活保障制度在整个国家社会保障体系中的定位与作用，提出了完善立法、明确制度资金来源、恰当选择农村最低生活保障的对象与范围、完善最低生活保障机构的运行与管理、坚持救助与扶贫相结合的方针等解决措施，使其真正能够发挥社会"稳定器"作用，保障农村困难人群的生活水平。

关键词：农村　最低生活保障　救助　扶贫

一、我国农村实施的最低生活保障制度现状

（一）我国农村最低社会保障制度的发展历程

改革开放以来，我国农村经济取得了快速发展，但城乡收入水平的差距也在不断扩大。与城市相比，农村贫困人口基数大，最低生活水平难以保障，农村社会保障制度的整体建设相对滞后。

最低生活保障制度是由上海在 1993 年率先实施的，随之在我国其他地区得到了不断的推广和发展。1994 年，第十次全国民政工作会议提出要在各地推行最低生活保障制度。1995 年以后，历次全国民政厅局长会议都把实施这项制度列入民政工作的重点。1997 年 9 月，国务院发出《关于在全

---

* 作者简介：李晓晖（1969— ），女，河南新乡人。副教授，博士，主要从事经济政策研究。E-mail：xiaohui20070322@163.com。

国建立城市居民最低生活保障制度的通知》。与此相配套，国务院 1999 年 9 月颁布《城市居民最低生活保障条例》和 2000 年民政部下发关于深入贯彻《城市居民最低生活保障条例》的意见，进一步规范、完善了城市居民最低生活保障制度。

农村的最低生活保障制度的实施源于 2006 年，当时中央农村工作会议在部署 2007 年新农村建设工作时，明确提出要"积极探索建立覆盖城乡居民的社会保障体系，在全国范围建立农村最低生活保障制度，鼓励已经建立制度的地区完善制度，支持未建立制度的地区建立制度"。加大农村贫困人群的救助力度，切实缩小城乡差距，建立起农村最低生活保障体系，这既是农民增加收入的需要，也是贯彻落实科学发展观的要求，其建立为系统性地救助农村贫困人群打下了良好的制度基础。

图 1 为 2005—2014 年我国城市与农村最低生活保障人数的变化情况。从图 1 可以看出，由 2005 年开始我国农村最低生活受保障制度人数开始增加，2007 年人数总量开始超过城市，呈现逐年上升的趋势。据国家统计局公布的数据显示，按照年人均收入 2400 元（2010 年不变价）的农村扶贫标准来看，我国 2015 年农村贫困人口为 5601 万人，其中 5001.2 万人享受农村居民最低生活保障，农村五保供养 520.1 万人。我国整年各级财政对农村低保对象共支出扶助资金 871.4 亿元，其中中央补贴资金达到 591.1 亿元，占总支出的 67%，整年各级财政共支出农村五保扶养资金 190.1 亿元❶。

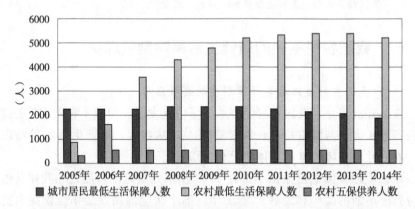

图 1　2005—2014 年我国城市与农村最低生活保障人数变化情况

资料来源：国家统计局 2015 年社会服务发展统计公报数据。

---

❶　2015 年中国社会服务发展统计公报。

（二）现行农村最低生活保障制度的特点

1. 农村最低生活保障制度的定位

最低生活保障、失业保障和养老保障三项制度是我国公民生活保障制度的基本组成部分。最低生活保障制度与其他两项制度相比，在对象上更具有特殊性，它关系到贫困线以下人口的生存问题，是三条社会保障中的"底线"和"生命线"，是社会最后一道安全网。

农村最低生活保障制度是我国社会保障制度中的一部分，是指由地方政府为家庭人均纯收入低于当地最低生活保障标准的农村贫困群众，按最低生活保障标准，提供维持其基本生活的物质帮助。该制度是在农村特困群众定期定量生活救济制度的基础上逐步发展和完善的一项规范化的社会救助制度❶。

2. 与救助与扶贫制度相结合

救助与扶贫是农村反贫困行动体系的两个方面，在我国现阶段农村贫困状况发生变化的今天，只靠扶贫难以解决所有的贫困问题，因此建立农村低保是必需的。但农村低保作为一种社会救助制度，在反贫困行动中的效果也不是无限的。从总体上看，救济不应成为对农村扶贫的最终目的，帮助贫困户脱贫才是根本。因此，在建立农村最低生活保障制度的实践中，应注意将救助原则与扶贫原则相结合。

救助与扶贫相结合的原则分为两个层次。首先，在建立农村低保制度的同时，应该继续推进农村扶贫开发行动，尤其是在经济欠发达地区更应该如此。其次，在农村低保制度和其他社会救助制度自身的行动中也应该注意兼顾救助与扶贫。可以将农村低保与农村扶贫相结合，建立农村贫困户的分类管理机制，对丧失劳动能力的人给予救助，而对有脱贫能力的低保对象，通过提供资金、技术、信息、就业机会等手段，帮助其发展特色种植、养殖、经商、经营副业等，从而彻底摆脱贫困。

3. 救助范围的广泛覆盖性

在全国范围建立农村低保制度，将符合救助条件的农村贫困群众纳入保障范围，长远地解决好全国农村贫困人口的温饱问题，是农村低保制度的重要目标。设定这一目标主要有两点考虑。一是《中国农村扶贫开发纲要（2001—2010 年）》提出，2010 年前要尽快解决少数贫困人口温饱问题，实现这一目标，一方面需要进一步加大扶贫开发力度，帮助有劳动能力的贫困人口通过发展生产，自食其力，逐步摆脱贫困状况；另一方面需要通过实施

---

❶ 最低生活保障，人民网，引用日期 2013-05-07。

低保制度对无法维持最低生活需求的常年困难人口给予救助。二是党的十六届六中全会提出了 2020 年建立覆盖城乡居民的社会保障体系的目标任务，这就要求加快农村社会救助体系建设的步伐，特别是要尽快建立起低保这项广大农村群众最迫切需要的基本生活保障制度，使困难群众能够通过低保救助维持最起码的生活水平，保障群众基本生活权益，促进农村地区经济社会的和谐稳定发展。

4. 救助水平的最低标准性

作为一种基本的社会救助制度，农村最低生活保障制度的一般原则是只满足其对象最基本的生活需要。从经验上看，国际上多以收入中位数或平均收入的 40%～50% 为相对贫困线，但我国农村最低生活保障制度尚不具备以相对贫困线为基础的救助标准。如果说按收入计算五保户应该达到或接近当地平均收入的话，那低保对象的所有收入就可以考虑设定在当地平均收入的 1/4 左右。目前，城市最低生活保障的标准大概在人均收入的 1/4 左右，而农村低保对象所实际得到的低保现金救助应该低于这个标准，因为农村还有土地资源。

5. 救助对象上普遍性与特殊救助相结合的特征

农村最低生活保障制度应该是一种具有普遍性的社会救助制度，所有的农户当遇到依靠自己的力量无法解决的困难时都有资格申请最低生活保障。从这个意义上看，农村居民最低生活保障制度不同于传统的"五保制度"，"五保制度"只解决农村"三无"人员的保障问题，而从理论上讲，低保制度对申请者不应该有预先的"身份条件"限制，实行普遍性原则，将使农村低保真正成为一个面向所有农村居民的基本安全网，因而具有比"五保制度"更为普遍的社会意义。

但鉴于我国农村的实际情况，现阶段的农村低保制度应该遵循普遍性与特殊困难救助相结合的原则，即受益者应该是本人有无法克服的困难，而不应该像城市低保那样只按照其实际收入情况来确定受益者资格。按照这一原则，农村低保对象应该主要包括因大病、重残及其他一些靠个人和家庭无法克服的"天灾人祸"等各种因素而导致家庭主要劳动力暂时或永久丧失劳动能力，并因家庭缺乏劳动力而导致家庭收入严重低下者。坚持普遍性与特殊救助相结合的原则，主要目的是要使低保制度真正救助到最需要救助的人，并且防止发生低保"养懒人"的情况。这一原则的基础在于，我国农村的土地制度基本保障了一般农户的基本劳动条件，因此，有劳动能力的人首先应该依靠自己的劳动获得基本生活条件。只有那些失去土地或缺乏劳动能力，或者有无法解决的特殊困难的家庭才有资格申请低保。

6. 最低生活保障制度具有临时性

原先享受最低生活保障的人口或家庭，如果收入有所增加，超过了规定的救济标准，则不再享受最低生活保障救济。最低生活保障是我国的一种传统做法，但过去的含义与今日大有不同。在过去，救济对象被分成不同类型，实行差别待遇。20 世纪 80 年代以来，不少地方纷纷探索救济方式的改革。1993 年上海市在全国率先建立最低生活保障制度，至 1996 年在全国范围内铺开。1999 年 9 月，《城市居民生活最低保障条例》经国务院审定并于同年 10 月 1 日在全国施行，意味着城市居民最低生活保障制度在全国范围内全面推行，也是我国社会救助工作发展的一个重要标志。

二、农村最低生活保障制度实施过程中存在的问题分析

（一）相关法律法规不完善问题

农村最低生活保障制度的实施是一个复杂的系统工程，需要有一系列专门的法律法规来规范保障。现阶段，农村最低生活保障制度在全国范围内已经普遍建立起来，然而与之顺利实施相配套的法律法规并没有相应地构建完整，迄今为止仍没有一部全国性的规范其实施的统一的法律法规，其实施效力仍依赖于一些政策性的规范性文件。由于全国统一相关立法的缺失，全国各省各地方对这一相同问题往往各自为政，各地分散的立法及政策指导与农村最低生活保障制度"制度化"和"法律化"的发展方向是相悖的，进而严重制约了其实施效力。

现阶段，我国农村最低生活保障制度没有形成完整的法律体系，农村低保工作处于无法可依的真空状态，从而制约了农村低保制度的建设和发展。

国务院虽然颁布了《城市居民最低生活保障条例》，但是农村低保只有《国务院关于在全国建立农村最低生活保障制度的通知》（国发〔2007〕19 号）这一相关政策，这个通知的效力是国家政策而不属于法律。《济宁市农村居民最低生活保障办法》只是地方性规章，也不属于法律的范畴，没有法律的强制力保障其实施，所以其效力较低，难以在实际工作中贯彻落实。

以资金保障问题为例，现阶段实施农村最低生活保障制度所需资金绝大部分由省、市、县承担，在相关政策的涉及中，已明确规定了将低保资金列入财政预算，由各级财政统一负担，但是，这种低保资金主要由财政承担而缺乏其他资金来源的低保资金筹集方式却存在资金筹措渠道单一的不足，资金筹集渠道狭窄，资金缺口大，影响了农村最低生活保障制度的保障程度和

保障水平的进一步提高。

由于其相关的约束性法规与手段的缺失，普遍存在着地方资金难以落实的情况。主要有两方面的原因：从主观层面来看，由于缺乏对农村低保工作重要性的正确认识，部分基层政府往往存在挤占挪用低保资金的现象；从客观层面来看，低保资金主要依赖单一的财政渠道，贫困人口较多、需要低保资金量较大的地区往往就是经济欠发达地区，财政收入更是捉襟见肘。

这些地区"僧多粥少"的现状使得当地基层政府倾向于以资金定保障人数的处理方法。在这些经济欠发达地区需要低保的贫困人口基数很大，当地政府由于资金不足而采取的现实处理办法严重背离了开展农村最低生活保障制度的政策初衷。

（二）农村低保对象的确定问题

首先，确定农村低保对象的标准和范围仍然达不到规范化和透明化。目前，各级民政部门对农村低保对象普遍采用"农民人均纯收入"的办法来确定，即人均纯收入低于当地政府确定的最低生活保障标准的家庭和人员应列入保障对象，且重点是无生活来源、无劳动能力、无法定赡养人或抚养人的人员以及因伤致贫人员、因病致贫人员、因灾及其他原因致贫人员。这种以"农民人均纯收入"的办法来界定农村低保对象存在着程序复杂、项目繁多、计算烦琐等问题，在农村最低生活保障制度具体实施过程中很难落实，从而很难把好低保对象入口关。

具体而言，对农村居民以收入界定低保对象无论从客观还是主观都存在一定的困难或不公。一是收入难以完全以货币化计算。农村居民收入中粮食等实物收入占相当大的比重，在价值转化过程中，存在较大的随意性和不确定性。二是收入存在不稳定性。除农作物收成的季节性及受自然灾害的影响较大等因素外，农村外出务工人员收入的隐蔽性，也增大了农户收入核查的困难。三是在审查、审核低保对象时，个别乡镇还存在人户分离，把年老父母与子女分开，单独由父母申请农村低保，而把法律规定的应该由子女承担的赡养义务推向政府。

其次，确定低保对象程序上不够简洁高效。我国农村最低生活保障对象的确定是要通过村级、乡级、县级三道程序逐级审核确认的。首先由当事人向村委会提出个人申请，经过村委会做初步的讨论通过，提交到乡政府做审定，最后统一到县民政部门进行批准。但在实际的运作过程中却存在着种种困难。

目前，在补助人群确定方面存在着许多争议。表现在诸如经营困难的农民以及由于特殊情况而陷入困境的农民能否享有同样的机会上；工作人员和村干部有优亲厚友现象，"人情保""关系保"现象；以及一些基层低保工作人员基于人情关系，没有按照低保标准认真审查核实，草率估算，随意填报，将不属于低保对象的人确定为低保对象，使一些人钻空子、占便宜；另外，还有一些村组为便于工作拿低保来平衡村民的利益关系；还有个别乡镇拿低保来做上访户的稳控工作等各方面。这些做法在一定程度上影响了农村低保工作的社会效果，也造成了少部分群众对低保政策的误解。

（三）农村低保配套措施不配套问题

由于我国地区间经济发展不平衡，各地区的经济发展水平存在较大的差异，农村最低生活保障制度的配套设施在全国各地也存在较大的差异。

从目前掌握的情况看，全面建设农村最低生活保障制度的配套措施仍不完善，农村最低生活保障制度在与农村其他社会保障制度衔接上缺乏协调性，缺乏由于人员在城乡间转移而造成的低保制度的灵活转移。农村最低生活保障制度主要是解决低保对象的最低生活需求，保障其生存。但仅靠有限的低保金是难以解决低保对象大病治疗、子女教育以及其他不可预料的突发事件所造成的生活困难的。低保人群、低保边缘家庭在遭遇突发性自然灾害或不可预测的事故时，其基本生活发生困难，对临时性救助依赖较大。因此，需要有关部门建立和完善与之相关的医疗、教育、住房、生产、司法等专项救助制度，而目前还没有一个系统的救助制度，救助的随意性较大，救助资金来源也缺乏稳定渠道。

（四）基层组织力量薄弱问题

在现行的低保体系中主要是依靠乡镇政府以及民政部门的力量。随着社会的发展，民政部门工作的内容和范围有了很大的扩展，而民政机构及人员设置由于业已存在的历史惯性并没有得到及时的跟进，甚至还有所精简。因此，各级民政部门和乡镇政府的人员配置并不能适应全面推进农村低保工作的需要。此外，当前农村低保工作大量档案的保存仍然依靠手工填写、表册保存，这大大地制约了低保工作的效率及质量，采用新型的计算机联网统一管理模式是低保工作发展的方向。

但从本次调研的实际情况来看，济宁市市中区主管最低生活保障的人员只有3人，而农村中由村主任主管，而没有专门人员负责。由于条件所限，在基层组织尤其是村级工作层次这些显然还是不具备的。基层工作人员，工作设施以及工作经费的匮乏与繁重低保工作任务的不匹配，成为制约低保工作质量提高的重要瓶颈。

三、加强完善农村最低生活保障制度的对策分析

（一）健全社会保障法律体系

当前，我国规范农村最低生活保障制度主要仍是由各地地方政府所制定的规章和各种规范性文件所组成，仍缺乏在此方面全国统一的立法，这严重影响了相关法律法规的权威性和规范性，从而使农民在享受农村最低生活保障制度方面缺乏可靠的法律依据。同时地方性法规的不完善和随意性又导致在实施过程中存在很多的变动，稳定性不强。

从长远看，要把低保工作做好，就先要把低保制度化、规范化、法律化，这样才可以确保低保工作沿着规范化、合理化、科学化的轨道发展。当务之急是建章立制，要把制定全国性的《农村最低社会保障法》作为当前完善低保工作的重点，对保障范围的确定、保障对象的审查、保障标准的确立、保障资金的筹措、低保金的发放、低保工作程序和管理体制、低保的申诉和权利救济等相关问题做出详细规定；同时，各地应制定相应的《农村最低社会保障工作条例》来强化各地方政府的执行力度，制定与农村最低生活保障制度相配套的政策措施，加强与教育、医疗、工商、税务、财政、劳动保障等部门的协调与沟通，积极实行医疗救助、教育救助、工商税收减免的优惠措施，进一步保障农村贫困居民的生活。

（二）明确农村最低生活保障资金的来源

农村最低生活保障资金是依法筹集的、保障农村最低生活标准的专项经费。其作为农村最低生活保障制度推进的重要物质依托和保证，在整个保障体系的建设过程中占有极其重要的地位。当前，全国各地农村最低生活保障资金基本上由中央、省级、市级和县级财政共同承担。这种来源单一的公共财政保障方式的优点是稳定且较有保证，但这种方式也有较大的局限性。

目前，农村最低生活保障资金主要由地方政府的财政拨款所支持，其资金基础十分薄弱。建立稳定的多元化的低保资金筹集机制是完善我国低保制度的必由之路。

建立稳定的多元化的低保资金筹集机制，应广泛寻求社会资金的参与，以提高农村低保资金补助水平。资金筹集可以从以下几方面考虑。一是加大中央和省市对于财政状况困难、经济发展落后的地方政府低保资金的转移支付力度。贫困地区是最低生活保障的难点、重点，更是必要之处，确保贫困地区得到相应的保障是最低生活保障制度的应有之意。二是广泛宣传，积极寻求社会捐赠。建立全国乃至地方各级的最低生活保障社会捐赠基金会或者

捐赠委员会，向社会各界大力宣传农村最低生活保障制度，积极寻求社会捐赠资金。三是开征社会保障税。国外许多发达国家都开征了社会保障税，这是有效解决社会保障资金来源的办法之一。四是发行最低生活保障专项福利彩票，以扩大低保资金来源。

（三）规范保障对象的选择程序

农村最低生活保障制度是保证农村贫困群众基本生活的最后一道防线，而科学、准确地测算低保申请人的家庭收入是确定保障对象及补助标准的主要依据。农村低保制度的保障对象涵盖了全体农村贫困居民，由于我国人口众多，农村居民分布相对而言比较分散复杂，存在的问题也错综复杂。如何科学地确定低保对象是在实际工作中顺利推进其工作，首当其冲要解决的问题。

确保低保制度的公平和公正是乡镇政府在执行低保制度过程中的重要职责。一是要统一规定农村居民个人收入和家庭收入的标准和计算方法，乡镇政府要设立专门机构来负责农村贫困户家庭收入的统计和申报表的整理，增加核实的真实性和可操作性，农村居民家庭收入的类别应为种植、养殖、加工、劳务等纯收入和接受或应该接受的扶（抚、赡）养费等。由于农村家庭经营收入类别繁杂，因此在家庭收入的具体计算上，应本着"宜粗不宜细"的原则，制定一个科学的量化标准（比如农作物的地域亩产量、扶养费支出比例等），根据当地的实际情况分类进行计算。同时应该计算农民的纯收入，如种植、养殖、加工等收入的计算，应以总收入减去种、养、加过程的投入费用，从而计算出农民的实际收入。二是最低生活保障制度是一种普遍性的社会救助制度，当农民遇到自己力量无法解决的问题时就可以申请最低生活保障，现阶段的低保制度针对的对象不再只是贫困户和传统的"五保户"，要明确界定低保制度对象的范围，确保低保工作公平公正地进行。三是建立低保对象的动态管理制度。由于低保对象的收入是不断变化的，因此具体享受农村低保的对象也应是动态变化的，一般应该半年或一年调整一次。为更大限度地发挥低保资金的社会效益，进一步维护低保政策的严肃性，应将所有低保对象进行科学分类，实行动态管理、分类施保的工作方法。

（四）完善最低生活保障机构的运行与管理机制

最低生活保障机构是我国低保政策的直接执行者，按属地原则进行管理。明确各级、各部门的工作职责，是顺利推进农村最低生活保障制度的组织保证，可以具体从以下几点加以推进。

第一，培养低保工作人员，健全完善农村低保组织。我国初步形成了以县为单位，以民政部门、乡镇政府和村委会三级为具体组成的救助实施系统。在该系统的统筹下，我国农村低保事业取得了长足发展。为了适应不断变化与日益复杂的社会结构，进一步推动农村低保工作的规范、持续、健康发展，就必须要与时俱进地完善农村低保组织及机构建设，充实低保工作人员编制、培养低保工作人员以适应社会发展的需要。

第二，要使各部门权责清晰。我国的农村最低生活保障体系涉及省、市、县、乡四级政府，每一级政府都需要民政和财政等部门密切配合，任何一个环节工作不到位都会直接影响到最低社会保障制度的实施效果。如何做到各部门权责清晰、衔接顺畅无疑是该体制建设探索的重点问题。

第三，遵循"费随事转"的原则，❶ 配套低保工作经费。低保工作的工作重点在基层，而基层低保工作往往又面临工作任务重、条件艰苦、工作经费缺乏保障等问题。确定清楚省、市、县三级最低生活保障资金的承担比例，统筹核定工作经费标准，做到财权与事权相统一，这是解决该矛盾的基本思路。

四、结语

农村最低生活保障制度是为保障农村贫困人口的最基本生活而建立的一种社会救济制度，是保障农村社会稳定的"最后一道安全网"。

在全国建立农村最低生活保障制度，是践行"三个代表"重要思想、落实科学发展观和构建社会主义和谐社会的必然要求，是解决农村贫困人口温饱问题的重要举措，也是建立覆盖城乡的社会保障体系的重要内容。做好这一工作，对于促进农村经济社会发展，逐步缩小城乡差距，维护社会公平具有重要意义。

各地区、各部门要充分认识建立农村最低生活保障制度的重要性，将其作为社会主义新农村建设的一项重要任务，高度重视，扎实推进。最低生活保障的管理既要严格规范，又要从农村实际出发，采取简便易行的方法，通过在全国范围建立农村最低生活保障制度，将符合条件的农村贫困人口全部纳入保障范围，稳定、持久、有效地解决全国农村贫困人口的温饱问题，使全体社会成员共享社会发展的成果。

（作者单位：北京物资学院劳动科学与法律学院）

---

❶ 人民网．引用日期 2013-05-13．

参 考 文 献

[1] 郑功成. 中国社会保障制度变迁与评估 [M]. 北京：中国人民大学出版社，2002：30－35.

[2] 曹明睿. 社会救助法律制度研究 [M]. 厦门：厦门大学出版社，2007：83－97.

[3] 吴霞. 构建我国农村最低生活保障制度的基本点 [J]. 理论界，2009（12）：56－58.

[4] 韩震，袁飞. 当前农村低保制度缺陷及对策研究 [J]. 人民论坛，2011（7）：194－195.

[5] 伏燕. 农村低保工作问题分析与对策建议 [J]. 中国民政，2011（8）：45－46.

[6] 戴卫东. 农村最低生活保障制度的财政支出分析 [J]. 河南社会科学，2010（5）：34－36.

[7] 杨燕绥，王进财. 农村低保制度建设与政府责任研究 [J]. 中国民政，2011（11）：11－15.

北京社区养老问题研究

曹　媞[*]　李维阳

内容提要： 老龄化问题是我国正在面临的一个问题，各级政府也在采取各种办法解决好这一问题。本文采用问卷法和访谈法选取了几个社区就社区养老问题进行了调研，通过调研我们对北京市的社区组织活动、老年人最需要解决的问题、北京市社区养老的基本情况等进行了大致了解和分析，并从政府、社区和老人几个方面提出相应的对策与建议。

关键词： 社区养老　老年人　服务

近年来，随着人口老龄化的不断加剧，养老问题也逐渐得到政府的重视。人口结构的变化使得作为我国主要养老方式的家庭养老的主要功能逐渐开始弱化。与此同时，社会养老机构无论在数量还是质量上都并不能满足广大老年人日益增长的需求，使得目前国内许多大城市的公立养老机构已经出现"一床难求"的局面，因而介于家庭养老与社会养老之间的社区养老逐渐受到人们重视。

所谓社区养老，是一种以家庭养老为主、社区机构养老为辅，为居家老人提供照料和服务、托老所服务的整合社会各方力量的养老模式。这种模式的特点在于：让老人住在自己家里，在继续得到家人照顾的同时，由社区的有关服务机构和人士为老人提供上门服务或托老服务。这种养老模式目前存在如下几点局限性：其一，此种养老模式目前更适用于城镇居民，在农村老人群体中应用较少；其二，此种养老模式需要建立完善的社区平台与社区帮扶体系；其三，享受此种养老模式的老人需具有一定的经济实力，能够保证自身居有定所。

那么，这种结合家庭养老与社会养老的社区养老模式在北京市社区内落

　＊ 作者简介：曹媞（1973— ），女，安徽颍上人，博士，研究方向是劳动关系；李维阳（1995— ），男，河北廊坊人，硕士研究生，研究方向是劳动关系。

实得如何？带着这一问题，我们对北京市通州区天赐良缘、丽景苑，朝阳区朝阳北里社区等几个社区展开了调查。

一、调查对象的基本情况

此次调研主要是针对老人的基本情况和社区提供养老服务的基本情况两个方面来进行的。通过这两个方面的调查，我们对北京市社区养老服务有了基本了解。以下是这次调查对象的基本情况。

本次选取的调查对象均为 50 岁以上的退休老人，年龄结构为：50～60 岁的占 31.3％，60～70 岁的占 34.8％，70～80 岁的占 25.8％，80～90 岁的占 8.2％；受教育的基本结构为：17.6％的人未上过学，17.2％的人接受过小学教育，28.3％的人接受过初中教育，20.6％的人接受过高中教育，16.3％的人具有大专及以上的受教育程度；拥有子女的基本情况为：27.9％的人有一个子女，70.4％的人育有两个及以上的子女，1.7％的人没有子女或子女已逝；调查对象的居住情况为：18.5％的人为一位老人独居，41.2％的人为夫妻同住，39.9％的人与子女、孙辈同住，0.4％的人不便透露；经济来源方面：有 70.4％的老人能按月领取退休工资/养老金，有 42.9％的老人接受子女提供的生活费，有 15.9％的老人受到政府及社会资助，有 6.0％的老人为其他情况。

二、社区养老服务情况及分析

社区养老的基本情况包括社区为老年人提供了哪些服务项目，老年人是否感受到了来自社区的帮助和关心。我们主要是从以下几个方面了解社区养老情况的。

（一）社区活动组织及老年人的参与

（1）在活动组织方面，26.6％的老人反映所在社区经常组织老年人活动；45.9％的老人反映社区会组织活动，但组织的次数不多；27.5％的老人反映社区基本不组织老年人活动。（2）在社区老年活动参与度方面，35.6％的老人表示对这些活动很有兴趣，会积极参加；40.8％的老人表示只看别人参加，自己参加得不多；23.6％的老人表示对这些活动没有兴趣。（3）在自己及周围其他老年人经常从事哪些活动这一问题中，有 57.9％的老人选择了带孩子，占据比例最高；有 44.2％的老人选择了参加社区活动；44.6％的老人选择了出游旅行；有 40.8％的老人选择了健身保健；有 10.7％的老人选择了网络交流；有 42.1％的老人选择了饲养宠物。

从以上三个问题可以看出，我们所调查的社区在组织老年人活动以及老年人的参与度上比例并不是很高，或者说多数老年人对这些活动并不是很感兴趣，近半数的受访老人认为社区养老服务开展得较一般。他们的生活模式多数是帮助子女带孩子，还有一部分饲养宠物。因此，如何多组织一些适合老年人参与的活动，以及如何调动老年人参与活动的积极性是另一个需要解决的问题。我们在调研中也发现，目前社区虽然已经组织了很多活动，但仍有需要完善的地方。展开社区养老的另外一点困难在于中国人的传统观念。"养儿防老"的观念使得大多数老人认为子女后代应当全权担负起老人的养老任务。但实际上，现代社会的快节奏生活已经让年轻一辈无暇周到地照顾老人，而我们的社会应该并能够承担起这部分工作，如何让老人及其儿女们了解并接受这种社会养老为辅的养老模式，也是工作开展的一大难点。

（二）社区提供的养老服务场所与服务项目

（1）在社区有哪些老年服务场所，在这一问题上 54.9％的老人选择了老年活动中心，12.0％的老人选择了老年餐厅，8.2％的老人选择了托老所，67.8％的老人选择了社区医院，而有 5.2％的老人认为社区内没有任何老年服务设施；（2）在社区提供哪些老年人服务项目问题上，有 40.8％的老人反映社区提供了安全保障服务，51.1％的老人反映社区提供了医疗保健服务，有 41.2％的老人反映社区提供了生活照料服务（包括托老、陪护等特殊照料服务和维修等一般家政服务），有 32.6％的老人反映社区提供了老年人娱乐项目，另有 7.3％的老年人反映社区基本不提供所谓的社区养老活动。

随着老龄化社会的到来，多数的社区都设置了一定的老年活动场所和设施，比如老年活动中心之类的地方。从我们的统计数据可以看出老年活动中心还是老年人经常活动的地方，社区医院对身体逐渐衰弱的老年人来说是另一个经常活动的地方，但是美中不足的是，我们在调研中发现有些社区范围很大，甚至可以分为好几个区域，但老年人活动中心、社区医院等分布较集中（便于管理）。有些社区医院等服务单位标志不明显，位置隐蔽，使得一部分行动不便的老年人无法享受到这些社区服务，同时也降低了老年人参与社区活动的积极性。

（三）对社区服务的满意度和看重的项目

（1）在对社区养老服务的满意度方面，25.8％的老人持满意态度，47.2％的老人认为服务水平一般，14.6％的老人认为服务水平较差，12.4％的老人表示说不清楚；（2）在老年人看重的社区服务项目方面，有 66.5％

的老人十分看重医疗保健服务，有 54.9% 的老人看重紧急救助服务，有 43.8% 的老人看重休闲娱乐活动，有 30.5% 的老年人看重老年人学习培训，有 28.8% 的老人看重健身指导，有 26.6% 的老人看重心理护理、开导，有 14.2% 的老人看重日托服务，有 1.3% 的老人看重其他类型服务。

从对社区养老服务的满意度上可以看出，总体上老年人对社区服务的满意度并不高。我们在调研中发现，多数社区内虽然组织老年人活动，也为老年人健身预留了场地，但是有些社区的老年人活动的场地也很小，并不适合老年人活动。还有一部分社区在物质关怀方面做得比较到位，过年过节都会有工作人员为老人购置生活必需品，慰问孤寡残障老人，但精神关怀方面做得十分欠缺，很多老人因行动不便无法参加社区活动，缺乏与其他人的交流，感觉很孤单，也有很多老人退休在家无事可做，他们希望学习一些养生保健知识，希望有人与他们聊天交流，这些都是北京市社区养老中存在的问题。在希望社区能提供的服务和项目这一问题上，老年人有比较多的想法和意见，这与他们对社区养老服务的满意度不高是相一致的。

三、对策与建议

（一）政府方面

1. 社区养老应该适当引入社会力量

随着科学技术的发展，网络和商业化服务已经为我们的生活提供了很多方便，政府部门也可以借此为社区养老提供一些方便。在这方面，政府已经采取了一些措施，例如通过政府购买服务，一些社区引入了专业的养老机构直接参与社区养老或负责培训，这在一定程度上能够提升社区养老的服务水平。而养老问题的解决不能仅仅由商业运作来完成，还是应该由政府来主导。政府可以加大对社会养老机构的扶植和培育，完善准入机制，使民间养老机构成为政府主导养老的一个有效的补充。但是政府引入社会力量的同时，必须建立合理的监督评估制约机制，政府应当尽快完善社区养老服务相关法律法规，社区应当完善服务规范，使养老服务可量化管理。养老机构应出台切实可行的服务执行标准，即日常生活服务、医疗保健服务、精神关怀服务等服务的具体执行方案与行为细则，保证为每位老人按需提供服务。适当引入社会力量能够为社区养老提供更好的服务。

2. 利用互联网提高社区养老服务水平

在信息技术高速发展的今天，社区完全可以将养老服务拓宽到互联网渠道上。科学技术的发展，让社区可以通过可视电话或者其他手段随时和社区中居家养老的老人进行交流，了解他们的生活状况、健康状况以及生活上的其他需要。不仅如此，互联网也可以提供其他服务，比如为老年人提供购物帮助等。社区也可以借助网络平台来招募养老志愿者，发布活动信息，进行服务公示等。社区也可以将社区内爱老敬老的感人事迹拍成短视频或微电影发布到互联网上，起到榜样作用。

3. 资金支持

政府在养老问题的解决上已经投入大量资金，为老年人的生活提供了很多免费或者补助性的服务，如老年餐桌的补助等，这在一定程度上增加了老年人的幸福感。政府同时应在社区公共设施建设与服务人员培训方面给予补助和支持，增加政府购买服务的资金投入。政府应定期对下拨的资金流向进行监督和检查，确保资金实实在在地被用在了社区养老工程上。一方面，政府应主导建立大型的养老机构、公共服务设施，扩大现有的养老院、老年活动中心的规模，提升其服务水平。另一方面，应该多鼓励民间养老机构的发展，为解决我国的社区养老问题提供更多的政策和资金支持。

（二）社区方面

（1）目前，大部分社区都在老年人关怀工作方面过多地侧重于物质关怀方面，而忽视了物质生活极大丰富的今天老年人日益迫切的精神需要。社区缺乏与老年人的有效沟通，不能按照老年人的需要提供相应的服务，造成"需要的不提供、提供的不需要"的局面。因此，如何提供老年人需要的养老服务项目是社区工作者要考虑的，多关心老年人的切实需要，才能做到更好服务。

（2）针对有老人反映社区内的老年人相互之间缺乏交流，尤其是一些新建成的小区，老人们相互之间不熟悉，需要很长一段时间来建立老年友谊，建立信任关系。这样的话，组织老年活动就是一件十分困难的工作。当然，目前一些社区也采取了相关措施，如建立老年人互助平台等，让老年人能够互相了解，从而提升他们参与活动的积极性。

（3）调整老年人活动内容，设置一些适合老年人参与的活动内容，以满足老年人的多样化需求。比如，社区应该继续完善老年人医疗保健服务，缩短老年人体检的周期等，以满足老年人对健康状况关注的最迫切的需要。多数老人希望社区能为其提供医疗保健活动，比如社区能够定期组织义诊，一年一度的体检力度对老年人来说是不够的。老年人希望社区内能够增加老年班车，方便老人出行，这一问题在很多社区普遍存在，很多社区买菜、购物不方便，对老年人来说就更不方便了，作为社区应该为老人提供更便捷的服务；社区内很多生活不能自理的老人不太容易找保姆，保姆住在老人家里也十分不便，希望社区为这些老年人开设日托服务，让老人们的生活起居得到全方位的照顾。

（4）建立社区与老人之间的长期联系机制，定期对需要特别照顾的老人进行电话访问或上门探访，了解老年人的身体状况等基本信息；针对社区设置老年人联系簿，定期确认老年人的生活情况，避免出现独居老人发生意外却无人知晓的情况。

（5）对社区养老服务工作者进行统一培训，以减少在工作开展过程中可能发生的误解。启用养老服务志愿者，吸纳有识青年走进社区进行义工服务，争取建成"老少一对一"的帮扶小组；同时，建立社区家政服务平台，为老年人雇用家政、保姆提供方便，并制定合理的收费标准；提供多种形式的服务以满足老年人的不同需求。

（三）老年人方面

（1）老年人要进行自我调整，尝试多与周边的居民沟通交流，改变过去的传统观念，理解并接受来自社区的关怀，积极参加社区活动，丰富自己的晚年生活。

（2）老年人要对社区提供的养老服务予以及时的评价，对高水平服务予以肯定，及时指出服务中存在的问题，积极向社区反映，这样才能够不断提高社区养老的管理水平。

（3）老年人应该多关注社会发展，学会接受新事物和新观念，接受社区养老和社会养老等，而不是一味依赖家庭和下一代养老，以减轻家庭成员的身心负担。

北京市社区养老存在很多问题，我们在实地调查中因为人力、物力的原因，调查还存在很多不足，在以后的研究中我们会更加努力。

（作者单位：曹媞　北京物资学院劳动科学与法律学院

李维阳　首都经济贸易大学劳动经济学院）

参 考 文 献

[1] 赵立新. 论社区建设与居家式社区养老 [J]. 人口学刊，2004（3）.

[2] 林娜. 社区化居家养老论略 [J]. 中共福建省委党校学报，2004（12）.

[3] 张良礼. 应对人口老龄化—社会化养老服务体系构建及规划 [M]. 北京：社会科学文献出版社，2006.

[4] 刘飞燕. 居家养老模式探讨 [J]. 江苏商论，2006（12）.

［5］方秀云．社区应对老龄化问题的对策研究［J］．中共杭州市委党校学报，2006
（5）．

［6］穆光宗．中国都市社会的养老问题：以北京为个案［J］．社会学，2002（10）．

［7］陈卫民．城市高龄老人的照护资源与照护供给分析［J］．中国人口科学，2004年
增刊．

［8］周德民．论社区养老服务发展特征［J］．宁夏党校学报，2002（6）．

专业社会工作嵌入式发展研究

郭 庆*

内容提要：本文阐述了中国专业社会工作二十多年的发展历程、其相对于行政型社会工作而言所具备的优势，以及在目前中国国情下专业社会工作嵌入式发展的必然性。接下来分析了专业社会工作发展所存在的问题，其中最大的问题就是在嵌入的过程中与行政权威不能达到互惠互利，而是相互斗争或是受到压迫。在今后发展中，专业社会工作最主要的是循序渐进地深入这个嵌入的过程，同时需要构建人才能力框架与规范制度、重视本土化实践以及积极吸收国际社会工作先进成果。

关键词：专业社会工作　嵌入式发展　社会服务　社会管理

中国改革开放三十多年以来，经济获得了飞速的增长，社会生产力也得到了大幅度的提升。但是，经济发展与社会发展的不协调也引发了许多严重的社会问题，如医疗和教育的体制改革问题、弱势群体的福利问题、退休职工的保障制度等。大量的民生问题的出现，使得政府不得不寻找新的方法来解决这种新形势下的民生和社会问题。在这种背景下，社会工作得到了重视。当前，我国出现两种社会工作并存的现象：一方面，传统的行政性、非专业的社会工作因体制变革、社会转型而变得不那么有效；另一方面，有发展前景的专业社会工作受到多种因素制约而未能发挥应有作用。[1]因为本土社会工作实践是原生的，同时其也广泛存在于日常社会生活之中，而专业社会作为后来者，且其发展并不成熟，只能嵌入前者之中。而随着社会的发展以及社会工作的不断成熟，这种嵌入也会发挥其不同的作用。

* 作者简介：郭庆（1992— ），男，广东广州人，硕士研究生，主要从事流通经济与法制研究。

一、专业社会工作嵌入的背景

（一）专业社会工作发展的历程

从 19 世纪末 20 世纪初起，社会工作便开始从西方发达国家逐步扩展到世界其他国家，在全球范围内得到了较快的发展。中国现代意义的社会工作是从 20 世纪 20 年代开始萌芽的，并在其后大半个世纪间经历了初步发展、中断、恢复重建的发展进程。1987 年，国家教委批准在北京大学、厦门大学、中国人民大学、吉林大学等校设立社会工作与管理专业，这也是我国专业社会工作人才能力培养开始的标志。虽然如此，但那时国家并没有意识到社会工作及专业社会工作人才的重要性。直到 20 世纪 90 年代，由于经济体制的变革，出现了职工下岗、贫富差距拉大等社会问题，这时国家才开始意识到专业社会工作的作用。21 世纪以来，国家和政府先后提出了许多关于社会工作建设的通知和规定，像胡锦涛总书记提出的人才强国战略以及人事部和民政部联合决定的社会工作师职业水平考试等都使专业社会工作建设步入正轨。

（二）专业社会工作的优势

社会工作专业服务是社会工作功能的主体，在社会管理体制改革、社会福利制度加快建设的背景下，专业社会工作将在社会服务、社会建设和社会管理中扮演不可替代的角色。专业社会工作的专业化特点在解决当下社会问题时存在着它独有的优势。第一，多样化的专业方法。社会工作在面对不同问题时能运用具有针对性的专业化工作方法，而这种具有多样性、灵活性优势的方法也更有利于解决复杂的社会问题。第二，作为中间人的协调作用。专业社会工作以民间身份出现，能有效地缓解政府、单位与利益受损人士及群体之间的紧张关系，促进双方间的沟通与互相理解，以防事态恶化。第三，以人为本的价值观。专业社会工作的宗旨便是全心全意地为有困难、有需要的人士和群体服务，平等协作，尊重对方，这种价值观更容易形成良好的工作关系，从而为服务对象所接纳。[2]

（三）专业社会工作嵌入的必然性

当我国专业社会工作恢复重建时，当时的社会服务领域其实并不是完全空白的，传统的社会工作依然在承担着服务职能，只不过由于市场的不断深化改革，使得传统的社会保障和社会服务职能一定程度地弱化，但政府也通过支持社区服务的办法来给这种职能弱化带来了补充。这种社区通常也带有比较明显的行政色彩，这便使得专业社会工作从一开始便进入了以传统社会服务模式为主的境况之中，而且至今及未来一段时间内都不会改变，因此可以说专业社会工作是嵌入行政性社会工作中的。当然，随着社会不断地转型、市场化不断深入以及中国更多地借鉴发达国家成功案例，专业社会工作在嵌入的过程中其地位和重要性会不断增强，与行政性社会工作的互动和合作也会更加频繁与成功。

二、专业社会工作嵌入中的问题

（一）教育体制落后

虽然中国的社会工作与管理专业开设已有 20 多年，但是首先目前来说我国高等社会工作专业的教育还是多以理论为主，大部分脱离实际操作，轻视对学生专业技能的培养，最关键的是缺少专业的实习机会，同时这些专业的任课老师也有不少缺乏实践经验，致使许多学生在毕业进入社区工作时空有理论知识在身而无法适应社会发展的需要。[3] 而且，比起西方许多发达国家以及我国的香港等，中国整个后续教育还未成体系，缺乏专业的社会工作人才培训机构。其次我国社会工作的准入门槛比较低，相当一部分从业者缺乏社会工作相关专业的知识背景。最后，社会工作职业资格评价制度并不完善，该制度缺乏理论深度以及有效的考核方式。虽然国家人事部和民政部联合开设的资格考试是一大突破，但是在后续的发展中这个制度却没有得到完善和改进，闭卷考试使得专业社会工作人才的职业技能并不能得到完全的评判。

（二）行政权威渗透

目前，专业社会工作面临最大的问题就是在嵌入过程中政府权威的渗透与服务行政化，也可以说目前中国的这种嵌入只是一种浅层次的嵌入。名义上来说是以行政性社会工作为主导，专业社会工作嵌入其中进行互助，但在此过程中常常会出现行政部门责任履行不足、监督过度等问题。例如，有些街道在进行社会工作时管理权力不断延伸，由于在协议中并没有明确限定政府对项目的管理权限，街道对专业社工的管理权限延伸到项目的方方面面。街道一方面干涉社工的服务，如规定社工的服务范畴、服务指标、外出工作的时长，另一方面干涉机构的行政管理，如随意改造社工的办公场地等。[4] 这只是政府权威借行政性社会工作不断渗透，导致专业社工自主性不断减弱的服务行政化过程的一个反映。社工机构没有成为街道政府的伙伴，而更像是变成了他们的伙计。

（三）民众对政府存在依赖

长期以来，政府靠行政体系处理问题已建构了一种意识形态并指导着人们的求助行为，许多民众都已经习惯了依靠政府和单位来解决困难。而且，中国的专业社会工作也不像其他西方发达国家的社会工作一样，民众不但不了解而且还不信任这些社工，就算有时候政府和单位办事效率低，不能很好地帮助解决问题，这些有困难的群众也不会寻求社工的帮助。当然，有时候群众遇到的某些问题可能是由政府部门、企事业单位推动的改革所造成的，政府处于解决问题的中心地位，这是由于群众要向责任主体诉求来解决目前所面临的困难。不过总体而言，专业社会工作依然处于比较边缘的地位，与群众不够熟络，互相之间也了解得不够。

（四）未得到社会广泛认同

目前，不但许多社会工作专业的新生在跨入大学校门之际，对社会工作为何的问题一无所知，甚至一些民政部门的工作人员也对社会工作专业十分生疏。在近几年国家公务员招考的专业要求方面，与火热的报考场面相对照的是，只有极其有限的岗位欢迎有社会工作专业背景的人员报考公务员。其实在中国香港的大学里社会工作专业的就业率十分高，接近100％，社工这个职业在中国香港与国外也是受人们尊敬和赞扬的职业。而在我国，社会工作职业除了不被人所了解外，也没有得到很大程度上的认同。

（五）较少借鉴国外先进经验

尽管各国的发展程度以及国情不同，对于国外先进的专业社会工作经验不能照搬来套进中国国情，但总体而言中国国内许多社会工作者对国际社会工作的发展潮流还是知之不多，缺乏国际文化、政治、经济、社会方面的广泛的知识背景以及具体解决社会问题的实际工作能力。同时也缺乏跨文化的社会工作沟通、交流、合作，缺乏对不同国家社会问题、社会政策、援助模式从不同角度进行思考和分析。虽然中国专业社会工作并未形成成熟和深层次的嵌入形式，但我们也缺少向国际展示中国社会工作特色、方法和技术的机会。[5]中国城市中广州和深圳是发展专业社会工作比较成功的两个城市，其中除了经济和社会原因外，也有它们毗邻香港善于学习香港社会工作的原因，像深圳的社区综合服务中心就是借鉴香港，作为政府购买服务项目的一次有益尝试。

三、专业社会工作未来发展建议

（一）逐步发展为深度嵌入

直到目前为止，嵌入性策略其实并不如国家合作主义观点所期待的那么乐观，总体来说这种嵌入还是浅层次、边缘的嵌入。尽管从总体上来说，社会服务是政府掌控的领域，在社会服务领域无论是工作理念、组织体系还是工作方法，基本上体现了政府的意志和作用，而且在发展民间组织问题上，政府一直持谨慎态度，未来也不可能向专业社会服务彻底转变，但是，这种嵌入还是有向深处发展的空间。首先，专业社会工作者必须明白和认清相互之间的关系和地位，理解政府加强社会管理和社会控制的必要，将自己所学的专业技能和为社会服务的理想化为协助社区人员工作的动力。其次，政府应该出台政策严格规定政府社区人员的权力运用，不能让某些人员将行政权威随意运用强迫社工成为自己的"下属"。同时也可以像深圳、广州等城市一样采用鼓励政府购买岗位、政府购买服务等方法，将专业社会工作引入民政、社区建设、学校卫生等，这样有助于社会工作理论与实际的结合。再次，社区行政人员应该认同专业社会工作者的能力和他们所起到的作用，尽管在刚开始时他们的实践能力可能较差，但是在专业知识的运用和一些先进的方法上他们肯定有过人之处，双方应该达成互惠型合作而不是冲突或隔离。最后，各方都需要明白整个专业社会工作嵌入行政型社会工作是一个过程，不能急功近利，中间必然存在冲突、理解、合作的过程，最终才能实现深度的嵌入。

(二) 构建人才能力框架与规范制度

教育是培养专业社会工作人才的重要环节，也是进行能力培养与强化的有效途径，它能提高专业知识水平，培养好职业技能，帮助树立正确的职业价值观。目前，整个专业社会工作的教育过分强调专业知识的教育，但是对于学生来说真正接触实践太少，这也使得其在往后嵌入到社区工作中时会存在一定的不适应。在今后的教育工作中，应该强化案例教学和模拟学习，保证学生实习的条件和时间。在师资队伍的建设中，也应该更多地考虑教师实践经验这一因素。同时也应该建立后续教育培训体系，对那些已经从业的社会工作者做后续培训工作。职业水平考试和资格证书制度也需要有所改进，应该综合采用笔试、面试及督导实践等方式来对专业人员进行考核。

(三) 重视本土化与实践

相比对街道的依赖，社工似乎因为与治理主体的疏离而一直未能很好地嵌入本土网络，而这种社区的熟人网络恰好就是社区工作员的优势和专业社工的劣势。社工许多时候只是基于职业需要而与社区建立联系，但与街坊还缺乏个人之间的情感纽带和信任。专业社会工作在今后的嵌入发展中要着重适应本土情境，不能因为受到行政权力干涉以及自身学历优越感，就与社区人员对着干。这些社区人员虽然专业知识能力可能并不能与社工相比，学历偏低、年龄偏大，但他们往往实践和做事的能力极强，与街坊的关系也亲密，而这恰恰也是社工所需要学习的。社工要在有限的嵌入依附空间中把握好开展专业服务活动的实践机会，自己的角色、关系、服务定位都要清晰，积累接触社会的经验和亲近本土化的情境，多加历练。[6]

（四）积极吸收国际社会工作先进成果

国际社会工作的先进成果在理念、理论和方法等方面都有不少值得中国借鉴的地方，其中与中国国情最接近的应该便是中国香港的社会工作。香港社会福利署对社工专业人员有严格的制度要求，其一直以来强制要求社工机构所有社工岗位人员一律实行社工专业大专以上文凭制度，对当时已经在岗的人员限定时间进行专业培训以使其取得岗位所需最低文凭，对不参加培训者进行转岗或不得晋升，对新入职者要求必须是社工专业毕业生。香港专业社工隶属于各类社工机构，社工实际上已成为解决百姓问题和困难的一支不可或缺的队伍。同时，在中国香港，无论是接受政府资助的社会服务机构，还是自筹经费的社会服务机构，都必须面对评估和问责，前者主要接受资助方即政府的评估和问责，后者更多是接受社会公众的监督。香港社会工作服务内容以"直接服务"为主，社会保障为辅；服务供给以"官办民营"为主导模式；服务发展由政府统筹迈向"非官营化"。[7]随着香港的回归和大陆经济的发展，与世界其他国家相比，两地互相学习的空间更大，如加强服务管理、增强服务专业化建设等都是我们应该学习的地方。

（作者单位：北京物资学院劳动科学与法律学院）

参 考 文 献

[1] 王思斌. 中国社会工作的嵌入性发展 [J]. 社会科学战线，2011 (2).

[2] 王思斌，阮曾媛琪. 和谐社会建设背景下中国社会工作的发展 [J]. 中国社会科学，2009 (5).

[3] 周宏，付尚媛，梁楠. 中国专业社会工作人才能力框架研究 [J]. 财经问题研究，2009 (9).

[4] 朱健刚，陈安娜. 嵌入中的专业社会工作与街区权力关系 [J]. 社会学研究，2013 (1).

[5] 张敏杰. 中国专业社会工作面临的三大问题 [J]. 浙江工商大学学报，2006 (4).

[6] 黄川栗. 专业社会工作嵌入社区公共服务研究 [J]. 四川理工学院学报，2013 (4).

[7] 李海荣. 社会服务：香港经验及启示 [J]. 甘肃行政学院学报，2013 (5).

我国城市居民消费结构差异比较分析

何浩淼[*]

　　内容提要：消费升级对于供给侧改革是一个非常重要的概念，而消费又是影响分配结构的一个关键因素。消费结构是人们衡量消费水平的一个重要参考因素，本文基于 SPSS 软件的应用，采用因子和聚类等分析方法对我国各地 31 个省市城市居民消费结构进行对比和分析。通过对消费结构造成影响的各项指标进行分析，总结出我国各地城市居民消费结构的一些规律，并对各地城市居民消费结构产生差异的原因给出相关的建议。

　　关键词：城市居民　消费结构　SPSS　因子分析　聚类分析

一、引言

　　中央财经领导小组于 2015 年 11 月 10 日召开了第 11 次会议，会议根据中国供需关系面临严重失衡等问题，第一次正式提出了供给侧结构改革的概念，目的是调整整体经济结构，实现要素的最优配置以及提升经济水平。供给侧改革一个很重要的方面是优化分配结构，实现公平分配，使消费成为生产力。目前，我国各地的经济发展水平还处于非常不均衡的状态，导致各地消费结构也存在着很大的差异。想要改善消费结构，优化分配布局，最终达到全面提高各地城市居民消费和生活水平的目标，需要对各地城市居民消费结构进行观察和比较分析。通过对各地城市居民消费现状的认识，发现经济水平和地域特点对居民消费结构的影响。

　　* 作者简介：何浩淼（1992—　），女（蒙古族），内蒙古赤峰市人，硕士研究生，主要从事流通经济与法制研究。

二、文献综述

（一）国外相关研究综述

学者们通常采用线性支出系统分析方法（LES）、恩格尔系数法、扩展线性支出系统分析方法（ELES）和几乎理想需求系统模型（AIDS）等方法研究消费结构。然而，这些分析方法却不能反映一些潜在因素对消费的影响，如各种预期、社会收入分配结构、区域差异等因素。马蒂尔斯与塞维斯特（Matyas 和 Sevestre）和萧政（Cheng Hsiao）为了改善已有分析方法不能反映影响消费潜在因素的问题，共同提出了 Panel Data 模型。由于现在我国有些地区的消费数据存在缺失，因此对于该方法的使用也比较少。

（二）国内相关研究综述

对于消费结构的研究，国内学者臧旭恒（2003）对扩展性支出系统（ELES）、几乎理想需求系统模型（AIDS）的优缺点进行对比分析，然后采取几乎理想需求系统模型（AIDS）对中国城乡居民的消费结构进行了分析。[1]王晖（2009）对河南省消费结构的变化以及消费与产业结构之间的变化关系利用扩展性支出系统（ELES）方法从实证的角度进行分析。[2]赵志坚（2007）对我国城乡居民消费结构的模型参数采用扩展性支出系统模型（ELES）进行估计，并得出了城镇居民基本生活水平上升速度明显要比农村居民的基本生活水平上升速度要快的结论，进而提出缩小城乡收入差距，完善社会保障系统的观点。[3]

早期，学者将各地的低迷消费主要归因于经济水平的落后。从 20 世纪末开始，学者更多地认为收入的分配结构对消费水平有很重要的影响。学者臧旭恒等（2003）、马强（2004）、王青（2005）、张全红（2009）等认为收入分配不均是影响总消费不足的主要因素，中低收入者的收入水平与支出能力存在一定的限制，从而削弱了全体消费需求水平提高的势头。[4]而学者王端（2000）、朱春燕、臧旭恒（2001）、罗楚亮（2004）等人认为不确定性所产生的风险是居民消费的一个影响因素；学者方福前（2009）认为中国消费率低主要是由中国政府一直以来存在重视建设而轻视消费、消费信贷制度发展有些滞后、中国居民投资渠道较匮乏等问题造成的。[5]

综上所述，我们可以看出，国内外很多学者在消费结构的研究方面做了大量的工作，这些成果对我们有很大的借鉴作用。由于各地经济发展程度具有不一致性，因此各地之间的消费结构也有很大的不同。本文试图通过 SPSS 软件对于全国 31 个省市城市居民消费结构进行实证分析，探讨各地消费结构的差异，进而分析造成这些差异的原因。

三、我国城市居民消费结构差异分析

根据国家统计局于 1993 年规定的分类标准，居民消费结构可以划分为衣着、食品、居住、医疗保健、家庭设备及服务、文化教育娱乐用品及服务、交通通信、其他商品和服务等八大类[6]（见表 1）。本文运用 SPSS 软件通过因子和聚类两种分析方法对城市居民消费结构进行分析。

（一）因子分析方法

1. 因子分析模型

因子分析的目的是使 x_1，x_2，…，x_p 中每个变量的均值都是 0，并且标准差都是 1。现将每个原始变量用 k（$k<p$）个因子，即 f_1，f_2，…，f_k 的线性组合来表示变量间的基本结构，并对变量的观测系统进行简化，实现变量的降维，争取能够做到用数量较少的变量对复杂问题进行解释。因子分析需要以最少信息丢失为前提，将数量较多的原始变量进行综合，形成少量的被称为因子的综合指标。可以将这一思想用数学模型来表示。设有 p 个原始变量，则有：

$$x_1=a_{11}f_1+a_{12}f_2+a_{13}f_3+\cdots+a_{1k}f_k+\varepsilon$$
$$x_2=a_{21}f_1+a_{22}f_2+a_{23}f_3+\cdots+a_{2k}f_k+\varepsilon$$
$$x_p=a_{p1}f_1+a_{p2}f_2+a_{p3}f_3+\cdots+a_{pk}f_k+\varepsilon$$

表 1　各地区城镇居民家庭平均每人全年消费性支出（2014 年）

地区	消费支出	食品烟酒	衣着	居住	生活用品及服务	交通通信	教育文化娱乐	医疗保健	其他用品及服务
北京	33717.5	8007.4	2587.4	10308.4	2206.6	3857.2	3610.9	2044.4	1095.2
天津	24289.6	8069.5	2050.8	5251.4	1387.1	3114	2013	1721.3	682.6
河北	16203.8	4240.8	1424.4	3735.8	1081.6	2448.4	1591.9	1304.5	376.5
山西	14636.9	3804	1616	2898.8	887.9	1709.8	2026.5	1240.9	452.9
内蒙古	20885.2	6003.2	2394.6	3619.3	1436.6	3095.3	2177.8	1470.2	687.7
辽宁	20519.6	5816.9	1987.2	4428.2	1234.8	2434.3	2275.9	1630.8	711.4
吉林	17156.1	4478.5	1800.2	3330.8	971.6	2232.2	1980.8	1838.4	523.2
黑龙江	16466.6	4532.1	1813.4	3503.8	912.7	2054.5	1723.2	1457.6	469.6
上海	35128.4	9438.6	1700.4	11621.7	1629.4	3801.5	3605	2327.6	1058.3
江苏	23476.3	6695.8	1753	5101.5	1335.2	3504	2838.8	1616.7	631.3

续表

地区	消费支出	食品烟酒	衣着	居住	生活用品及服务	交通通信	教育文化娱乐	医疗保健	其他用品及服务
浙江	27241.7	7705	1997.7	6901.9	1333.7	4493.9	2642.9	1527	639.7
安徽	16107.1	5360.3	1333.7	3542.4	922.9	1924.9	1650.9	976.5	395.4
福建	22204.1	7368.7	1461	5434.7	1302	2737.8	2170	1187.8	342.1
江西	15141.8	4965.6	1394.7	3377.1	991.2	1627.7	1653.8	1209.8	421
山东	18322.6	5298.1	1801.3	4015.6	1430.7	2376.6	1769.8	988.3	678.1
河南	17513.8	4662.5	1823.4	3136	1389.3	1735	1721.9	1209.8	421
湖北	16681.4	5390.6	1463.9	3575.1	1024.7	1802.3	1894.8	988.3	678.1
湖南	18334.7	5596	1442.1	3567.6	1098.6	2462.1	2537.5	845.9	282.1
广东	23611.7	7850.2	1344.7	5291.5	1365.1	3625.4	2468.4	960.3	343.8
广西	15045.4	5293.7	794.6	3389.7	904.5	1845.9	1688.9	1187.7	368.6
海南	17513.8	6655.3	829.9	3697.8	957.7	2156.2	1912.8	960.3	343.8
重庆	18279.5	6308.4	1878.1	3520.8	1292.6	2009.7	1713.6	1187.7	368.6
四川	17759.9	6203.8	1539.4	3186.1	1210.6	2168.8	1672.4	1283.6	495.2
贵州	15254.6	4809.6	1245.9	2942.5	1090.5	1873.1	2071.3	927.4	294.3
云南	16268.3	4987.4	1066.6	3469.6	916.5	2608.3	1816.9	1115.2	288.2
西藏	15669.4	6166.6	1656.2	3397.6	891.1	1730.1	727.3	552.5	547.9
陕西	17546	4800.2	1470.4	3620.4	1176	2447.1	2147.5	1495.9	388.5
甘肃	15924.3	4964.2	1654.2	3537.7	1089.5	1628.7	1644.3	1048.2	375.3
青海	17492.9	5228.5	1754.2	3446.5	1008.7	2235.2	2056.4	1213	550.4
宁夏	17216.3	4795.3	1729	3027.6	1094.9	2552.8	1957.5	1616.9	442.3
新疆	17684.5	5529.7	1912.4	3262.8	1087.6	2406.7	1741	1310.9	422.5

上式变现的是因子分析的输出模型，也可以将该输出模型用矩阵形式表示成 $x=AF+\varepsilon$。因为在 f_1，f_2，…，f_k 中，f_k 在每个原有变量的线性表达式中都有出现，因此在 f_1，f_2，…，f_k 中，f_k 被称为公共因子。因子载荷矩阵为 **A**，其中的因子载荷为 a_{ij}，表示第 i 个原有变量在第 j 个因子上的因子载荷系数。在模型中，特殊因子 ε 被定义为彼此不相关且同公因子也不相关，能够代表已有变量所不能被因子变量进行解释的那一部分内容。各地区城市居民人均消费支出在本文中由 8 个要素组成，分别用 X1～X8 表示相应的指标。其中 X1 代表食品、X2 代表衣着、X3 代表居住、X4 代表家庭设备用品和服务、X5 代表医疗保健、X6 代表交通和通信、X7 代表娱乐教

育文化服务、X8 代表其他商品与服务，单位为"元"。

2. 数据来源

本文的数据为 2014 年全国各地区城镇居民家庭平均每人全年消费性支出，来自国家统计局发布的 2015 年中国统计年鉴。

3. 因子分析的过程

把全国各地 31 个省市的消费支出作为统计样本，并将上述 X1～X8 八项消费支出要素的指标作为变量，获得数据阵。应该首先判断数据变量是否适合进行因子分析，然后计算出样本的相关系数矩阵，如表 2 所示。

表 2　相关系数矩阵

	食品烟酒	衣着	居住	生活用品及服务	交通通信	教育文化娱乐	医疗保健	其他用品及服务
食品烟酒	1.000	0.262	0.811	0.663	0.755	0.619	0.392	0.564
衣着	0.262	1.000	0.378	0.647	0.425	0.355	0.538	0.664
居住	0.811	0.378	1.000	0.774	0.761	0.825	0.661	0.771
生活用品及服务	0.663	0.647	0.774	1.000	0.685	0.730	0.567	0.710
交通通信	0.755	0.425	0.761	0.685	1.000	0.774	0.581	0.547
教育文化娱乐	0.619	0.355	0.825	0.730	0.774	1.000	0.686	0.619
医疗保健	0.392	0.538	0.661	0.567	0.581	0.686	1.000	0.688
其他用品及服务	0.564	0.664	0.771	0.710	0.547	0.619	0.688	1.000

上述矩阵中显示 8 个消费变量间的相关系数大多大于 0.3，因此适合做因子分析。再对其进行 KMO 检验，Kaiser 给出了常用的 KMO 度量标准：0.9 以上表示非常适合；0.8 表示适合；0.7 表示一般；0.6 表示不太适合；0.5 以下表示极不适合。其 KMO 分析结果如表 3 所示。

表 3　KMO 和巴特利特检验

KMO 取样适切性量数		0.803
Bartlett 的球形度检验	上次读取的卡方	208.886
	自由度	28
	显著性	0.000

KMO 的显示结果为 0.803，因此结果适合作因子分析。通过进一步分析我们可以得知，Bartlett 的球体检验（$p=0.000<0.05$），说明各个消费变量之间具有很强的相关性，也反映出消费因素间在很大程度上存在重叠的

情况，可以使用因子分析的方法进行分析。总方差统计表如表 4 所示。

表 4 总方差统计表

组件	初始特征值			提取载荷平方和			旋转载荷平方和		
	总计	方差百分比	累积（%）	总计	方差百分比	累积（%）	总计	方差百分比	累积（%）
1	5.415	67.692	67.692	5.415	67.692	67.692	3.783	47.292	47.292
2	1.008	12.596	80.289	1.008	12.596	80.289	2.640	32.997	80.289
3	0.563	7.041	87.329	—	—	—	—	—	—
4	0.394	4.920	92.249	—	—	—	—	—	—
5	0.290	3.630	95.879	—	—	—	—	—	—
6	0.168	2.096	97.976	—	—	—	—	—	—
7	0.093	1.167	99.143	—	—	—	—	—	—
8	0.069	0.857	100.000	—	—	—	—	—	—

注：提取方法：主成分分析。

根据总方差统计表，可以从中摘取两个主要因子，其累计贡献率可以高达 80.289%，因此就可以对我国各地城市居民的消费结构进行解释。通过 SPSS 计算分析后得到主成分的碎石图如图 1 所示。

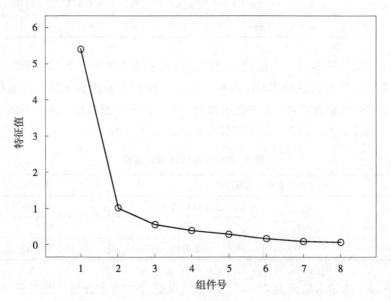

图 1 主成分的碎石图

　　根据碎石图我们可以发现有两个主因子比较合适，这与总方差统计表显示的结果是一致的。

　　利用主因子分析法从中提取两个主因子，并用最大方差旋转对其进行简化，得到因子载荷矩阵（见表 5），它代表了变量和公因子之间的相关系数：

表 5　旋转后的成分矩阵[a]

	组件	
	1	2
食品烟酒	0.894	0.119
衣着	0.077	0.930
居住	0.873	0.378
生活用品及服务	0.645	0.606
交通通信	0.835	0.305
教育文化娱乐	0.809	0.368
医疗保健	0.454	0.682
其他用品及服务	0.491	0.747

注：a：提取方法：主成分分析。

旋转方法：Kaiser 标准化最大方差法。

　　根据表 5 的载荷矩阵可以得出如下结论。

　　第一，主要消费因子能够很好地反映居住、食品、交通和通信、家庭设备用品、娱乐教育文化服务和其他商品与服务这 6 个方面的综合变动趋势，因为该因子在这 6 个方面存在着较大的载荷，可以被认为是各地区城市居民在这 6 个方面的消费指标，称为生活必需型消费因素。

　　第二，次要消费因子可以很好地综合反映衣着、医疗保健这两个方面的变动趋势，该因子在这两个方面有较大的载荷，可以被认为是各地区城市居民在这两个方面的消费指标，称为生存型消费因素。

　　二维旋转空间的成分图如图 2 所示。

　　二维旋转空间的成分图表现了各个消费要素之间的类属关系，而且主要消费因子和次要消费因子离两个因子的坐标轴非常接近，表明两个因子对消费要素的刻画效果非常好。因为信息丢失的情况较少，综合消费要素能够较为容易地减少解释变量，有利于我们对消费要素进行归类并进行分析解释：两个因子分别能解释的方差为 5.415（67.692%）和 1.008（12.596%）。因此，主要消费因子和次要消费因子能很好地说明总体情况的 80.289%。根据旋转后的元件矩阵，可以得到如下因子模型：

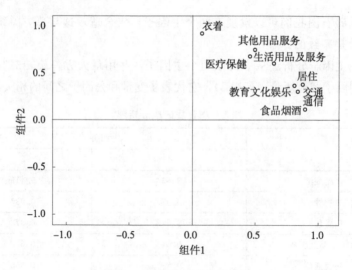

图2　二维旋转空间的成分图

$$X1=0.894\times F1+0.119\times F2+\varepsilon;$$
$$X2=0.077\times F1+0.930\times F2+\varepsilon;$$
$$X3=0.873\times F1+0.378\times F3+\varepsilon;$$
$$X4=0.645\times F1+0.606\times F2+\varepsilon;$$
$$X5=0.835\times F1+0.305\times F2+\varepsilon;$$
$$X6=0.809\times F1+0.368\times F2+\varepsilon;$$
$$X7=0.454\times F1+0.682\times F2+\varepsilon;$$
$$X8=0.491\times F1+0.747\times F2+\varepsilon;$$

　　根据原始数据，分别计算出各地城市消费的主要、次要因子得分，并用各因子的方差贡献率作为权重进行加权汇总，得出各地区居民消费结构综合评价得分并进行排名，表中因子得分情况及其正负仅能表示该省市与平均水平之间的相对位置。

　　　　综合评价排名 $F=0.677\times F1+0.126\times F2$

　　本文只选综合排名的前十位对我国各地区居民消费结构进行排序和解释。

　　我国各地城市居民消费因子得分及排名表如表6所示。

表6　我国各地城市居民消费因子得分及排名表

地区	F1得分（分）	F1排名	F2得分（分）	F2排名	综合得分（分）	综合排名
上海	3.04029	1	0.70669	3	2.11691	1
北京	1.90413	2	2.63782	1	1.62146	3

续表

地区	F1 得分（分）	F1 排名	F2 得分（分）	F2 排名	综合得分（分）	综合排名
广东	1.73184	3	−1.56024	8	1.83392	2
浙江	1.61232	4	0.20895	4	1.11787	4
福建	0.99568	5	−0.9753	5	0.33149	7
江苏	0.97367	6	0.28143	3	0.69463	5
海南	0.67862	7	−2.04338	9	0.20196	8
天津	0.61796	8	0.82278	2	0.52203	6
湖南	0.29693	9	−1.06911	6	−0.13471	10
云南	0.07918	10	−1.37447	7	−0.11962	9

从上述各地城市居民消费因子得分及排名表可以总结出我国城镇居民的综合消费因子水平具有以下一些特征。

第一，居住、食品、交通和通信、家庭设备用品、娱乐教育文化服务和其他商品与服务指标作为第一主成分因子，上海、广东、北京、浙江、福建等位于沿海等经济发达地区的得分较高，位于前 5 位，西藏、吉林、海南、黑龙江、山西等中西部经济欠发达地区的居民综合得分位于后 5 位，数据显示的结果与实际情况基本一致。经济发达地区第一主成分因子方面的消费支出占全国总消费支出的比重为 67.7%，即这些地区在生活必需型消费因素上的支出在全国也位居前列。第一主成分因子反映出我国各地城镇居民地区生活水平的差距以及提高需要努力的重点和方向。

第二，衣着消费与其他用品及服务等两个指标作为第二主成分因子，这一因子在全国城镇居民的消费中差异并不大。因为衣着消费受地区、气候、生活方式等方面的影响较大，但是受经济水平和收入等方面的影响却较小，是居民生活消费中最基本的因素。目前，人们的生活水平明显提高，对于物质的需求更具有多元性，不止限于生活或生存必需品，对于一些其他的用品及服务的需求增加。

（二）聚类分析

系统聚类分析是基于所研究的样品之间具有不同程度的相似性所产生的分析方法。样品相近性较高的就聚合为一类，根据相似程度将样品聚合成不同的类别，关系较为密切的样本聚合成小的分类单位，关系较为疏远的样品就聚合成大的分类单位，直到把所有样品都聚合完毕，并形成一个分类系统。[7]在运用聚类分析时，设有 n 个样品，每个样品均可以得到 p 个观测指标，并用 x_{ij} 表示第 i 个样品的第 j 个观测指标，那么以 x_{ij} 为元素的矩阵如下所示：

$$\begin{bmatrix} x_{11} & x_{12} & \cdots & x_{1_p} \\ x_{21} & x_{22} & \cdots & x_{2_p} \\ \vdots & \vdots & \vdots & \vdots \\ x_{n1} & x_{n2} & \cdots & x_{n_p} \end{bmatrix}$$

这被称为观测数据矩阵。对于常见的 Q 型聚类分析而言，根据观测数据矩阵计算出相似的统计量，并通过相似统计量对 n 个样品进行分类。[8]

通过对 2014 年城镇居民家庭平均每人全年消费性支出进行分析得出：基于主成分分析的系统聚类（Hierarchical Clustering Method）结果如图 3 所示。

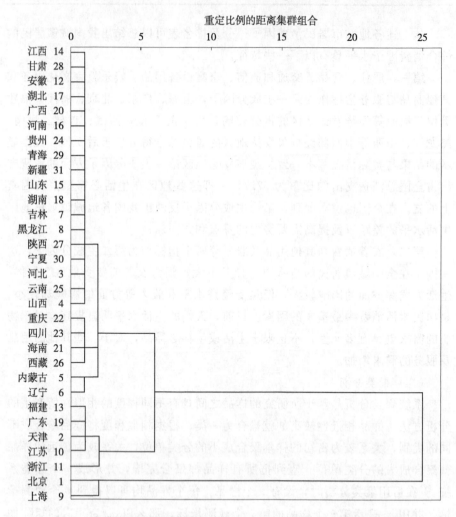

图 3　主成分分析的系统聚类（Hierarchical Clustering Method）结果

层次聚类分析根据综合消费水平把全国各地 31 个省市分为 3 大类：第一大类包括北京、上海等高消费地区；第二大类包括天津、江苏等中等消费地区；其余的为第三大类。其详细结果如表 7 所示。

表 7　层次聚类分析结果

类别	城市
第一类	北京、上海
第二类	福建、广东、天津、江苏、浙江、辽宁、内蒙古
第三类	其余省市

（三）评价结果与比较分析

根据表 7 可以看出这三大类地区的城镇居民消费结构相似性很强，但是各地区的消费结构又具有相对独立性。

第一大类地区，医疗保健、交通和通信、娱乐教育文化服务及居住等方面的支出水平远高于全国的平均水平。因为这类地区在经济、收入以及各方面的消费能力都相对较高，比如北京与上海在娱乐教育文化服务方面的支出在全国 31 个省中位居前位。居住方面，这类地区的人均居住类消费以及其在人均消费支出中所占比例在全国也处于较高水平，这与物价持续上涨，居住需求不断提高等原因都有关系。

第二大类地区，其中天津、辽宁处于环渤海经济区，江苏处于长江三角洲经济区，在各方面的支出水平较高。内蒙古等地区虽地处内陆，但是近些年来受到政策扶持等利好因素的影响，经济增长势头较为迅猛，因此在医疗保健和教育文化娱乐等方面的支出比例也明显增大。这些结果都说明内陆地区的居民消费结构也逐渐趋于合理化。

第三大类地区，在食品方面的支出比例非常高，在医疗保健、娱乐教育文化服务、居住等方面的支出却远低于全国的平均水平。国家应该对这类地区医疗制度和文化事业等方面的发展提供相关保障，努力提高居民健康、生活以及精神文明建设等方面的水平。

四、对策与建议

第一，在经济形势急速发展的前提下，想要使城市居民的收入水平得到进一步的提升，应该采取措施改善各地经济发展的不平衡的现状，改善城市居民的消费结构。

第二，通过逐步改善社会保障体系提高城市居民的消费意愿以及消费能力。

第三，从政策层面采纳鼓励措施并利用对居民进行教育宣传等手段，逐步引导城市居民的消费模式向更环保、更健康的方向转变。

第四，对中西部地区，要首先从资金、政策等方面进行扶持，并为其更好地发展提供强有力的保障，尽量缩小各地区在各方面的差异，从而使得各地消费结构得到进一步的平衡。

（作者单位：北京物资学院劳动科学与法律学院）

参 考 文 献

[1] 臧旭恒. 城乡居民消费结构：基于 ELES 模型和 AIDS 模型的比较分析 [J]. 山东大学学报（哲学社会科学版），2003（6）：122－126.

[2] 王晖. 扩展线性支出系统模型与居民消费结构分析 [J]. 经济问题探索，2009（10）：52－56.

[3] 赵志坚，胡小娟. 我国城乡居民消费结构比较分析 [J]. 消费经济，2007（10）24－27.

[4] 方福前. 中国居民消费需求不足的原因研究——基于中国城乡分省数据 [J]. 中国社会科学，2009（2）：68－71.

[5] 易丹辉，尹德光. 居民消费统计学 [M]. 北京：中国人民大学出版社，1994：143－147.

[6] 余建英，何宏旭. 数据统计分析与 SPSS 应用 [M]. 北京：人民邮电出版社，2003.

[7] 陆志波. SPSS 在实验数据分析中的应用 [J]. 环境技术，2003（3）：38－41.

[8] 张旭，丁雨昕. 区域城市居民消费结构差异比较分析 [J]. 北方经贸．2011（10）.

教师发展与人才培养

❖ 教育公益组织支教教师主观幸福感研究——
  以 A 支教组织为例
❖ 供给侧结构性改革背景下地方本科院校转型
  发展的思考
❖ 北京物资学院研究生导师的职责、考核、评
  价及激励机制研究

教育公益组织支教教师主观幸福感研究
——以 A 支教组织为例

隆　意　岑翠仪[*]

内容提要： 随着我国经济的持续发展和社会的繁荣，越来越多的人开始关心教育公益事业，教育公益组织成为其重要的发展方式。本研究以主观幸福感问卷为调查工具，选取国内较有影响力的某教育公益组织的 46 名支教教师作为调查对象，结合个体深度访谈，了解支教教师的主观幸福感的现状，并从多个维度进行了差异比较分析。研究结果发现，在主观幸福感方面，支教教师的正向情感得分处于中等偏上水平，负向情感得分处于中等偏下水平，超过 75% 的人对自己的生活感到满意。比较研究发现，支教教师的主观幸福感在性别、家庭出身、学历和专业类别四个维度上，存在不同程度的差异。

关键词： 教育公益组织　支教教师　主观幸福感

一、前言

在 2015 年减贫与发展高层论坛上，习近平主席在他的发言中说道："未来五年，我们将使中国现有标准下 7000 多万贫困人口全部脱贫。这是中国落实 2015 年后发展议程的重要一步。"同时习主席还提到："扶贫必扶智，让贫困地区的孩子们接受良好教育，是扶贫开发的重要任务，也是阻断贫困代际传递的重要途径。"[1] 国家出台的各项政策显示，扶贫、扶助农村教育将会是我国未来一段时间发展的重点。教育公益组织，是促进教育公平、改

---

* 作者简介：隆意（1978— ），女，湖南宁乡人，讲师，硕士，研究方向是人力资源管理；岑翠仪（1993— ），女，广东广州人，研究方向是人力资源管理。

[1] 习近平. 凝聚共识同舟共济，不断深化减贫合作，积极呼应和推动 2015 年后发展议程落实[J]. 人民日报，2015-10-17（01）。

善教育质量的重要的民间力量。伴随学习型社会的到来和社会公众对教育需求的日益多样化，教育公益组织呈现出蓬勃发展的态势，并且蕴含着巨大的发展潜力。而人是任何一个行业或者组织得以发展最重要的资源。因此，保证教育公益行业的稳步发展，提高教育公益组织从业人员的幸福感，是一个不容小觑的课题。

然而，有调查数据显示，教育公益组织从业人员来源中，企事业单位和毕业后参与第一份工作的大学生占比是最高的，其中有教育工作经验的比较少。报告认为，这对组织的专业化状态是有所影响的。其中，65%的人在工作中感到很有成就感，但是有39%的人打算换工作，这说明公益组织的人员流动性是很大的❶。本研究拟从调查目前国内有代表性的教育公益组织 A 支教组织（遵从研究被试的建议，本研究隐去该组织的真实名称，以下简称 A 组织）教师的主观幸福感现状入手，以期来寻找教师流动性过大的原因，并提出提高教育公益组织员工主观幸福感的建设性建议。

二、以 A 支教组织为例的员工主观幸福感调查

（一）A 组织的基本概况

支教组织 A 每年都会招募优秀的青年人才，把他们输送到我国教育资源匮乏地区从事一线教育工作。通过长期支教，帮助当地学生和社区实现教育上的突破性发展，同时也激发这批年轻人对教育事业的信念，培养他们成为有能力且长期致力于推动中国教育均衡发展的未来人才。

（三）研究目的

本研究借助心理测量工具，对抽取的样本进行测量，了解支教教师的总体幸福感状况，在此基础上，对不同的性别、不同的家庭出身、不同的学历、不同的专业类别的支教教师的幸福感进行差异比较，从而对目前我国教育公益组织从业人员幸福感有更深入的了解。

（三）研究对象

随机选取 A 组织正在项目地支教的 46 名支教教师。在调查实施前获得被试的一般人口统计学资料，如性别、家庭出身、学历、专业类别等。被试基本构成情况见表1。

---

❶ 搜狐教育. 教育公益组织期待行业 [EB/OL]. http：//edu.qq.com/a/20131126/011523. htm [2013-11-26].

表1 被试基本构成情况

项 目		人数	所占百分比（%）
性别	男	18	39.13
	女	28	60.87
家庭出身	城市	21	45.65
	农村	25	54.35
学历	本科	37	80.43
	研究生	9	19.57
专业类别	文科	31	67.39
	理科	15	32.61
支教年限	第一年	35	76.09
	两年及以上	11	23.91

（四）研究工具

根据本研究实际需要，笔者选取了权威的主观幸福感问卷（包括生活满意度、正向情感和负向情感三个部分）。

主观幸福感量表由生活满意度、正向情感、负向情感三个部分组成。主观幸福感量表已经在多项研究中被广泛使用，具有很强的实用性和权威性。研究者倾向于把幸福感分为认知维度和情感维度来考量，所以本次调查采用的主观幸福感问卷包括生活满意度和情感指数（分别包含正向情感和负向情感）两大部分。

生活满意度量表（The Satisfaction With Life Scale，SWLS）是由Dinner、Larsen 和 Emmons 等人（1985）编制的。此量表包括五个题，要求被试对其生活的满意程度以及与理想生活的接近度进行评价。生活满意度量表采取 7 点计分法，选项从 1（强烈反对），过渡到 7（非常赞同），分数越高，满意度越高。该量表应用广泛，并在多次跨文化研究中施测于中国被试，其内部一致性信度为 0.84。

情感量表则采用 Kammann 和 Flett（1983）编制的情感量表 2 中的 20个测量正向情感和负向情感的项目。正向情感维度各项间的内部一致性系数是 0.84，负向情感是 0.74，内部一致性信度较好。对量表项目进行的因素分析能够清晰地区分出正向情感和负向情感两个因素，它们的解释率为

37.19%，各项目的因素载荷分别为 0.53～0.71 和 0.36～0.64，这说明量表有较高的结构效度。量表采取 5 级评分制。❶

（五）调查实施

本次调查自 2016 年 3 月 6 日至 16 日，笔者通过网络进行问卷发放，共发放问卷 46 份，回收有效问卷 46 份，回收率为 100%。

（六）A 组织支教教师总体主观幸福感现状及不同维度的比较分析

Diener（1993）将生活满意度的得分范围分为 7 个等级：1～1.8 分，非常不满意；2～2.8 分，不满意；3～3.8 分，稍不满意；4 分，既满意又不满意；4.2～5 分，稍满意；5.2～6 分，满意；6.2～7 分，非常满意。

从表 2 可以看出 A 组织支教教师正向情感的得分为 3.68（分值为 1～5分），可见其正向情感得分处于中等偏上水平；负向情感得分为 2.14（分值为 1～5 分），可见其消极情绪处于中等略偏下水平。

表 2 主观幸福感各维度平均分及其所占总分比重

	平均分（分）	所占总分比重（%）
正向情感	3.68	73.6
负向情感	2.14	42.8

本研究发现 A 组织支教教师对自己生活非常满意的有 7 人，占总数的15.2%；满意的有 11 人，占总数的 23.9%；稍满意的有 17 人，占总数的37%；既满意又不满意的有 1 人，占总数的 2%；稍不满意的有 8 人，占总数的 17.4%；不满意的有 2 人，占总数的 4%；非常不满意的有 0 人，占总数的 0%。由此可以看出，支教组织 A 支教教师的生活满意程度比较高，对自己生活满意的超过总数的 75%。

1. 支教教师主观幸福感在性别维度的比较

在教育公益组织的支教队伍中，通常女性的占比较大。在本次随机抽取的 46 名支教教师中，有 18 名男性，28 名女性，分别占总数的 39.13% 和60.87%。经过统计计算，两组的生活满意度得分、正向情感和负向情感得分和主观幸福感得分见表 3。

---

❶ 汪向东，王希林，马弘. 心理卫生评定量表手册（增订版）[M]. 中国心理卫生杂志社，1999.

表 3 不同性别支教教师主观幸福感的比较

	性别	人数（人）	平均分（分）
总体主观幸福感	男	18	6.6
	女	28	6.3
生活满意度	男	18	4.9
	女	28	4.8
正向情感	男	18	3.7
	女	28	3.7
负向情感	男	18	2.0
	女	28	2.2

从表 3 可知，支教教师男性和女性的主观幸福感、生活满意度、正向情感以及负向情感的得分差距不大。正向情感男性与女性得分相同，但女性的负向情感高于男性，主观幸福感也略低于男性。

2. 支教教师主观幸福感在家庭出身维度的比较

通过前期调查，可以将去 A 组织支教的教师动机分为两大类。一类是家庭环境较好，从小受到良好的教育，想去乡村支教贡献自己的一份力。另一类是从小成长在农村家庭，学有所成后想去回馈乡村教育。因此在本研究中，把支教教师根据家庭出身分为城市出身组和农村出身组。在本次随机抽取的 46 名支教教师中，有 25 名支教教师是城市出身，21 名支教教师是农村出身，分别占总数的 45.65％ 和 54.35％。经过统计计算，两组的生活满意度得分、正向情感和负向情感的得分、主观幸福感得分见表 4。

表 4 不同家庭出身支教教师主观幸福感的比较

	家庭出身	人数（人）	平均分（分）
总体主观幸福感	城市	25	6.1
	农村	21	6.5
生活满意度	城市	25	4.7
	农村	21	4.9
正向情感	城市	25	3.6
	农村	21	3.7
负向情感	城市	25	2.2
	农村	21	2.1

表 4 显示，农村出身组在总体主观幸福感、生活满意度、正向情感的得分都略高于城市出身组。城市出身组的负向情感略高于农村出身组。

3. 支教教师主观幸福感在学历维度的比较

参加到 A 组织两年支教项目的支教教师大多是本科毕业就去支教的，在本研究中也体现了这一特点。在本次随机抽取的 46 名支教教师中，有 37 名男性和 9 名女性，分别占总数的 80.43％和 19.57％。经过统计计算，两组的生活满意度得分、正向情感和负向情感的得分，还有主观幸福感得分结果见表 5。

表 5　不同学历支教教师主观幸福感的比较

	学历	人数（人）	平均分（分）
总体主观幸福感	本科	37	6.4
	研究生	9	6.2
生活满意度	本科	37	4.8
	研究生	9	4.8
正向情感	本科	37	3.7
	研究生	9	3.7
负向情感	本科	37	2.1
	研究生	9	2.3

从表 5 可知，本科组和研究生组在生活满意度和正向情感的得分一样。但研究生的负向情感略高于本科组，因此总体主观幸福感也略低于本科组。

（4）支教教师主观幸福感在专业维度的比较

本研究把被试按专业分为文科组和理科组。在本次随机抽取的 46 名支教教师中，有 31 名文科生，15 名理科生，分别占总数的 67.39％和 32.61％。经过统计计算，两组的生活满意度得分、正向情感和负向情感的得分，还有主观幸福感得分结果见表 6。

表 6　不同专业类别支教教师主观幸福感的比较

	专业类别	人数（人）	平均分（分）
总体主观幸福感	文科	31	6.4
	理科	15	6.3
生活满意度	文科	31	4.9
	理科	15	4.7
正向情感	文科	31	3.7
	理科	15	3.7
负向情感	文科	31	2.2
	理科	15	2.1

从表 6 可知，支教教师文科组和理科组的主观幸福感、生活满意度、正向情感以及负向情感差异并不显著。文科组和理科组在正向情感的得分一样。文科组的生活满意度略高于理科组，而文科组的负向情感则略高于理科组。总体主观幸福感文科组略高于理科组。

三、调查结果分析

从上述调查结果来看，支教教师整体主观幸福感较高，大部分人对自己的生活感到满意。通过比较研究发现，支教教师主观幸福感在性别、家庭出身、学历、专业类别四个维度上存在一些较小的差异，比如女性的负向情感高于男性，男性的主观幸福感要高于女性；农村出身组在总体主观幸福感、生活满意度、正向情感的得分都略高于城市出身组；研究生组负向情感高于本科生组，研究生组主观幸福感低于本科生组；文科组的生活满意度略高于理科组，而文科组的负向情感则略高于理科组，总体主观幸福感文科组略高于理科组。

既然上述变量对支教教师主观幸福感的影响不大，那是什么因素影响支教教师的幸福感，是什么原因导致上面提到的那些较小的差异，又是什么原因导致前言里提到的支教教师流动性大呢？笔者带着这些问题对 A 组织 10 位支教教师进行了深入访谈。通过访谈发现，人口统计学变量和经济因素对支教教师的幸福感影响较小，而社会支持和各类主观因素，如对支教的期待、自我实现程度、对人生的主动把控程度、成长体验等则对支教教师的幸福感有很大影响。这些影响因素可以归纳为客观因素和主观因素两大类。

（一）客观因素

社会支持是指可以为个体所利用的重要外部资源，它可以提供物质或信息上的帮助，增加人们的喜悦感、归属感，提高人们的自尊感和自信心，当人们面临应激性生活实践时，还可以阻止或缓解应激反应，从而增加正性情感并抑制负性情感，防止降低主观幸福感。社会支持是指社会各方面，包括家庭、亲属、朋友等所给予个体的精神和物质帮助，它反映了一个人与社会关系的紧密程度。❶

笔者通过对支教教师的深度访谈发现，学生支持、同伴支持、组织支

---

❶ 张艳宁，孔风．成人社会支持、情绪智力与主观幸福感的关系研究 [J]．中国健康心理学杂志，2012（20）．

持、其他支持是支教教师得到社会支持的四个主要来源。

学生支持方面，支教教师每天接触得最多的人群就是学生。学生成绩的好坏、素质的高低、对支教教师的教学反馈和对支教教师的态度会直接影响支教教师的幸福感。

同伴支持方面，笔者通过访谈了解到，很多支教教师在同伴的支持下突破了自己，从同伴那里获得了对自己事业和能力的认可，获得同伴支持的支教教师会体验到更高的幸福感，有更多的动力把支教继续坚持下去。而那些缺乏同伴支持的支教教师，则会体验到孤独、无助、迷茫、不知所措的感觉，更容易感受到支教的单调乏味，更容易看到支教的消极面，感受到更多的不幸。

组织支持方面，大多数的被访者都提出了"组织需要多给支教教师提供培训""给支教教师提供职业发展指导""提高支教津贴"等建议。通过对比分析，笔者发现，那些能感受到组织支持，从组织提供的培训和指导中有所收获和成长的支教教师会有更高的幸福感。有一位支教教师说："我在组织提供的培训中，认识到了一位对我人生发展和性格养成起到重要积极作用的导师，在那位导师的指导下，我培育出了一个更好的自己。"这位被访者对组织的认同度很高，同时也体验着更高的幸福感。

其他支持包括家人朋友的支持、学生家长的支持、校长的支持和当地教师的支持。这些其他支持被访者提及得比较少，但多多少少有所提及，其他支持也在一定程度上影响着支教教师的幸福感。

（二）经济因素

在客观因素中还有一个重要的因素就是经济因素。但经济因素对支教教师的幸福感影响不大，在被访者中，只有一位被访者稍微提到了"如果提高支教津贴会更好"。通过调查和访谈，笔者发现去 A 组织支教的教师大多是理想主义者，不会过于看重物质利益，而会把追求的重点放在自我价值的实现上。

（三）主观因素

1. 人格

根据大五人格理论，人格主要分为五大类，包括开放性、外倾性、适宜性、神经质和责任心。外倾性个体性格外向，与人沟通顺畅，积极参与各种社会环境，会经历更多的积极事件，体验到更多的积极情感，因而对生活质量的认知评价较高，会有更高的主观幸福感。而神经质者体验较多的焦虑、担忧等消极情绪，调节情绪的能力也比较弱，常处于消极情绪的状态下，因此对生活质量的认知评价较低，具有较低的主观幸福感❶。在访谈过程中，笔者接触到了不同类型的被访者，发现性格外向，天性积极乐观的被访者更能适应支教生活，在支教生活中找到乐趣，感受到生活的美好，也有较高的主观幸福感。而那些比较敏感、容易焦虑的被访者则更容易抱怨支教生活，看到支教过程中消极的一面，有相对较低的主观幸福感。

2. 个体期望

期待与对现实的实际感受会决定个体的满意度。在访谈过程中，超过半数的被访者在回答"你觉得什么样的人是不幸福的？"时，说道"不知足""期望太高""不易满足"的人会不幸福。其中一位被访者说道："勇于追求自己想做的事能让人积极地去实现自我价值，实现自我价值的过程是让人幸福的，但并不是每一个人都能完成目标。而那些能调整自己的期待，乐于去接受无法改变现状的人，心态平和，更能得到幸福和满足。"通过访谈，笔者发现那些在支教前对支教没有过高期待的被访者会比那些对支教抱有很高期待的被访者满意度要高。因为对于他们来说，不抱过高期待，就没有太多失望，没有太多的心理落差，生活中发生的每个惊喜都是收获，因此他们整体主观幸福感较高。

3. 自我实现的程度

笔者在前面提到过，选择来 A 组织支教的教师大部分是理想主义者，因此会更加重视精神追求和自我价值的实现，他们会很在意寻找生活和人生的意义。美国心理学家马斯洛曾提出"自我实现"的概念，他说："所谓的自我实现指的是，人都需要发挥自己的潜力，表现自己的才能，只有人的潜力充分发挥出来，人的才能充分表现出来，人才会感到最大的满足。"在访谈过程中，笔者发现那些自我实现程度高，即能在支教过程中发挥自己的潜能，运用自己的才能，并得到学生、学校、同伴等他人积极反馈的支教教师会体验到更高的幸福感。他们会在支教过程中感受到自己存在的价值和意义。相反，那些在支教过程中未能很好地发挥自己的才能，自我实现程度低的支教教师则会有更多"无奈""无力""迷茫"等消极感受。

4. 自我控制感因素（对人生的主动把控程度）

许多研究表明，自我控制感是心理状态的一个重要影响变量。提高人们的控制权能显著地改变他们的健康水平和活力水平，从而间接地提高他们的

---

❶ 叶晓云．大学生主观幸福感与人格特征的关系［J］．社会心理科学，2010（4）.

幸福感❶。在"你觉得什么样的人才是幸福的?"的回答上，大多数的被访者都说到"有机会、有能力做自己喜欢的事的人是幸福人"。

对于支教教师来说能否有机会做他们自己想做的事会极大地影响他们的幸福感。比如，那些能很好地管理好自己的时间，有时间和机会去把自己的想法变为现实的支教教师会比那些缺乏自己可控制的时间，每天被教学事务缠身的支教教师的主观幸福感要高。

5. 成长体验

在关于支教收获的访谈中，超过半数的被访者都提及"个人成长"。这些成长体验包括人格上的成长，比如变得更加坚强、心智更加成熟、更加积极乐观；还包括知识的提升，如对农村教育有更深入的了解；还包括思维模式的提升，如看待问题的角度更加多样，更加具有逻辑性，会更全面地思考问题。有一位支教教师甚至还说"支教给我带来了个人成长的飞跃，带来了一个个人成长质的改变"。这些在支教过程中有良好成长体验的支教教师能体验到更高的幸福感。在主观幸福感问卷调查中，得出的数据表示支教组织A的支教教师主观幸福感是处于中上水平的，经过访谈后可以推测支教组织A的支教教师之所以幸福感水平较高，是因为在支教过程中，无论是在人格成长、知识提升上，还是其他维度的成长上，支教教师都有很好的成长体验。

四、提升教育公益组织支教教师幸福感的建议

（一）组织层面

1. 帮助支教教师提高其职业发展能力

在访谈中，很多教师都提及在乡村支教会缺乏和外界的沟通，很容易与外面社会脱节，因此在支教结束后再重回社会，重新投入到职场，会感到不适应。因此，在支教教师支教过程中建议多给教师提供职业培训，并给教师提供一些与情绪管理、人生规划、思考方式相关的工作坊，以提高支教教师的职业能力，让支教教师在支教结束后在职场上发展时能更具优势。

2. 帮助支教教师更全面地了解支教项目地，融入当地

不少支教教师觉得难以适应农村的教育体系，特别是一开始进行支教时，要经过一段较长的磨合期，才能找到平衡。因此建议支教组织构建一个

---

❶ 于晓波，叶浩生. 国外主观幸福感研究现状及发展趋势［J］. 贵州大学学报（社会科学版），2013（31）.

相对完善的反馈机制，让支教教师有渠道反馈支教中出现的问题，并能得到相应的问题解决方案。比如在支教过程中，支教教师不知道如何处理学生问题、如何管理课堂，这就需要组织给支教教师一个开放的窗口，让支教教师能向组织反映问题，并获得解决问题的建议。同时不少支教教师觉得自己和支教地有隔阂，因此也建议组织给支教教师做相应的宣传和培训，让支教教师更加了解当地的习俗文化，能更好地融入当地。

3. 在支教结束后，给支教教师提供更多后续的支持

很多支教教师都表示，尽管支教苦乐参半，但总体而言，在支教过程中，自己还是一个幸福的人，对支教总体还比较满意。但对于支教后的道路选择，大部分的支教教师都感到相当迷茫，对自己的后路没有明确打算。因此，建议组织给支教教师提供更多的职业发展培训、职业实践机会或留学帮助，缓解支教教师对未来的担忧。

4. 构建一个更加完善的校友支持体系

不少支教教师在支教过程中感到迷茫，遇到问题感到不知所措，因此有支教教师提出希望得到前辈的支持和指点。这就需要组织建立一个有效的传帮带体系，使得每一届的支教教师都可以为下一届的支教教师提供更多的支持与帮助。这样既可以增加支教教师的互动，也可以提升支教教师对组织的归属感。

（二）主观层面

1. 塑造正向思维，保持乐观心态

积极心理学的研究表明，经常思考一些消极的事件或某一事件的消极面会让人感到越来越不快乐。而善于发现生活中的美好，经常感激生活中的美好，思考一些积极事件或事件的积极面则会使人们体验到更多的快乐。

2. 正确认识自我，确定恰当的期望值

对于支教教师而言，一方面，要努力接受和面对现实，即使现实不符合自己的希望和信念，也能设身处地、实事求是地接纳现实；另一方面，支教教师要合理地调整自己的期望。幸福很主观，提升幸福感，首先要调整自己对幸福的看法。就像其中一位被访者所说："摆正自己的心态，你来支教你也是一个平凡的人，你不可能把你预想的事情都做出来，也不可能去改变每一个人。"因此来支教前带有期待可以，但不能抱有过高期待，否则很容易期待越大，失望越大。同时，像其中一位被访者所说："我觉得多一点自我反思，可以帮助自己心境更清澈，也许更能了解现实状况和自己想要的东西，可以帮助支教教师更接近幸福。"多去反思，更加深入了解自己，也能提升主观幸福感。

3. 不断吸收学习，培育自己强大的内心

由于支教的特殊性，去支教就意味着被关进另一个象牙塔，很容易与社会脱节。等支教结束后再重新接触社会，就避免不了有落差感和不适应感。因此，在支教过程中支教教师要利用网络资源、组织提供的多方资源，不断学习，不断充实自己。一来避免与社会脱节，二来也给自己增值，让自己在支教结束后重回职场时有更多的优势。在访谈中，有一位被访者说道："在支教过程中要多读书，在独处的过程中寻找内在力量，同时也要多学习，别与社会脱节；多自省，及时修正自身；多思考，发现新的自己；多保重，让自己有个健康的身体。"

如果善于用好支教这段时间，多学习，多修身，多交好友，多连接资源，那么支教不仅会成为你人生中的一段美好回忆，同时也是会给你带来对你一生有积极影响的宝贵财富。

（三）社会层面

社会应更加了解和关注支教教师这个群体，给这个群体更大的宽容度和机会。同时支教教师不是无欲无求的圣人，他们也是普通人，也要生活，也要养家糊口，因此社会不应给支教教师过多的舆论压力和"道德绑架"。如果社会能对支教教师和做教育公益有合理的认识，那么就能吸引到更多潜在的人才投入到教育公益的发展中，让这个社会变得更加美好。

（作者单位：北京物资学院劳动科学与法律学院）

参 考 文 献

[1] 习近平. 凝聚共识同舟共济，不断深化减贫合作，积极呼应和推动 2015 年后发展议程落实 [J]. 人民日报，2015-10-17 (1).

[2] 搜狐教育. 教育公益组织期待行业共 [EB/OL]. http://edu.qq.com/a/20131126/011523.htm [2013-11-26].

[3] 汪向东，王希林，马弘. 心理卫生评定量表手册（增订版）[M]. 北京：中国心理卫生杂志社，1999.

[4] 张艳宁，孔风. 成人社会支持、情绪智力与主观幸福感的关系研究 [J]. 中国健康心理学杂志，2012 (20).

[5] 叶晓云. 大学生主观幸福感与人格特征的关系 [J]. 社会心理科学，2010 (04).

[6] 于晓波，叶浩生. 国外主观幸福感研究现状及发展趋势 [J]. 贵州大学学报（社会科学版），2013 (31).

供给侧结构性改革背景下地方本科院校转型发展的思考

季　靖*

　　内容提要：本论文主要研究地方本科院校如何通过转型为供给侧结构性改革提供其所需的人力资本。本文从供给侧结构性改革提出的背景、主要的内容及与人力资本的关系着手，深入分析了供给侧结构性改革对应用型、技术型、技能型人才的迫切需要，地方本科院校在供给侧结构性改革中的使命与责任担当，系统梳理了地方本科院校人才培养模式与供给侧结构性改革人才需要的差距及地方本科院校转型的迫切需要，通过对德国双元制应用型人才培养模式的介绍，重点阐述了在地方本科高校转型过程中政府、高校、企业与社会机构几方联动所应采取的有建设性的举措。

　　关键词：供给侧结构性改革　地方本科院校　转型

一、供给侧结构性改革解析

（一）供给侧结构性改革的缘起

　　供给侧结构性改革在目前中国经济社会的发展中，是一个热词。2015年11月10日习近平总书记在中央财经领导小组会议上首次提出，"在适度扩大总需求的同时，着力加强供给侧结构性改革，着力提高供给体系质量和效率。"2015年11月17日，李克强总理在《十三五规划纲要》编制会议上提出，在供给侧需求侧两端发力促进产业迈向中高端。在2017年的中央经济工作会议上提出，"2017年是实施'十三五'规划的重要一年，是供给侧结构性改革的深化之年"，并提出，明年要继续深化供给侧结构性改革。供

---

　　* 季靖（1971— ），女，辽宁丹东人。副教授，管理学博士，主要从事人力资源管理与职业规划。

给侧结构性改革这一战略构想也带来了学者对其研究与探讨的热潮，在中国知网上以"供给侧改革"为关键词进行查找，共检索到 6337 个结果，全部集中在 2015—2017 这三年，其中 2015 年有 129 篇，2016 年有 5660 篇，2017 年仅至 3 月就已经有 535 篇。这些研究成果涉及供给侧改革的内容、方向及与各项经济活动发展的关系等。

（二）供给侧结构性改革的内容

供给侧结构性改革是我国政府针对经济结构改革和企业改革提出的重要政策，该项政策提出的背景是基于政府在面临我国经济新常态形势下，面对经济运行的突出问题与矛盾，决心从供给侧、结构侧改革上入手，努力实现新的动态均衡的改革。该项政策的提出从根本上来说是基于民生角度的考虑，从人民最切实的需求入手，倾听人民的呼声，提高供给端的质量，使供给能满足需求，降低供给的无效性，保证供给的有效性，达到提高总的经济运行的质量与效益的目的。政府在具体的做法上提出了去产能、去库存、去杠杆、降成本、补短板的举措。供给侧结构性改革在实现的途径上是坚定不移地深化改革，推进改革，不断完善市场在资源配置中的决定性作用，建立起市场发挥良好作用的体制机制，深化行政管理体制改革，打破垄断，健全要素市场，使价格机制真正引导资源配置。供给侧结构性改革的关键点是发挥创新要素与制度要素的作用，充分调动与发挥人的主观能动性与积极因素，加强激励、鼓励创新，增强微观主体内生动力，提高盈利能力，提高劳动生产率，提高全要素生产率，提高潜在增长率，从而形成我国经济增长的新机制。

（三）供给侧结构性改革与人力资本的关系

供给侧结构性改革是当前经济形势下我国形成新的经济增长机制的唯一途径，既带来新的经济增长动力与增长机遇，也带来了新的挑战与新的需求。在供给侧结构性改革纵深发展的过程中，最大的挑战之一是现有人力资本的知识、素质、能力和纵深与快速的改革发展不相适应，最大的需求之一是现有企业人力资本从数量到质量都得到明显提升，尤其是人员的质量上，一方面，全员知识、能力、素质上得到提升；另一方面，对于不同层次人员的需求的侧重点也有不同。在企业中，人是最宝贵的资源，人力是最重要的资源，人力资本是最大的资本。尤其是在供给侧结构性改革已铺开画卷，进一步纵深发展的大背景的要求下，各方尤其是企业对人力资本的渴求已成为重要且紧急的议题。习近平在主持召开中央财经领导小组第十三次会议上强调"坚定不移推进供给侧结构改革……必须强化人力资本，加大人力资本投入力度，着力把教育质量搞上去，建设现代职业教育体系"。经济结构的发展基础在教育，地方本科院校在为供给侧结构性改革的人力资本的提供与提高方面发挥着义不容辞的作用，承担着不可推卸的责任。同时，作为为经济社会发展与劳动力市场提供人才的最大的供给方，地方本科高校自身也需要开展供给侧结构性改革，改变过去只从自身发展的考量，要认真分析与研判在面对经济结构调整、产业结构升级、社会文化不断推进的过程中劳动力市场对应用型人才的需求情况，反思其多年来在人才培养的数量与质量方面的理念、做法与效果，探索地方本科院校在人才培养质量实践方面的改革与创新。近一段时间，学者与专家对高等教育的供给侧结构性改革的探讨也在深入。在中国知网上以"供给侧结构性改革"与"人才培养"为关键词进行检索，共检索出 74 篇论文，集中在 2016 年与 2017 年，其中 2017 年截止到 3月共收录论文 15 篇，集中在地方本科院校的人才培养模式的改革研讨上。而在这中间，地方本科院校尽快转型升级是讨论的热点与重点。

二、地方本科院校转型发展的重要意义

地方本科院校转型的提出背景是什么？对于供给侧结构性改革的重要作用是什么？转型的主要内容是什么？目前进展的情况如何？未来的趋势是什么？这些问题的尽早厘清会对地方本科院校顺利尽快转型提供很好的指导作用，也会使地方高校运用供给侧结构性改革的思维、资源、举措来更好地思考如何转型。

地方院校作为高等教育办学层级中的一个重要环节，其高校数目占了很大一部分比例，其培养的学生占到每年的普通本科高校毕业生人数的 80%以上。据教育部统计，2012 年全国本科高校共有 1145 所，其中 1999 年以来"专升本"新建高校有 646 所，约占全国本科高校总数的 56.42%。但多年的发展，目前也出现了一些问题，主要表现在：地方本科高校的生源质量明显下滑，学生在学习的积极性与主动性上明显受阻，每年就业季都成为"史上最难就业季"，学校里培养的学生技能与素质与劳动力市场的需求出现了剪刀差，也难以满足国家经济结构转型、产业升级对人才的需求，难以满足在世界竞争的舞台上中国"一带一路""工业制造 2025 规划"等战略发展对高素质人才的需求。

社会对毕业生的总体反馈是，本科毕业生就业时定位不清楚，预期高，短期内无法实现顶岗工作，工作时满足岗位需求的能力欠缺，培养周期长。如某地方本科院校请一个专业机构做的 2016 年毕业生就业质量调查报告中，所列出的用人单位反映学生主要的问题表现在社会实践经验缺乏、专业知识

掌握较浅、专业技能有待提高、自我定位不准确、人际沟通能力不足、工作适应慢、团队合作精神缺乏、外语能力有待提高、职业规划模糊等，而回看其所提供的三年就业质量报告中，问题基本相同，也就是说，在三年中，即使了解了用人单位的需求，但高校在人才培养方面的调整与改进速度和力度并不明显。综合梳理地方本科院校在办学上的问题，主要表现在：学校人才培养的方向与社会需求相脱节，课程体系与岗位需求相矛盾，学生培养方式与学生成长规律相矛盾。其中既有中国高等教育分类体系的原因，也有资源配置的影响，更有社会文化中对高素质的应用型、技能型人才的忽视。这也导致了地方本科院校在发展过程中出现了身份困扰问题，求大求全现象突出。各学校为了求规模发展，提出了办大学的目标，眼光朝向重点高校，在专业设置上同质化突出，导致了部分专业的学生在毕业时就出现了结构性的失业，也出现了连年红牌专业、连年不改变招生的情况。

针对这些问题与困境，我国政府提出了地方高校转型的目标。2014 年 2 月 26 日，国务院总理李克强主持召开国务院常务会议，提出地方高校转型目标。2014 年 3 月 22 日，中国发展高层论坛传出消息，"600 多所地方本科高校转向应用型"。2014 年 6 月，国务院印发《关于加快发展现代职业教育的决定》，提出引导一批普通本科高校向应用技术型高校转型，并明确转型地方院校"重点举办本科职业教育"。

这个决定的提出，目的在于推动地方本科院校更多地培养应用型人才、技术技能型人才，既避免地方院校办学同质化问题，又更深入地服务于地方经济社会发展。实际上，伴随产业发展，各地用人单位对于高层次应用型人才、技术技能人才的需求已经越来越紧迫。

但这一目标从政府提出到现在已有三年的历史，真正开始自愿开展转型设点的高校却数量寥寥，只有在今年时，听到由几个省级教育部门推动后的消息，如今年年初，四川省教育部门宣布，到 2020 年将建成 15 所普通本科转型发展示范院校。海南省也有 3 所高校将向应用型高校转型。转型慢、转型难的主要原因来自传统观念根深蒂固。社会各界普遍认为，地方本科高校向应用技术型高校转型就跟高职院校相同，举办本科职业教育意味着职业知识与培训的增加而专业知识的减少，无疑是一种"降格"，给高校带来巨大的压力，这是高校领导、教师、学生与家长不能接受的，而且，对转型后高校资源配置如何倾斜也并无相关政策引导，现在学校也在尝试与企业深度融合，开展校企合作、订单式培养，转型后，各方如何更好地发挥作用、协同育人，其方向并不清晰，也并无更进一步细化的实施方案。

三、地方本科院校转型发展的可借鉴之路

目前，世界上各个国家为在新一轮的科技革命与产业革命中抢占高科技的制高点，实施了一系列的战略计划，如德国政府提出的工业制造 4.0 的高科技战略计划。我国也提出了中国制造 2025 的强国战略，提出了加快制造业转型升级、提升增效的重大战略任务和重大政策举措，力争到 2025 年从制造大国迈入制造强国行列。这一战略是供给侧结构性改革的重要内容，也对人才的供给提出了要求。德国双元制大学的理念与实践或许可以给我国地方本科高校转型提供借鉴的思路。

（一）德国双元制大学的兴起

德国目前高等教育体系包括三种类型的大学。

第一种类型是为大家所熟知的、具有极高声誉与办学传统的综合性大学，包括成立于 1385 年的海德堡大学和成立于 1388 年的科隆大学，这些大学历史悠久、资源丰富，主要是以研究型为导向，能提供学士、硕士到博士的教育，目前这类高校数量达到 108 所。

第二种类型是应用科学大学（UAS）。德国应用科学大学最早成立于 20 世纪 60 年代初，正式得名于 1998 年德国文化部长联席会议（KMK）和高校校长联席会议（HRK）上做出的决议。当时成立的背景是在"二战"后，德国经济社会发展较为迅速，工业化进程加快，产业界对技术创新和劳动者的素质提出了更高的、更迫切的要求，企业迫切需要既掌握科学的知识和方法，又具备实践能力的高层次应用技术型人才，而德国传统综合性大学培养的从事基础研究与理论研究的人才与社会各界的需要脱节，因此各联邦州长于 1968 年讨论通过《联邦共和国各州高等学校协定》，将一些基础较好的工程师学校与一些商科学院合并组建了应用科学大学。应用科学大学的成立，很好地满足了社会各界的需要，也受到了各界的普遍欢迎，从最初的 130 所增加到德国联邦统计局 2014 年公布的 212 所，培养的学生占到毕业生总数的 32%。据不完全统计，德国 2/3 的工程师、2/3 的企业经济师、1/2 的计算机工程师都毕业于应用科学大学。

应用科学大学的主要特点是以应用与实践为导向。应用科学大学是从传统的工程学校与商科学校转变过来的，与传统大学的明显区别是在三年的教育设计中增加了一个学期的实习学期，从而使毕业生更具有实践能力，也更受到雇主青睐。虽然有企业参与到学生一个学期的实习过程中，但因为其办学与人才培养仍旧是以高校为主，所以这类学校并不是严格意义上的双元制

大学。

第三种类型是双元制大学。相比较于其历史，双元制大学的现在得名时间并不久远。其正式得名于 2009 年 3 月 1 日，而在这之前叫职业学院。双元制大学最早不是由政府主办，而是由企业发起的，它们的建成来自于企业与高校的双重驱力与动力：20 世纪 70 年代，德国的一些职业学校升格为应用科学大学后，企业界发现，尽管应用科学大学培养体系中增加了半年的企业实习机会，但毕业生实际问题解决能力还是不如企业自己培养的员工强，在就业系统中出现了人才断层或者说员工就业能力缺口现象，即企业缺乏具有较强实践应用能力的高级管理、技术和服务人才；高校也困惑于学生在教育模式上只能二选一的教育模式，即学生要么接受职业学校那种边工作边学习的教育，要么接受传统大学学术式教育，重视理论学习，为硕士、博士阶段深造做准备。因此，以当时的戴姆勒－奔驰股份有限公司（如今称为戴姆勒股份有限公司）、罗伯特博世有限公司和劳伦兹标准电子股份有限公司（如今属于阿尔卡特朗讯公司）等为代表的企业界主导，与斯图加特行政与经济学院为代表的高校联合成立了巴登符腾堡州立职业学院和曼海姆职业学院，形成了职业学院与相关企业双元办学，理论学习与技术培训双元教育的产学研创新教育模式。2009 年，职业学院更名为双元制大学。经过近 40 年的发展，巴登符腾堡州立双元制大学（简称 DHWB）已经发展成为巴登符腾堡州规模最大的大学之一，DHWB 已有 9 个不同的校区近 35000 名学生，绝大多数为本科生，近年也推出了硕士课程。毕业生的就业率一直保持在 85％以上。双元制大学已受到越来越多的认可，目前 16 个联邦州中已有 11 个州建立了 60 所类似的教育机构，双元制大学的发展趋势持续受到关注。

（二）德国双元制大学人才培养模式特征

1. 办学具有实质的双元制特点

德国双元制大学人才培养过程中将双元的特征全面、深入、实质性地贯彻始终，主要表现在双元制的办学主体、双元制的教学模式、双元制的学习者身份、双元制的学习成果等几个方面。

办学主体的双元特征。双元制大学的办学主体是大学与企业或社会事业机构，双方具有同等的作用，承担相同的育人责任。高校制订课堂学习的培养计划，企业制订实践学习的培养计划；高校教师负责课堂教学授课，更为重要的是，合作企业决定招生；在管理上，合作企业的代表加入到学校的监管理事会，作为联合管理者管理和监督学校运营。

学习者身份的双元特征。在双元制大学学习的学生具有双重身份，一方面是企业的员工，在被企业录取后，通过与企业签订合同参加到企业的实践教学过程中，承担着相关岗位的工作，接受企业的考核，由企业的师傅引导进行实践学习，学生每个月会有平均 1000 欧元（税前）的报酬及社保等福利，由企业支付，即使在学校上课期间报酬与社会福利也照发不误。学生没有寒暑假，与企业员工一样，学生有带薪休假；学习者的另一个身份是学校的学生，按高校的专业设置及教学计划的安排参与到教学过程中，并接受学校的学业考核。

教学组织过程的双元性。教学组织过程最显著的特征是教学场所的"双元性"，即在大学内的理论教学与培训企业的实践教学交替进行，双元制大学通过与企业或社会事业机构的合作实施其教学任务，以实现其既定的培养目标——培养应用型高级人才，其目的在于将理论教学、实践教学及实际工作岗位的实践经验相结合。

学习成果的双元特征。双元制大学专业设置一般会分为经济类、技术类、社会科学类。学生在前两年主要学习理论课与文化课、校内实训课和企业内实践课，后一年学习专业理论课和企业内实践课。完成基础阶段学业后，学生可通过国家专业考试获得"经济师助理""工程师助理""教育工作者"等称号；若学生完成主体学习阶段学业，通过国家专业考试且毕业论文答辩合格，可获得"经济师""工程师""社会教育工作者"等称号。双元制的学习成果明显，学生的就业率达到 85％以上，学生学习结束后，有相当大的一部分同学选择留在合同企业工作，既为公司选用了具有实际岗位能力的员工，也培养了企业员工的归属感与忠诚度。

2. 定位具有明确的法律保护

德国高等教育"双元制"是应用型人才培养模式的具体化与实效化呈现，其办学具有明确的法律保障。德国高等教育事业由各州独自负责与管理，因此，不同高校的办学定位由各州的高等教育法来规定。双元制大学的前身是职业学院，1982 年，巴登符腾堡州议会通过了《职业学院法》，这标志着巴登符腾堡州的职业学院不再处于试验阶段，而是已成为巴登符腾堡州第三级教育领域中位于大学、应用科学大学之后的第三个支柱，是一种本州法律规定的校企联合办学的新型高等学院。1989 年，巴登符腾堡州教育管理部门正式认定职业学院的毕业证书与应用科学大学的毕业证书等值。1995 年颁布的《职业学院法》中再次明确了职业学院的性质，即它属于第三级教育范围，提供应用科学大学或综合性大学中的一种学习。《职业学院法》也规定了各相关机构与职业学院协作的相关要求，双元制大学置于州科学研究部监督之下。巴登符腾堡州科学研究部设有一个管理委员会和三个专业委员会（经济专业委员会、技术专业委员会和社会事业专业委员会），作为双元制大学的共同管理机构，管理所有双元制大学的相关事务。

巴登符腾堡州《职业学院法》规定："管理委员会对职业学院（BA）（双元制大学 2009 年前的称谓）所有具有原则意义的事务做出决定，特别是入学、培养、考试等方面。"专业委员会则负责职业学院（BA）设置的培养领域的跨地区性专业事务，主要是制定培养规则和考试规则，提出州范围内有效的教学计划和培训计划。在管理委员会和专业委员会里，"州代表和培训机构代表平等地共同起作用"。

除了共同的委员会以外，在每个职业学院（BA）内还设有协调委员会，作为学院与培训单位之间的连接点，负责两个教学场所之间的交流和合作。该协调委员会由学院和培训单位的代表以相同的比例共同组成。

1997 年 3 月，联邦经济部长向欧盟报告之后，职业学院的毕业水平在欧洲范围内得到承认。这些法律法规为双元制大学得以建立发展提供了坚实的保障。

3. 专业设置符合职业发展需要

德国职业教育的专业设置是按照职业分类的方式划分的，因此称为"培训职业"。根据德国职业教育法的规定，目前设有 350 个培训职业，它们都有规范的职业描述，这些培训职业被划归到 88 个职业群中的 69 个。德国的专业设置以培训职业为依据，以职业分析为前提，不同地区的学校在专业设置上有明确的区域性，即"属地性原则"，政府每隔一段时间对培训职业进行重新界定，剔除消失的传统职业，设置新兴和交叉的职业，与经济发展动态相适应。

这种专业设置方式和原则，促使德国双元制大学的专业主要集中在应用性比较强、企业需求量大、学生比较容易就业的专业领域，根据巴登符腾堡州科学研究部 1995 年 3 月出版的《巴登符腾堡职业学院》，双元制大学设置的专业分为技术、经济和社会事业三个大的领域，各个领域都是根据本州企业和社会事业机构的实际需要开设不同的专业方向，在技术培训领域，各专业方向还分成若干专业重点。

4. 教学安排满足实际需要

双元制就是在教育教学中理论与实践的结合，这种理论与实践的结合既需要保证教学计划的完整性，也要保证员工能够有足够的时间熟知与掌握岗位的实际情况，因此在教学的安排与组织上具有科学与合理性。在三年制的学习中，双元制大学会同等权重安排理论与实践学习时段。一般是学习时段 72 周，实践时段 72 周。学习与实践以三个月为一周期进行轮换，即三个月在学校、三个月在企业进行实践，如此循环。教育内容需求是由企业提出，学生是由企业选拔，学生实践在企业进行。以 DHWB 勒拉赫大学物流系的双元制模式为例，物流系对学生的学习安排采取如下机制：学生被录取后，前三个月安排到企业实践，接下来三个月在学校学习，然后再有三个月到企业实践，然后开展半年的学校学习，经过三个月的企业实践后到学校进行三个月的学习，然后再到企业参加三个月实践，再开展半年的学校学习，然后是参加半年的企业实践。其中在第五个学校学习阶段，双元制大学还设置了一个学期的出国学习阶段。在课程安排方面，理论学习遵循从基础到专业的原则，如在理论学习中，学生除了要学习一般管理学的课程，例如会计、金融、人力资源管理、法律等，还要学习货运代理、交通和物流等方面的专业课程，物流相关课程的安排在每个学期都与企业实践部分相匹配，也与课程的循序渐进有很大相关性。课程重点围绕着电子物流、供应链管理及物流控制模块等。在第一学期学习物流基础，第二学期学习采购与物料管理，第三学期学习生产、配送和仓储及有效客户响应，第四学期则安排的是回收物流与合同物流，第五、第六学期学习的是系统网络与合作，同时，除了学习运输模式（公路运输、铁路运输、水路运输和航空运输），学生还要学习与海关、税务、保险、运输标准和运输法相关的课程。此外，还有关于交通法规和绿色物流的特色课程。

而在实践环节的设置上，学生在六个工作周期的重点工作领域分别是：①了解企业、国内运输；②国际陆路运输、欧洲其他地区物流、市场与营销；③国际海运与财务会计；④国际空运、人力资源组织和管理；⑤特例品管理与了解公司高层管理运作；⑥自选部门及开展毕业论文设计。

5. 教育教学质量得到充分保证

双元制大学在人才培养模式创新的同时，其健全、完善的教育教学质量保障体系是其四十年不断发展，逐步获得认可的关键因素。

这种质量保证既有外部的认证系统，更重要的是来自内部的质量监控体系。以 DHWB 为例，DHWB 的所有本科与硕士课程都是通过专业与系统认证来保证其质量。系统认证是由永久认证委员会（PAC）来完成的，该委员会是位于 HANOVER 的中央评估与认证委员会的一部分。在 2012 年，DHWB 是巴州第一批及全德国第三个被授予系统认证的大学。这种系统认证反映了该大学在教育教学方面的高质量及在教育系统内的最高位置。经过系统认证后，大学就可以不需要再对院系或专业进行单独的认证。专业认证是根据一系列具体的标准对培训项目进行内容检验的外部审查过程，DHWB 的专业认证是由德国汉诺威中央评估认证机构（简称 ZEvA）实施的，专业认证也包括理论学习的课程模块认证。

但是，更让双元制大学重点考虑的是学生在企业实践阶段的质量如何保证。比如，如何将学生所获得的实践经验转化为校内理论学习的学分，特别是如何转入欧洲学分互认体系（ECTS）。对此，ZEvA 做出如下规定：学生每年必须撰写一篇由雇主企业指定主题的论文，并由企业提交给学校。这些论文由大学教授进行评分。评分合格可获得 10 个学分。因此，在 ECTS 体系下，传统大学和应用科学大学只要求修够 180 个学分即可毕业，而巴登符腾堡州立双元制大学的本科毕业生需修满 210 个 ECTS 学分才能毕业。为了保证实践阶段的学习质量，学校设立了一个专门的评估流程：所有合作企业都要向学校提供学生在企业的工作情况报告，学生也要向学校汇报自己在企业中获得的经验以及如何将在校学习的理论知识和这些经验相结合。

四、我国地方本科高校转型的思考与建议

从德国综合性大学、应用科学大学与双元制大学的人才培养模式的现状与发展的对比中，可以分析得出，从横切面来看，德国的高等教育体系中三种类型风格迥异，各有特色，互不影响，又相互补充，构成了德国高等人才培养的立体格局，形成了国际竞争力；从纵向发展来看，德国的高等教育一直在探索与创新中寻找更适合本国经济需要、更有显著成效的发展之路。高校与企业之间的互动随着社会经济结构的发展不断创新、不断变化，深层合作、深度融合，而双元制大学正是德国高等教育在应用科学大学的发展、兴起后的又一种更好地满足社会人才培养需要，整合教育、科学、技术、商业的发展，符合欧洲博洛尼亚协议，提高就业竞争力的人才培养模式的新尝试与新探索。在深入思考与学习德国高等教育模式，尤其是双元制大学的发展路径中，我们可以从中得到一些借鉴与启示。

（一）构建分类清晰的高等教育体系，促进普通高校的分类转型

目前，中国高等教育体系即将面临更大的改革、更大的突破，中国正在建设一个多元化的、更有活力的中国高等教育体系，有效地整合和容纳不同类型、不同程度的院校与学生，为经济、社会发展提供更多的人力资源支持。在高等教育体系中，排在前面的高校将在"双一流"的建设中为跻身于世界大学排行榜的前列做准备，而地方本科高校也在教育部"应用科技大学改革试点战略研究项目"中找准定位，参加改革，这个项目旨在吸收国外先进教育模式的优秀经验，推动适合我国实际的高等教育分类改革，促进地方本科高校转型发展。在这种转型过程中，各级政府可以更多地借鉴德国高等教育的经验，通过政策、法律、经济、信息等手段促进高等教育的分类；高

校也应通过各自在办学中的特色与优势寻找自身的定位。针对一些认为"普通本科高校向应用技术类转型是降格"的错误观点，各级政府应通过明确高校分类分工、明确特色发展传递出分类并不是所谓教育层次的高低问题，不同类型高校的划分不因排名和人为的等级而垂直分类，而是按功能平行分类，让学生根据兴趣与职业规划进行主动选择，形成高等教育体系的差异竞争的理性格局的理念。在此基础上，各学校根据分类情况及自身条件决定采取不同的人才培养模式。这样，各校在人才培养目标、办学定位、专业设置、招生规格及规模、课程设置、校企合作、师资选聘与培养上均会根据分类及特色满足应用型高校的需求，同时满足了学生未来发展和职业规划的需求，也满足了社会各界对不同人才的需求，利于高校之间协同发展，形成有序、公平、高效的高等教育人才培养体系。

转型的高校应确立不同于以培养学术研究和理论创新人才为目的的"学术教育"（Academic Education）的人才培养定位，找准自己特色，科学定位、内涵发展，提高质量，保证学生为进入就业市场做好充分的准备。

（二）合理设置应用型高校专业

高校的专业设置必须要以符合劳动力市场需求、符合社会经济发展、符合学生发展需要为切入点。人才培养要与提高学生的就业能力与职业能力紧密结合，因此高校要与人力劳动部门紧密合作，科学分析职业发展的现状与趋势，以职业分析为基础，合理设置应用型高校的专业。应用型高校的专业设置应建立在对职业分类和职业能力分析的基础上，课程内容围绕该职业或职业群中所需要的最基本的能力而开发。建立起具有地方特色的应用型高校专业体系，应以满足职业变化需求为目标，分析地区产业深入发展的职业变化特点，在此基础上运用职业分析法，设置应用型高校的专业。

（三）激活多元主体的办学积极性

长期以来，中国高等学校也在致力于培养高级应用型人才，但更多的是高校自己的改革，一直探讨的是"应用型人才培养的教学内容、教学方法的改革如何进行"以及"教师怎样把应用型人才培养目标落实到各门课程中去，落实到课堂教学、实践教学的各个环节中去"等问题，而双元制的另一个重要办学主体——企业或社会组织的主观能动性的发挥思考得少，实践得少。从德国双元制大学的发展历程中可以看出，"双元制"是一个社会化的系统工程，需要政府顶层设计、教育部门协调、企业主动参与、全社会共同支持，尤其是要充分调动企业办大学的主动性与积极性。双元制大学的成功经验使各方受益：从政府角度，能充分有效激活各办学主体的积极性，培养高素质、高竞争力的人才，促进了国家创新与经济腾飞，构建完善、高效的高等教育体系，为中国高等教育做出示范；从企业的角度，可以降低企业培养与培训员工的时间与成本，为企业带来直接的利润与利益；可以选拔具有高准备度与成熟度的员工，减少学历与能力之间的"剪刀差"，促进企业科学合理地进行人才选拔与筛选，获得具有高归属感与忠诚度的企业员工；从高校的角度，能更好地发挥大学服务社会的功能，使培养的人才更能满足与符合社会需要，提高办学的效率与效益，也使高校更明确办学目标与教育教学管理的内容，聚焦办学目标，提高教育质量与办学效益；从学生的角度，更加明确未来的职业发展方向，明晰未来发展定位，同时，职业环境的需要使学生有机融合高校与企业的需求，不断提高知识、能力与素质的个人特质，提高与企业环境的匹配度，同时也更加有效地提高了学生学习自主性与积极性，这种方式还有效地缓解了家庭经济困难学生的经济问题，从一定程度上促进了教育公平。

五、结束语

地方本科院校作为培养高层次应用型人才及技术技能型人才的重要载体，在供给侧结构性改革的背景下，对提升人力资源水平发挥着不可替代的作用，对供给侧结构性改革向纵深性发展发挥着至关重要的作用。地方本科高校要强化供给意识，以社会需要为需求导向，以市场需要为需求导向，以学生发展为需求导向，积极加强与企业、社会组织的协同联动，积极开展人才培养模式改革，强化质量意识，强化学生为本的理念，为供给侧结构性改革的纵深发展承担应尽的义务。

（作者单位：北京物资学院劳动科学与法律学院）

参 考 文 献

[1] 人民网. 习近平为何九天两提"供给侧结构性改革"？ ［EB/OL］. ［2015-11-19］
    （2016-11-01）. http：//politics. people. com. cn/n/2015/1119/c1001—27834311. html.

[2] 国务院关于加快发展现代职业教育的决定（国发［2014］19 号，国务院新闻办公室
    门户网站 www. scio. gov. cn.

[3] 蔡跃. 德国综合性大学的"双元制"教育模式研究［J］. 外国教育研究，2010（7）：
    80—85.

[4] 徐纯，钱逸秋. 高等教育与职业教育共融下的德国"高等双元制课程"［J］. 职业教

育，2015（20）：72—75.

［5］席茹，沈鸿敏．德国双元制与高层次应用技术型人才培养［J］．世界教育信息，2015（24）.

［6］张坚豪．地方本科高校与"双元制"模式的融合策略［J］．三明学院学报，2015（6）：6—10.

［7］卢克平．德国职业教育对我国地方高校转型发展的启示［J］．信阳师范学院学报（哲学社会科学版），2016（5）：89—93.

［8］Armin F Schwolgin. Dual logistics education in germany：more than simple work integrated iearning ［G］．第十三届全国高校物流专业教学研讨会，2014-08.

北京物资学院研究生导师的职责、考核、评价及激励机制研究*

唐华茂　靳正伟**

内容提要：本文主要分析了北京物资学院在研究生导师职责、考核、评价和激励等管理方面存在的问题，通过文献分析和问卷调查得到包含学术科研能力、教学指导能力、思想道德品质、管理协作能力四个方面的研究生导师的胜任力模型，并采用德尔菲法和层次分析法，确定研究生导师各项胜任特征的重要程度，为完善北京物资学院研究生导师岗位职责、绩效考评体系、激励机制及明确研究生导师选聘标准提供参考。最后，结合北京物资学院研究生导师管理方面存在的问题及研究生导师素质模型，从人力资源管理理论角度提出一些完善北京物资学院研究生导师职责、绩效考评及激励机制的建议。

关键词：研究生导师　绩效考核　胜任力模型　激励机制

一、引言

发展研究生教育，不仅是促进高校学科建设，建设一流高校的重要抓手，也是促进国家经济和科学技术发展的重要推动力量。北京物资学院自1986年开始招收硕士研究生，至今历时30余年。30年来，学校累计培养了数千名硕士研究生，在校硕士研究生人数也不断增加，研究生教育质量不断提高，为社会输送了大量优秀人才。同时，学校研究生导师队伍也不断壮大，师资水平和素质能力不断提升。但与同类型的其他高校相比，北京物资学院的研究生教育虽然起步较早，但发展速度相对较慢，学科点相对较少，办学层次还有待进一步提高，学校的研究生教育水平还存在较大提升空间。

---

* 基金项目：本文为北京物资学院研究生教育教学改革研究项目（2015）阶段性研究成果。

** 作者简介：唐华茂（1971— ），男，湖南长沙人，教授，博士，主要从事工商管理、人力资源管理研究；靳正伟（1988— ），男，河南安阳人，硕士研究生，研究方向是人力资源管理。

对于研究生而言，研究生指导教师既要向其传授知识，培养其学术能力，承担授业解惑的职责，还通过与研究生之间的频密接触和言传身教而直接影响研究生的人格塑造、素质养成以及品格提升，担当传道的责任。可以说，在研究生教育中，研究生导师有着举足轻重的作用，其教学和科研能力的高低，将对研究生的教育质量和学校的学科发展水平产生重要影响。因此，进一步完善北京物资学院研究生导师的职责、考核、评价及激励机制，促进研究生导师提高自身专业能力和指导水平，对提升研究生导师整体素质和能力，提高研究生培养质量，促进学科建设有重要作用。

本项目的研究目标，是进一步明确北京物资学院研究生导师的岗位职责要求，在现有相关理论的基础上，通过广泛的调查，建立起北京物资学院研究生导师的胜任力素质模型；结合学校的人事管理制度以及学科发展规划，进一步完善并形成定性分析和定量考核相结合的研究生导师考评思路及方法；立足于我校研究生队伍建设的总体要求，结合考评体系，提出激励我校研究生导师不断发展的思路和建议，从而为学校在制定有关师资发展和学科建设的政策、制度及发展规划时提供参考。

二、文献综述

（一）关于研究生导师管理的研究现状

关于研究生导师队伍建设以及研究生导师的职责、考核、评价及激励机制方面的研究，目前已形成了不少研究成果。闫伟等（2010）引入后现代主义教育理念，提出应通过构建平等的师生关系、营造敢于批判的学术氛围、采取培养多元化的人才和不拘泥于课堂学习和科研活动的培养方式来确定研究生导师的责任。他认为，研究生导师责任应当为对本专业的知识进行深入探索并对相关专业的知识有所了解；时刻关注本领域的最新研究，使自己的研究水平与时代同步，时常对自身能力反躬自省，持续学习、总结和反思，不断提高研究水平；构建良好的科研环境，努力赢得相关机构、团体的学术研究资助；因材施教，构建和谐、多元、平等的沟通和教育环境，吸引世界各地的优秀学子；与学生探讨其未来的职业发展方向和道路以及学术写作中遇到的困难和心得体会，及时发现学生的心理问题等非学术问题并予以帮助；与研究生一起定期举办指导培养会议，针对研究生在学习、工作、生活上遇到的问题提出建议，对学生在生活、学习等各个方面给予指导和建议，敦促学生不断提高。Norhasni（2011）通过实证研究认为，研究生导师的主要职责是对研究生的科学研究进行指导，且应当根据研究生的不同研究阶段采用不同的指导方式。Robert（2011）通过理论分析和调查认为，有效率的研究生导师应当与学生建立一个开放和相互信任关系，给学生传达积极的关注点，引导他们自力更生、自尊，同时"接受/确认"自我价值，采用"教练"风格指导学生，提升学生和自己的自我认识水平，使学生处在良好的状态以随时应对挑战。

关于研究生导师的考核评价方面，汪全胜（2009）认为，研究生素质和能力的养成在很大程度上受研究生导师自身素质和能力的影响，高校应该建立对研究生导师教育和培养水平的评价系统，依据科学方法建立考核指标，系统地对研究生培养的外部环境条件和研究生导师的自身素质和能力因素进行综合评估。牛端（2009）研究发现，能够有效区分高校优秀研究生导师的胜任特征有创新、批判思维、教学策略、专注、社会服务意识、逻辑分析能力、成就欲、尊重他人。Rose（2003）认为，理想研究生导师评价维度，包括研究生导师个人道德素养、指导学生、师生关系三个维度。林立杰（2010）提出，基于共协整合关系的高校教师胜任力评价方法，有效地反映了高校教师胜任力要素多层次且相互联系的特点。针对研究生导师的激励机制，李阿利（2005）分析了我国高校研究生导师激励制度存在的主要缺陷，提出针对研究生导师的激励机制设计应该以激励方法的制度体系建设为主体，以非例行的带有一定管理艺术性的激励方式为辅；在构建完善的研究生导师聘任制和明确的岗位责任体系的基础上，建立相关的激励制度，在绩效考核中，以量化考评作为主体，非量化考评以量化考评为基础作为参考。

关于研究生导师的基本素质，陈晓明等（1998）认为，一名称职的研究生导师，不仅应该具备深厚的基础理论知识和崇高的品质，还应该掌握本学科的动态和发展方向，使自己的研究处于学科前沿的研究方向。黄学（2004）指出，良好的师德修养和优秀的智能是研究生导师的基本素质。Berk（2005）提出，研究生导师应当有较高专业知识、良好的职业操守、正直、易于接近、善于鼓励学生的特点。而冯兵等（2013）创造性地提出，信息素质（信息意识、信息能力、信息道德）是研究生导师必不可缺的一项素质。马春波等（2007）从研究生教育的实际情况出发，认为研究生导师不仅应该具有严谨的科研态度和卓越的业务水平，还要更加关注研究生的心理需要以及他们未来职业发展需求。白秀丽等（2008）也指出，研究生导师的业务水平、创新意识、思想道德及文化修养、心理素养和责任感对研究生的成长起着重要的作用。Ridley（2008）指出，研究生导师除要有学术能力外，还应注意培养对不同性别、阶层、种族人群的敏感性，从而能够在指导过程中与不同类型的研究生建立良好关系。Suk-Hyang 等（2006）提出，有效率的研究生导师应能够清晰地界定自己的角色；有充分的沟通技巧，能够根据自己的研究经验和学科知识，把学科的哲学、心得有效地传递给学生。Lechuga（2011）认为，研究生导师在指导学生过程中要扮演顾问（Advisor）、指导者（Instructor）、雇主（Employer）、社会化代理人（Agent of Socialization）四种角色。陈晓梅（2016）认为，研究生导师不仅应在学术和专业技能上对学生进行指导，还应该在思想政治上进行教育，并且在研究生和导师组成的科研共同体中扮演管理者角色。

总的来看，学者们对研究生导师所需的素质以及关于研究生导师的职责、考核及激励机制等方面的研究取得了一些成果，现有研究主要是从教育学的角度，从宏观层面讨论研究生导师队伍建设问题，而从人力资源管理的角度，利用人力资源管理的相关理论分析研究生导师的岗位责任以及考评和激励的成果相对缺乏。

（二）胜任力模型及其在研究生导师评价中的应用研究现状

胜任力理论比较广泛地运用在人才选拔、考评工作中。它通过文献分析、访谈、问卷调查等方式，可以较为准确地获得研究生导师岗位所需要的素质，为完善研究生导师职责及考评、激励体系提供依据，且胜任力理论在确定高校教师所需素质的研究中也取得了一些成果。

1. 胜任力模型

"胜任力"的概念最早是由 McClelland（1973）提出来的，他最先将胜任力定义为与工作或工作绩效或生活中其他重要成果直接相似或有关的学识、技能、能力、特质或动机。自此，在人力资源管理学科领域内一度掀起"胜任力"研究的热潮，并形成以"冰山模型"和"洋葱模型"为代表的胜任力模型。

"冰山模型"将每个人的胜任力区分为可观察和测量的"在水面以上的冰山部分"和不易于发现的"水面以下的冰山部分"。其中，"水面以上的冰山部分"也称基准性胜任力，是易于观察和测量的外在表现，包括学识、技能等；而"水面以下的冰山部分"是个体内在的、不易直接观察和简单量化测量的特质，包括价值观、态度、动机等，也称鉴别性胜任力。

"洋葱模型"是以胜任力的冰山模型为参考发展出的另一种胜任力模型，从本质上来说其与冰山模型是相通的。它用洋葱向内层层递进的结构来比喻个体的胜任力，洋葱最外层可以被直接观察，它代表个体容易被测量的特征，如知识和技能等，内层代表不易被测量的态度、价值观等。

2. 关于胜任力模型在评价研究生导师中的应用研究

现有文献大多是在实证研究的基础上提出了不同指标的胜任力模型。王鲜萍（2010）通过实证研究，从研究生导师的教学能力、科研能力、指导能力、团队领导能力和人格特征五个方面构建了研究生导师胜任力模型。李玲萍等（2011）从研究生导师的专业素质、心理素质、职业道德品质和与研究生的双向合作能力四个方面对研究生导师的胜任力模型进行了研究。吕催芳（2014）通过行为事件访谈和问卷调查，构建了包括 17 项胜任特征的高校研究生导师胜任力模型，并将其归纳为 3 个维度：个性特质、知识技能、管理能力。杨菊仙等（2015）将研究生导师的胜任力模型分为两个维度，即外在的易于观测的显性胜任特征和内在的不易于观测的隐性胜任特征，并运用行为事件访谈法和层次分析法构建了包含 14 项胜任素质的研究生导师胜任力模型。这些研究为建立适合我校研究生导师的胜任力模型，从而在此基础上明确我校研究生导师的岗位职责要求，形成更有针对性的考评指标体系提供了参考。

三、北京物资学院研究生导师管理现状和问题

（一）关于研究生导师的主要管理制度

截至 2016 年年底，北京物资学院共计 100 名在岗在编的学术型研究生导师，涵盖了应用经济学、计算机科学与技术、工商管理、管理科学与工程四个一级学科。其中，归属于应用经济学的导师 33 人，归属于计算机科学与技术学科的导师 9 人，归属于工商管理的导师 30 人，归属于管理科学与工程的导师 20 人（另有该学科下的交叉学科导师 8 人）；导师中，教授 51 人，副教授 49 人，具有博士学位的导师有 65 人。

学校依据《中华人民共和国教师法》《中华人民共和国高等教育法》等有关文件，制定了较为完整的关于研究生导师岗位职责、资质要求和考核标准等方面的制度规定，包括《北京物资学院研究生指导教师管理办法》《北京物资学院研究生校内外联合培养导师管理办法》等文件。具体而言，北京物资学院对研究生导师实行聘任制，根据《北京物资学院研究生指导教师管理办法（修订稿）》的相关规定，其职责主要包括：

（1）重视研究生的思想政治教育工作。了解国家和学校关于学位教育和研究生教育的相关规定，自觉遵守并教育研究生遵守学术规范；指导研究生理解党的方针政策，处理好政治活动、业务理论学习和科研实践的关系，树立正确的政治方向、人生观和价值观；了解研究生思想动态，帮助他们解决思想、生活中遇到的问题。

（2）认真做好研究生培养工作。参与制订本专业研究生培养计划，指导研究生制订个人培养计划并督促研究生按培养计划顺利完成学业；完成研究

生教学工作和论文指导工作，评价研究生的素质；对研究生在学期间发表的学术成果进行审查；处理好科研任务和研究生培养的关系，预留足够的时间用于研究生培养。

（3）投身学科建设工作，把握学科前沿，为学校学科建设做贡献。

（4）指导研究生职业规划和就业。

就北京物资学院的研究生导师考核环节而言，主要包括资格评审和结合人事处的教师聘期考核对研究生导师进行考核。资格评审主要由研究生部、学校学位评定委员会依据教育部颁发的《高校教师职称评审条例》和学校的具体规定，确定研究生导师应具备的职称、学位、科研水平、业务能力、思想和道德品质等方面要求。聘期考核是以研究生导师在相关院系所聘任教学科研岗位的聘期工作任务为标准进行的，考核内容主要包括：

（1）正确的政治态度，遵守法纪；有责任心，爱岗敬业，热爱教育事业，具有科研创新精神和团队意识。

（2）依据《北京物资学院岗位设置管理实施办法》中"教师岗位的职责与履职基本要求"关于教学方面的工作要求考核研究生导师的教学数量和质量，并对研究生导师指导研究生论文的情况进行考核。

（3）根据《北京物资学院岗位设置管理实施办法》中关于教师聘期科研工作量的规定，对研究生导师的科研工作完成情况进行考核评价。

（4）研究生部组织专家进行的考核和其他形式的考核。

关于研究生导师的激励方面，与前述考核内容基本保持一致，学校对于研究生导师的激励措施主要包括根据考核结果确定在职称评定和各类评优时的优先次序；研究生导师取得的教学和科研成果（奖励）可以获得学校的额外津贴。而对于教师聘期考核不合格的研究生导师以及被认定发生导师责任事故的研究生导师，学校分别予以降低岗位等级、取消导师资格、暂停招生处理。

（二）现行研究生导师队伍管理制度存在的问题

北京物资学院现行的研究生导师管理制度，对于提升研究生导师队伍的整体水平和素质，培养高质量的研究生提供了保障，同时也为推动学校研究生教育水平的提升和学科建设发挥了重要的积极作用，但通过对学校研究生导师的个别访谈与同类高校的横向对比，我们发现，学校在针对研究生导师岗位职责、考评、激励等方面的管理中，还存在以下几方面问题。

1. 岗位职责方面

某些规定过于原则性，欠具体，实践中的操作性不足。如在学校《研究生手册》中，关于研究生导师要"投入足够的时间与精力定期指导研究生""积极承担学校、研究生部及学院安排的教学、科研以及学科建设工作"的相关规定在实际执行中可操作性较弱；对于有关规定中提及的"导师责任事故"缺乏明确的界定，认定程序不明确等。由此，虽然相关文件中对于研究生导师的岗位职责规定得比较完备，但部分条款约束力欠缺，成为了一种参考指标，不能够对研究生导师形成刚性约束，难以确保研究生导师保质保量完成规定的职责。对比其他学校，如北京工商大学规定，研究生导师"应承担招生工作中的命题、评卷、复试、录取等各项工作，参与研究生教材编写和修订"，导师应全过程指导研究生进行专业学习和研究，包括对研究生的公共基础课、学科基础课、专业主干课、社会调查、教学实践、文献查阅、学术研究等提出具体的指导性意见""导师应认真开设高水平的研究生课程或反映本学科发展前沿的专题讲座；认真履行备课、讲授、答疑、批改作业等教学工作"，这些要求相对北京物资学院现行的规定而言，更加明确、细致。

此外，北京物资学院现有管理政策还一定程度上存在研究生导师权责不对等的问题。如在《北京物资学院研究生指导教师管理办法》只提及了研究生导师职责，却没有任何有关研究生导师权利的条款。相比其他高校，如对外经济贸易大学明确规定，研究生导师有权"根据国家的有关规定和实际情况，提出本学科、专业招生计划的意见；协助本专业制订入学考试科目，有权参加招收研究生的命题、阅卷、复试等工作，提出录取研究生的自主意见"。中国政法大学和北京工商大学也明确了研究生导师有参与研究生招生的权利。职责与权利不对等可能在一定程度上挫伤研究生导师的履职积极性，从而影响其履职效果。

2. 研究生导师的选聘方面

北京物资学院的现有标准中，对研究生导师指导能力的要求还应进一步完善。导师遴选是确保研究生导师能够胜任岗位职责的基础。在我校研究生导师的岗位职责要求中，强调了研究生导师的教学和指导责任，但在关于研究生导师的选聘标准中，对于有关指导能力并未提出具体的要求。这有可能导致在实际选聘研究生导师时忽视这方面要求，使得个别指导能力相对不足的教师被选聘进入研究生导师队伍。反观英国高等教育学术委员会的相关规定，要求研究生导师申请人除具有三年的教学经验外，还应具备下列六个方面的经验：①从事高等教育教学实践的经验；②合理编制教育计划和学习方案的经验；③客观、深刻地评价学生，并把这些评价反馈给学生的经验；④排除不利于学生学习环境因素，提供高效的学习平台和激励学生学习的经验；⑤客观衡量自己的教学活动和未来发展的经验；⑥借助科研、学术等相关专业活动来提高教学水平的经验。这些具体而明确的要求有助于确保研究生导师有足够的指导能力。

此外，北京物资学院现行的研究生导师选聘标准尚未充分反映研究生培养和学科发展方面的新趋势和新要求。随着全球化的发展，要求研究生导师具有较高的外文水平（个别学科除外），可以广泛阅读国内外文献，熟悉多学科知识，与国内外专家进行学术交流。研究生导师能够把自己的学术成果用外文清晰地表达出来，也是申请课题，在国外优秀期刊发表文章的要求（张轶欧，2007）。信息技术的发展也使得研究生导师的备课、教学、科研以及与研究生沟通的方式发生了改变。研究生导师能否在教学、科研工作中熟练地运用信息技术，将对研究生导师的工作效率和质量产生重要影响。当前，学科发展呈现纵向越来越深化、横向跨学科交叉研究越来越普遍这样两方面的趋势，人才培养和项目研究往往依赖团队合作，这就涉及具有不同学科背景的科研人员要在一起进行合作和研究，管理协作能力在研究生导师的教学和科研工作中就显得尤为必要。而这些在北京物资学院的研究生导师甄选条件中未得到充分的体现。

3. 研究生导师绩效考评制度方面

（1）绩效考评过程研究生导师参与不足。现阶段，学校对于研究生导师的考评一般结合学校人事处的教师聘期考核进行。通常的考核程序是由研究生导师提交自我总结，然后，根据研究生导师职称状况由学校组织的相应考核机构进行考核评定。这种考核方式有助于研究生导师自我反思，发现不足之处，在一定程度上有利于保障考评工作的公正性，但以提交自我总结为主的自我评价方式不能保证研究生导师作为一个平等的考评主体参与到考评中。这种自上而下的考评方式容易导致考评体系的官僚化、程式化，研究生导师则处于被动地位，考核机构和考核对象之间的互动和反馈不足，可能导致一些考评指标和结果不被研究生导师理解，使考评结果的认可度降低，降低研究生导师的工作热情。同时，由于研究生导师没有充分参与到考评中，得不到研究生导师在实际工作中所遇到的困难的第一手资料，久而久之，这种考评方法可能造成考评指标脱离实际，不能真正评价研究生导师的工作和反映研究生导师工作中的不足，降低了考评结果的价值。

（2）研究生导师的绩效考评指标有待完善。考评指标体系是导师努力方向的指导，北京物资学院现行研究生导师考评指标体系主要是人事处对教师的聘期考评的指标，而没有专门依据研究生导师的职责设置与研究生导师岗位相对应的有关指标。就现有考评指标而言，其问题主要体现在以下几点。①绩效管理指标体系建立的基础缺乏科学的管理理论指导。在现代人力资源管理理论中，通常应用平衡计分卡、关键行为事件法、胜任力模型等来建立和改进绩效考核指标体系。这些方法的应用增加了绩效考核指标的有效性和灵活性。而北京物资学院的绩效管理指标则更多的是建立在教育理论和上级文件的基础上，尚未建立起基于现代绩效管理理论并与研究生导师岗位职责相对应的考核评价指标体系。②不同学科之间考核标准的差异化仍需进一步完善。目前，学校差异化考核主要是针对公共基础课和学科专业课教师以及侧重于教学和科研的岗位之间的差别，但对于从事专业教学研究工作的教师而言，没有考虑不同学科尤其是基础理论学科和应用学科之间的差异而进行笼统的考核可能欠妥。③考核指标体系一定程度上呈现过于侧重对科研的考核而忽视对教学工作进行考核的倾向。绩效考评对研究生导师的科研工作提出了较高且明确的质和量的要求，而研究生导师教学工作考核却很模糊，导致部分研究生导师在科研工作中投入大量的时间而挤占了用于对于研究生教学和指导的时间和精力。

（3）绩效考评反馈工作有待进一步提高。及时反馈考评结果以及确保考评结果的透明度是考评结果令人信服，被接纳和使被考评教师依据考评结果提升自我、改进绩效的重要保障。目前，北京物资学院尚未形成制度化的绩效考核结果反馈流程，考评结果透明度有所欠缺。绩效考评工作结束后，往往仅将考评结果通知被考评的研究生导师，缺乏与被考评导师之间的深度沟通交流，被考评导师往往不了解其自身与其他导师之间的差距，也不清楚在哪些指标上表现突出或有待进一步提高，难以通过考评清晰地认识到自身不足和应努力的方向，这不利于提高研究生导师队伍的整体水平和对考核结果的认可度。

4. 激励政策方面

激励政策重奖惩而轻发展。对于研究生导师而言，专业水平的提高和理想的职业发展通道，是维持其内部动机的重要条件。研究生教育是一项复杂的活动，仅靠外在的激励因素无法有效地激励导师靠自身努力克服一些科研上和教育上的困难（李海生，2015）。在研究生导师绩效考评结果的基础上，如果与研究生导师进行充分的沟通，有助于其发现不良绩效的深层次原因，并找到克服缺点的路径，促进其职业生涯的发展。目前，北京物资学院研究生导师的考评结果一般作为导师评优、续聘、晋升等奖惩的依据，而未被视为有助于研究生导师提高科研水平和教学指导水平的重要参考，考评结果的利用欠充分，忽视了考评在促进研究生导师发展上的作用。

四、研究生导师胜任力模型构建

在本研究中，先基于现有研究成果，通过文本分析从中总结出优秀的研究生导师所应具备的一些特质和素质。然后，通过现场访谈，根据行为事件访谈法（Behavioral Event Interview，BEI）总结归纳出研究生导师的胜任特征指标，再以这些胜任特征为基础制作问卷进行调查，通过调查和实证分析构建和验证研究生导师胜任力指标体系，并采用德尔菲法和层次分析法为每一项胜任特征赋予权重，最终构建研究生导师胜任力模型。

（一）确定胜任力特征指标及编制问卷

结合吕催芳（2014）、王鲜萍（2010）等对研究生导师胜任力模型的研究成果，选取10位承担硕士研究生指导工作的教师，采用行为事件访谈法以个别访谈的形式获取有关胜任特征信息；在访谈所获信息的基础上，参考北京物资学院研究生教育和学科建设现状及发展规划，与从事人力资源管理研究以及研究生指导的研究人员共同分析讨论，初步拟定北京物资学院研究生导师的胜任力模型应包含相应的25个特征指标及对胜任特征的描述，如表1所示。

表1 研究生导师胜任特征及描述表

1. 学科专业知识：在所研究的领域有深厚的专业理论素养和知识积累，具有扎实的本学科专业知识，通晓所研究专业的历史，能够把握学科发展方向。

2. 信息素养：能够利用计算机和网络快速地实现知识资源共享，熟练运用各种检索工具。

3. 外语能力：能够对本专业的英文资料进行高效的阅读学习，用英语撰写论文。

4. 学科前沿洞察力：能系统、敏锐地发现所研究领域的前沿热点问题。

5. 科研创新精神：具有强烈的创新意识和创新思维，敢于怀疑既有的观点，不盲从于学术权威，善于寻求新的突破。

6. 获取科研经费：通过多种方式获得进行科研所需经费的能力，确保有足够的资金以顺利开展科学研究活动。

7. 争取科研项目：获得各类科研基金课题的能力及已完成一定层次、数量并达到较高水平的科研基金课题。

8. 自主学习能力：养成勤于自学提高的习惯，善于整合各种资源，不断接受、补充新的知识和信息。

9. 适应力：能够对科研过程中遇到的环境、制度等不利条件提出创造性的解决方法，形成自己的科研风格。

10. 教学态度：积极投身教育事业，在工作中充满热情，注重学生能力和习惯培养，有责任心，谦虚自省。

11. 教学设计：能够依据学生的认知能力和思维方式以及个人兴趣，有的放矢地设计高质量的教学结构和内容。

12. 教学方式：善于把现代化教育技术和传统教学方式充分结合起来，能够自制高水平的教学课件。

13. 教研结合能力：能找到科研和教学的联系并把两者有机结合起来，在教学中提升科研，又将科研所得转化为教学资源。

14. 时间管理：能够合理分配用于教学、指导和科研工作等过程的时间，保证各项工作顺利进行。	
15. 移情能力：能够敏锐地察觉学生的情绪波动、心理需求的能力。	
16. 指导风格：能针对学生特点采取针对性的指导风格，如控制型或支持型。	
17. 政治素养：具有坚定的政治立场和较高的思想觉悟。	
18. 学术道德：严于律己，恪守学术规范，反对并杜绝弄虚作假、抄袭剽窃他人教学和科研成果等学术不端行为。	
19. 心理素质：有积极乐观的健康心态，并能对学生身心发展进行适时的疏导，引导学生身心健康地发展。	
20. 人格修养：有高尚的品格和修养，并能做到言传身教，给学生起到积极的榜样示范作用。	
21. 团队合作精神：能协调研究团队成员间关系，有大局意识，为了团队利益能放弃个人利益，隐忍个人恩怨。	
22. 分享意识：乐于分享、交流自己的科研、教学经验，并善于在与他人分享的过程中聆听、学习、提高。	
23. 人际交往水平：善于与人交往，沟通能力强，话语有比较强的感染力和说服力，并具有较强的接受、理解力。	
24. 管理技巧：能有效地组织和带领本学科或研究课题组成员团结一致、克难攻坚，能够以熟练的技巧调解和处理学科成员之间的矛盾。	
25. 感召力：善于运用自身的专业素质和品质影响团队成员。	

基于前述初步拟定的研究生导师胜任力特征及描述表编制问卷。问卷由两部分组成。第一部分为个人基本信息，包括性别、年龄、学历、学科领域、职称、是否担任行政职务、担任硕士生导师的年限、指导研究生的人数、近5年发表的核心期刊论文数量等。第二部分为胜任特征及其描述，把每一项胜任特征按李克特5级量表进行划分，"1"表示非常不重要，"2"表示比较不重要，"3"表示一般重要，"4"表示比较重要，"5"表示非常重要，为增加胜任特征的完备性，在最后加入一个开放式问题，让被调查者回答问卷中没有提到的胜任特征。

（二）调查及实证分析

本次问卷通过电子邮件、问卷星和微信平台向包括北京物资学院在内同类型本科院校❶的200位研究生导师发放问卷，回收171份，回收率为85.5%。剔除呈现规律性及漏填的问卷，有效问卷163份，有效率为

---

❶ 指仅有硕士学位授予权的地方本科院校。

81.5%。被调查者的个人情况统计如表 2 所示。

表 2　被调查者情况统计

项目	类别	样本数量（份）	百分比（%）	累计百分比（%）
性别	男	82	50.31	50.31
	女	81	49.69	100.00
年龄	30 岁及以下	8	4.91	4.91
	31～40 岁	90	55.21	60.12
	41～50 岁	57	34.97	95.09
	51 岁及以上	8	4.91	100.00
学历	本科	8	4.91	4.91
	研究生	69	42.33	47.24
	博士及以上	86	52.76	100.00
学科领域	理科	8	4.91	4.91
	工科	4	2.45	7.36
	人文社会科学	151	92.64	100.00
职称	讲师	24	14.72	14.72
	副教授	106	65.03	79.75
	教授	29	17.79	97.55
	其他高级职称	4	2.45	100.00
是否担任行政职位	是	37	22.70	22.70
	否	126	77.30	100.00
担任研究生导师年限	2 年及以下	81	49.69	49.69
	3～5 年	24	14.72	64.42
	6～8 年	29	17.79	82.21
	9 年及以上	29	17.79	100.00
指导的已毕业研究生的人数	0 个	69	42.33	42.33
	1～3 个	37	22.70	65.03
	4～6 个	12	7.36	72.39
	7 个及以上	45	27.61	100.00
近五年发表的核心期刊论文数	0～5 篇	90	55.21	55.21
	6～10 篇	53	32.52	87.73
	11～15 篇	12	7.36	95.09
	16 篇及以上	8	4.91	100.00

通过 SPSS 23 软件对问卷进行分析，问卷的可靠性统计结果如表 3 所示。

表 3　可靠性统计

克隆巴赫 Alpha	基于标准化项的克隆巴赫 Alpha	项数（项）
0.809	0.810	25

一般情况下，问卷克隆巴赫系数大于 0.7 即认为信度较高，本问卷的克隆巴赫系数为 0.839，明显高于 0.7，表明问卷具有较高的信度。

相关指标的得分均值如表 4 所示。除感召力平均值为 3.83 外，其余胜任特征平均得分均高于 4，也就是说受访者认为这 24 项胜任力特征对于研究生导师而言都比较重要，感召力平均分 3.83 也可视为比较重要。

表 4　各胜任力特征指标重要性评价平均值

序号	类目	平均值（分）	序号	类目	平均值（分）
1	学科专业知识	4.37	14	时间管理	4.44
2	信息素养	4.21	15	移情能力	4.34
3	外语能力	4.28	16	指导风格	4.42
4	学科前沿洞察力	4.35	17	政治素养	4.07
5	科研创新精神	4.47	18	学术道德	4.20
6	获取科研经费	4.29	19	心理素质	4.17
7	争取科研项目	4.29	20	人格修养	4.31
8	自主学习能力	4.40	21	团队合作精神	4.55
9	适应力	4.25	22	分享意识	4.28
10	教学态度	4.73	23	人际交往水平	4.24
11	教学设计	4.52	24	管理技巧	4.21
12	教学方式	4.58	25	感召力	3.83
13	教研结合能力	4.36			

为更深入地了解各胜任特征的内在关系，构建研究生导师胜任力特征模型，采用因子分析法对问卷进行因子分析。

首先判断问卷是否适合用因子分析，采用 KMO（Kaiser-Meyer-Olkin）检验和巴特利特球形度检验对问卷进行分析，结果如表 5 所示。

表 5　KMO 和巴特利特检验

KMO 取样适切性量数		0.793
巴特利特球形度检验	近似卡方	1725.107
	自由度	300
	显著性	0.000

当 KMO 系数大于 0.7 时，数据通过因子分析可以取得较好的效果，大于 0.8 时可以取得很好的效果。本项目研究调查数据的 KMO 系数为 0.793，非常接近 0.8，表明数据通过因子分析可以得到较好的效果。根据数据分析的特征值、方差贡献率及结果的合理性，确定抽取四个因子，结果如表 6 所示。

表 6　旋转后的成分矩阵

项目	成分				项目	成分			
	1	2	3	4		1	2	3	4
适应力	0.791	0.096	0.279	0.005	心理素质	0.152	0.645	0.339	-0.492
科研创新精神	0.754	0.056	-0.036	0.08	政治素养	0.11	0.62	0.232	-0.533
学科专业知识	0.71	-0.015	-0.08	0.089	人格修养	0.151	0.597	0.166	-0.189
获取科研经费	0.673	0.039	-0.316	0.109	团队合作精神	-0.102	0.557	0.159	0.164
外语能力	0.668	0.108	-0.191	0.218	感召力	-0.088	0.556	0.171	0.434
学科前沿洞察力	0.668	0.157	-0.396	0.033	分享意识	-0.213	0.475	0.166	0.416
自主学习能力	0.648	0.138	-0.063	0.058	教学态度	0.359	-0.327	0.614	0.06
信息素养	0.631	0.138	-0.309	-0.148	教研结合能力	0.419	-0.228	0.535	0.133
争取科研项目	0.588	0.243	-0.417	-0.027	教学方式	0.369	-0.22	0.524	0.057
移情能力	0.506	-0.217	0.28	-0.131	时间管理	0.351	-0.262	0.513	-0.206
指导风格	0.467	-0.109	0.426	0.162	教学设计	0.426	-0.253	0.456	0.204
人际交往水平	-0.125	0.687	0.193	0.376	管理技巧	-0.048	0.432	0.108	0.524
学术道德	0.123	0.653	0.254	-0.34					

所抽取四个因子的累计方差解释率为 54.65%，表明所抽取的四个因子具有较好的解释性。成分 1 的载荷在学科前沿洞察力、自主学习能力、科研创新精神、争取科研项目、外语能力、适应力、学科专业知识、信息素养、获取科研经费等较高，可以用学术科研能力来概括。成分 2 的载荷在教学态

度、教学方式、指导风格、教学设计、时间管理、教研结合能力、移情能力上较高，可以用教学指导能力概括。成分3的载荷在心理素质、政治素养、学术道德、人格修养上较高，可以用思想品质概括。成分4的载荷在人际交往水平、感召力、分享意识、团队合作精神、管理技巧上较高，可以用管理协作能力概括。

在开放式的问题中，收集到的回答有基本理论积累、身体素质、具备一定的学科交叉和融合研究能力、严谨认真、公平公正、亲和力、榜样精神、因材施教、有教无类、责任心、奉献精神、爱学术等。征询相关研究人员意见后，把基本理论积累归为学科专业知识，把严谨认真、爱学术归为科研创新精神，把公平公正、亲和力、榜样精神、因材施教、有教无类归为教学态度、指导风格和教学方式，把责任心、奉献精神归为教学态度和科研创新精神。增加学科交叉和融合研究能力，因为指导研究生是脑力活动，更多地依靠学术、教学积累，所以排除身体素质因素，最终形成研究生导师胜任特征指标体系，如表7所示。

表7　研究生导师胜任特征指标体系

学术科研能力	学科专业知识、信息素养、外语能力、学科前沿洞察力、科研创新精神、获取科研经费、争取科研项目、自主学习能力、适应力、学科交叉和融合研究能力
教学指导能力	教学态度、教学设计、教学方式、教研结合能力、时间管理、移情能力、指导风格
思想道德品质	政治素养、学术道德、心理素质、人格修养
管理协作能力	团队合作精神、分享意识、人际交往水平、管理技巧、感召力

（三）确定指标权重

应用德尔菲法征求专家对各胜任力指标的意见。把以上数据分析结果通过电子邮件方式发送给30位专家（高校在职硕士研究生导师以及从事研究生教育管理工作的人员），并建立公共邮箱。征求专家对各胜任指标的权重意见，对以上26个胜任指标按1~5分评分，1~5分分别代表该指标相对于其他指标同等重要、稍微重要、比较重要、十分重要、绝对重要。专家以匿名形式给各胜任力指标打分，然后，把结果用公共邮箱发送至指定邮箱。汇总后应用层次分析法计算各指标权重，得到的结果如表8所示。

表 8　研究生导师胜任力素质模型

一级指标	二级指标
学术科研能力 (0.3922)	学科专业知识（0.0436）、信息素养（0.0409）、外语能力（0.0366）、学科前沿洞察力（0.0424）、科研创新精神（0.0412）、获取科研经费（0.354）、争取科研项目（0.0363）、自主学习能力（0.0404）、适应力（0.0377）、学科交叉和融合研究能力（0.0377）
教学指导能力 (0.2626)	教学态度（0.0409）、教学设计（0.038）、教学方式（0.0345）、教研结合能力（0.0386）、时间管理（0.0377）、移情能力（0.0363）、指导风格（0.0366）
思想道德品质 (0.1533)	政治素养（0.0348）、学术道德（0.0407）、心理素质（0.0383）、人格修养（0.0395）
管理协作能力 (0.1911)	团队合作精神（0.0401）、分享意识（0.0392）、人际交往水平（0.0371）、管理技巧（0.037）、感召力（0.0377）

（四）胜任力模型的解释

1. 学术科研能力

通过以上分析可以得出，学术科研能力在研究生导师所需的四个一级胜任指标中占有最大的比重。研究生导师首先是一名科研人员，指导研究生在本学科领域探索是其首要职责。学术科研能力也反映了研究生导师自身的水平，是其能够有效地在本学科领域探索和指导研究生进行科学研究的基础。拥有扎实的学科专业知识、自主学习能力、外语能力、适应力，能够运用信息技术有效地检索到需要的资源和快速地分享、交流知识，是研究生导师进行科学研究和创新的基础。能够洞察学科前沿，敢于质疑权威，创造性地融合多学科知识，能够提高研究生导师的科研水平。争取科研项目、获取充足的科研经费，可以为研究生导师及其指导的研究生开展学术研究提供必要的条件。

2. 教学指导能力

指导研究生进行研究和授课是研究生导师工作的重要内容，教学指导能力直接决定了研究生导师能否把科学研究方法和学科专业知识传授给学生，进而影响研究生的培养质量。喜欢教学，能在教学过程中发现乐趣，经常反思自己在教学中的言行，不断提高教学水平是担任研究生导师的责任和要求。研究生的思维模式和本科生有很大的不同，并且，研究生教育要求研究生导师应着重培养研究生的思维能力，能够依据学生的认知思维特征和个人兴趣，准确地感知学生的情感、需求、内心世界，从而能够有针对性地设计有效的教学内容，针对学生特点采取针对性的教学方式或指导风格，提高教学、指导质量。研究生导师必须将教学与科研紧密结合，同时提升科研和教学水平。

3. 思想道德品质

研究生导师所具有的良好思想道德品质能够起到无形的示范作用，潜移默化地把优良的品行传递给学生，可以在无形中促进研究生形成正确的治学态度和处事方式，提高研究生的综合素质。研究生导师应具有较高的政治素养，在学术研究中能从大众利益出发，顺应历史发展趋势，做有助于社会发展的研究。在治学上，应具有较高的学术道德，绝不能抄袭剽窃他人成果，在学术规范上严格要求自己，提高自身水平，并对研究生形成示范效应。研究生导师在指导研究生时，可能会遇到很多问题，需要有足够的耐心应对，这要求研究生导师具有良好的心理素质。研究生导师良好的心理素质还有助于对学生身心发展进行适时的疏导，引导学生身心健康发展。研究生导师较高的人格修养不仅能赢得学生的尊敬，而且能够促进学生全面综合素质的提高。

4. 管理协作能力

首先，随着知识经济的发展，交叉学科及综合性课题越来越多，学术科研团队在科学研究中发挥的作用越来越重要（魏颖，2006）。研究生导师若具有团队合作精神和管理技巧，说服力和沟通能力较强，可以有效地协调学科团队成员间关系，有助于保障科研活动协调开展。研究生导师具有分享意识，能够有效地分享自己的知识，并善于学习、吸收他人的知识，对高效完成科研课题以及向学生传授或者指导学生学习知识具有重要作用。研究生导师无论在授课还是指导研究生过程中，都需要具有与学生进行沟通的技巧，这些技巧有助于帮助研究生导师充分了解学生的动态，从而根据研究生的特点确定合适的教学或培养方式，提高教育和培养质量。有的研究生导师还担任行政职务，管理能力和协调能力更为重要。

五、进一步完善研究生导师管理方面的建议

基于前述研究生导师胜任素质模型，结合北京物资学院的实际情况，针对现行的研究生导师管理方面的制度，我们提出进一步完善研究生导师管理方面的建议如下。

（一）进一步明确研究生导师岗位职责，完善研究生导师选聘制度

研究生导师承担着研究生教育以及推动学科建设的重要任务。研究生导

师要胜任本职工作，应具备科研能力、教学指导能力、思想品德示范和管理协作能力等四个方面的能力。学校可考虑结合研究生导师的胜任素质模型，建立具体、可操作的研究生导师岗位职责说明书，为确保研究生导师有效履行岗位职责奠定基础。赋予研究生导师与岗位相应的权利，特别是，在研究生招生环节，要确保研究生导师能够充分地参与，如让研究生导师充分参与研究生初试、复试考核内容的确定，要求研究生导师参加研究生招生宣传活动等。

进一步推动研究生导师选聘制度的完善和系统化，从源头上保证研究生导师能够胜任岗位。具体来说，学校的研究生导师选聘标准，既应明确要求研究生导师应具有较高的职称、高水平的科研成果以及较稳定的研究方向，还应针对其教学指导能力提出明确的要求。这方面的具体指标可通过研究生导师的教学经验体现，也可以通过学生、同事的反馈来衡量。这将确保被选聘的研究生导师具有丰富的教学经验和技能，有利于其根据学生的特点因材施教，从而能够有效地完成研究生导师职责中规定的教学指导任务。在研究生导师选聘指标以及研究生导师岗位培训中，还应加入关于研究生导师外语能力和信息素养方面的内容，并增加相应的培训环节，以提升研究生导师岗位胜任力。

前述胜任力模型表明，研究生导师应当具有一定的学科交叉和融合研究能力。具有不同学科背景的研究生导师往往具有新颖的研究思路，能够提出不同解决方案，有利于学科多元化发展。研究生导师的选聘条件中应当注重拟聘任研究生导师的不同学科背景，优先选聘具有不同学科背景和学科交叉融合能力的教师。此外，目前，关于研究生导师任职资格条件的描述定性的指标偏多，应当尽可能地使选聘条件具体化，减少模糊性。

（二）进一步完善研究生导师绩效考评方式

除了学校规定的岗位聘期考核以外，建议结合研究生导师的岗位职责，由研究生部定期（不短于3年为一个周期）组织对在职在岗研究生导师实际履责情况进行全方位的评价。

研究生导师在研究生培养中直接指导研究生，是研究生培养的首要负责人，最了解研究生教育过程中存在的问题，在对研究生导师进行考核时，研究生导师应当成为考核的主体（葛湘群，2008）。因此，在绩效考评过程中，尤其应保证研究生导师能够充分参与考评过程，完善保障研究生导师在考评中平等地位的机制，发挥其考核主体的作用，改变研究生导师被考评的心理状态，使绩效考评成为能够真正推动研究生导师队伍发展的管理策略。研究生部在考核过程中，应当与研究生导师进行充分的沟通，尊重研究生导师的意见，彼此之间建立信任关系。在实际实施绩效考评过程中，可以组建由研究生导师和研究生教育管理人员等共同组成的绩效考核团队，负责对研究生导师考评的组织和管理工作。

进一步提升对研究生导师全面考核评价的有效性。研究生导师的绩效考核应该由多方面人员进行360°全面考核。由多元考核主体在了解研究生导师工作表现的基础上，对研究生导师进行评价（刘彦彦，2009）。由于不同的考评主体与研究生导师接触或观察的角度不同，如学生因接受指导而可能更加了解研究生导师的教学指导能力，相关管理机构及人员对于研究生导师的科研状况更加了解，因此，不同的评价主体可以对研究生导师的不同考评指标作出评价。为了保证考评工作公正有效，可以在对研究生导师进行全面评价之前，对参加考评的人员进行必要的培训，使参加评价的人员能够最大限度地减少主观因素和由于不理解考评指标造成的考评误差。

应重视绩效考核结果的反馈及应用，详细、及时地向研究生导师反馈考评结果，并建立必要的申诉机制。研究生导师考评结果不仅应当作为对于导师进行激励和奖惩的依据，还应该成为帮助研究生导师发现问题、解决问题、完善自身素质、提升能力、改善绩效、促进研究生导师职业发展的重要参考。因此，在对研究生导师进行考核之后，应当把研究生导师各项考核结果及与其他研究生导师的差距和优势及时反馈给研究生导师，使得研究生导师可以清楚自己的不足和长处，并帮助其分析原因，以便有针对性地进行提升，并以之作为研究生导师参加继续教育培训的依据。此外，为确保研究生导师充分参与和考评的公平公正，还应建立必要的申诉机制，为对考评结果及过程有异议的研究生导师提供申诉和救济渠道。

（三）进一步建立健全研究生导师考评指标体系

结合研究生导师胜任素质模型和研究生导师的岗位职责，应进一步建立健全研究生导师考评指标体系。指导和培养研究生是研究生导师的首要工作任务，因此，应加强对于研究生导师教学指导履职情况的考评，完善对研究生导师教学培养和指导的质和量评价指标。现行研究生导师职责要求研究生导师必须投入足够的时间与精力定期指导研究生，相应地，在考评指标中，应包含研究生导师指导研究生时间和形式的指标以及有关指导学生成果及其质量的指标，要对研究生导师授课质量进行考核，真正落实听课制度，完善学生评教制度，充分发挥听课和学生反馈在评价研究生导师授课质量中的作用，并根据对研究生导师授课效果的反馈，定期调整研究生导师的授课数量，保证授课质量。在对研究生导师的学科建设工作和学术成果进行考评时，要尊重不同学科之间的差异和内在规律性，要考虑研究成果与学科的相关性，对于基础学科和从事理论研究的研究生导师，在考核指标设置上应与从事应用研究的研究生导师有所区别。研究生导师考评指标体系应尽可能量化，增强可操作性，对于部分不可量化的指标，也应制定明确的评价标准，以提高考评的科学性和公正性。

（四）进一步完善针对研究生导师的激励措施

根据赫茨伯格的"双因素理论"，对研究生导师起到激励作用的因素主要是与研究生导师工作相关的因素，如取得科研成果和教学质量获得认可后的成就感、科研能力取得进步、较好的职业发展前景等（李阿利，2005）。要进一步完善激励研究生导师的措施，具体来说，可以从下面几方面着手。

（1）应当鼓励研究生导师参与到学校的一些管理、决策活动中。如鼓励研究生导对学校的发展、规划建言献策，并充分考虑研究生导师的意见，使研究生导师的发展与学校的学科建设更加统一，鼓励研究生导师以考评主体的形式充分参与绩效考核工作等。

（2）应重视并持续促进研究生导师的发展。根据胜任力模型，研究生导师应具备科研能力、高水平的教学指导能力、管理协作技能、良好的心理素质等。基于绩效考评结果，结合胜任力模型，当发现研究生导师在胜任力上的不足后，应当对研究生导师给予必要的指导；或汇总研究生导师存在的问题，与研究生导师共同研究、找出问题的解决方法，使研究生导师对职业发展充满信心。

（3）根据目标设置理论，在充分了解研究生导师整体水平的基础上，可以根据前次研究生导师考评状况动态设置研究生导师科研和教学目标，以增强工作挑战性和吸引力。

当研究生导师取得科研或教学成果后，应当及时给予必要的物质奖励。对研究生导师激励的承诺应尽量具体而明确，提供清晰的激励标准，使激励措施能够真正发挥激励作用。

六、结语

研究生导师是学校学科发展的骨干力量和研究生培养的首要负责人，完备的研究生导师岗位职责、评价及激励体系有助于充分调动研究生导师的积极性，从而提高学校研究生教育水平，促进学校学科的发展。

本项目在对北京物资学院现行研究生导师相关管理制度进行深入分析的

基础上，结合学校的具体情况，通过文献分析和问卷调查以及专家访谈的方式，建立了由学术科研能力、教学指导能力、思想道德品质、管理协作能力 4 个一级胜任力指标和 26 个二级指标组成的研究生导师胜任力模型；通过德尔菲法和层次分析法相结合，确定了每个胜任力要素的权重，为我校研究生导师绩效考核及激励体系建设提供了参考。针对我校在研究生导师岗位职责以及考评和激励方面存在的问题，提出了相关的建议，希望对于北京物资学院研究生教育和学科建设的发展能够产生积极的影响。

（作者单位：北京物资学院劳动科学与法律学院）

参 考 文 献

[1] 闫伟，肖敏. 后现代主义思潮下的研究生导师责任建构 [J]. 学位与研究生教育，2010 (12)：44—49.

[2] Norhasni Zainal Abiddin, Mel West. Effective meeting in graduate research student supervision [J]. Social Sciences, 2007, 3 (1).

[3] Robert G Hamlin, Lesley Sage. Behavioural criteria of perceived mentoring effectiveness：an empirical study of effective and ineffective mentor and mentee behaviour within formal mentoring relationships [J]. European Industrial Training, 2011, 35 (8).

[4] 汪全胜. 建立研究生导师培养能力的评估机制 [J]. 教育与现代化，2009 (2)：59—64.

[5] 牛端. 高校教师胜任特征模型研究 [M]. 广州：中山大学出版社，2009 (10).

[6] Rose G L：Enhancement of mentor selection using the ideal mentor scale [J]. Research in Higher Education, 2003, 44 (4)：473—494.

[7] 林立杰. 高校教师胜任力研究与应用 [M]. 北京：中国物资出版社，2010 (6).

[8] 李阿利. 建立研究生导师有效激励机制的系统思考 [J]. 学位与研究生教育，2005 (10)：24—28.

[9] 陈晓明，邹智，罗文标. 导师素质与研究生质量的关系 [J]. 现代教育论丛，1998 (3)：50—52.

[10] 黄学. 试论兼职研究生导师的聘用与管理 [J]. 学位与研究生教育，2004 (4)：48—52.

[11] Berk Ronald A, Berg Janet, Mortimer Rosemary, Walton-Moss Benita, Yeo Theresa P. Measuring the effectiveness of faculty mentoring relationships [J]. Academic Medicine, 2004, 80 (1).

[12] 冯兵，高崎，李文生. 浅谈研究生导师的信息素质 [J]. 中国电力教育，2013

(8)：112－113.

[13] 马春波，敖珺，敖发良. 谈导师素质与研究生教育 [J]. 桂林电子科技大学学报，2007 (4)：343－345.

[14] 白秀丽，林淑田，于晓波. 研究生教育中导师素质对研究生成长的作用 [J]. 长春师范学院学报（自然科学版），2008 (2)：157－158.

[15] Brad Johnson. Charles R Ridley. The elements of mentoring [M]. New York：Palgrave Macmillan，2008.

[16] Suk-Hyang L，Theoharis R，Walther-Thomas C，et al. Create effective mentoring erelationships：strategies for mentor and mentee success [J]. Intervention in School & Clinic, 2006, 41 (4).

[17] Lechuga, V. M. Faculty-graduate student mentoring relationships：mentors' Perceived roles and responsibilities [J]. Higher Education and Educational Planning, 2011, 62 (6).

[18] 陈晓梅. 角色期待与呼应：新情况下研究生导师的角色变化 [J]. 研究生教育研究，2016 (1)：70－74.

[19] MCCLELLAND. Testing for competence rather than for intelligence [J]. American Psychologist, 1973 (28).

[20] 王鲜萍. 质量维度：基于胜任特征的研究生导师评价研究 [J]. 湖南师范大学教育科学学报，2010 (4)：90－92.

[21] 李玲萍，罗英姿. 基于胜任力结构的研究生导师培训方式设计 [J]. 中国农业教育，2011 (2)：30－33.

[22] 吕催芳. 高校研究生导师多重角色胜任力模型的构建 [J]. 西华师范大学学报（哲学社会科学版），2014 (2)：107－112.

[23] 杨菊仙，田兰，周莎. 基于胜任力模型的研究生导师有效指导的策略研究 [J]. 长春工业大学学报（高教研究版），2015 (1)：23－26.

[24] Learning Institute University of Oxford. Guidelines for applying for teacher accreditation [M]. Oxford：Pergamon Press，2006 (5).

[25] 张轶欧，底煜，孙景芬. 研究生素质教育应注意的几个关键环节 [J]. 教育研究，2007 (6)：121－122.

[26] 李海生. 我国研究生院高校导师队伍现状及思考 [J]. 学位与研究生教育，2015 (9)：14－19.

[27] 魏颖. 高校学术团队管理研究 [D]. 大连：大连理工大学，2006.

[28] 葛湘群. 创新型研究生指导教师考核与评价研究 [D]. 长沙：湖南师范大学，2008.

[29] 刘彦彦. 高校研究生导师绩效考核指标体系研究 [D]. 青岛：青岛大学，2009.